本书由教育部首批国家级职业教育教师教学创新团队课题研究项目
"产教融合背景下学前教育专业实践教学模式创新研究"（SJ2020140101）

2017年江苏省高等教育教改研究课题
"基于专业认证标准的专科学前教育专业实践教学质量保障体系的建构"（2017JSJG082）

江苏省高校"青蓝工程"资助

"十四五"职业教育江苏省规划教材

学前教育专业
保教实习指导与实践

陆珊珊　宋琛琛　主编

 南京大学出版社

图书在版编目(CIP)数据

学前教育专业保教实习指导与实践 / 陆珊珊，宋琛琛主编. —— 南京：南京大学出版社，2021.6(2024.2重印)
ISBN 978-7-305-24062-1

Ⅰ．①学… Ⅱ．①陆… ②宋… Ⅲ．①学前教育—教育实习—高等职业教育—教学参考资料 Ⅳ．①G612-45

中国版本图书馆CIP数据核字(2020)第257465号

出版发行	南京大学出版社
社　　址	南京市汉口路22号　　邮　编　210093
书　　名	**学前教育专业保教实习指导与实践**
	XUEQIANJIAOYU ZHUANYE BAOJIAO SHIXI ZHIDAO YU SHIJIAN
主　　编	陆珊珊　宋琛琛
责任编辑	丁　群　　　　　编辑热线　025-83597482
照　　排	南京南琳图文制作有限公司
印　　刷	南京人文印务有限公司
开　　本	787×1092　1/16　印张 15.25　字数 343 千
版　　次	2021年6月第1版　2024年2月第2次印刷
ISBN	978-7-305-24062-1
定　　价	46.00 元

网址：http://www.njupco.com
官方微博：http://weibo.com/njupco
微信服务号：NJUyuexue
销售咨询热线：(025) 83594756

* 版权所有，侵权必究
* 凡购买南大版图书，如有印装质量问题，请与所购
　图书销售部门联系调换

前　言

学前教育是基础教育的重要组成部分,是我国学校教育和终身教育的奠基阶段,也是重要的民生工程。办好学前教育,关系到幼儿的健康成长,关系到千家万户的幸福生活,更关系到国家的未来。大力发展学前教育,教师是关键,因此培养一大批具有现代学前教育理念、深厚学前教育理论和较强实践能力的高素质幼儿园教师,是不断提高我国学前教育质量的重要手段。

我国颁布了《教师教育课程标准(试行)》《中小学和幼儿园教师资格考试标准(试行)》《幼儿园教师专业标准(试行)》《幼儿园教育指导纲要(试行)》《3—6岁儿童学习与发展指南》等文件,从不同角度规范教师职前培养,明确教师准入要求,提升教师专业化水平,提高学前教育保教质量。

保教实习是师范生亲自参与幼儿园教育,观察、尝试、体验、感悟幼儿园教师岗位要求,是提高师范生素质和技能的重要途径之一。通过保教实习可以进一步锻炼学生理论联系实际、分析问题、解决问题的能力,在实践中获得对幼儿园教师的职业认同感。

本教材依据《普通高等学校师范类专业认证实施办法(暂行)》的要求设计大纲,是各级师范院校学前教育专业学生保育实践的指导性、反思性的教材。根据学前教育专业培养目标和课程设置,层层深入,由浅入深,指导学生将所学的学前儿童卫生与保健、学前儿童发展心理学、学前教育学、活动设计与指导、幼儿游戏、幼儿园课程等相关知识以及美术、音乐、舞蹈等专业技能,运用到幼儿园工作实践中。教材编写过程中,为帮助学生自学,每章前设有"现实问题",中间安排"资料链接",后面设置"思考与实践"等延伸性学习内容。

《学前教育专业保教实习指导与实践》主要阐述了幼儿园保教实习中必

备的知识与技能,分为以下四大类:一是幼儿园保教实习的理论概述,如保教实习的含义与目的、任务与要求、方法;二是实习准备,从学生的师德修养、专业知识、专业能力方面阐述;三是保教实习的组织与实施,包括幼儿园环境创设、幼儿卫生与保健、幼儿园集体教育活动、幼儿园游戏活动、一日活动的组织与保育,涉及学前教育专业课程的核心知识要点、幼儿园保教工作简介、班级保教工作的要点等;四是保教实习评价概要,包括幼儿发展评价和保教实习评价两个部分,重点阐述评价内容与方法、指导要点、评价要点等。

本书编写过程中力求凸显如下特色:

1. 语言平实易懂,紧密联系幼儿园保教工作和保教实习的实际内容与要求,将最有帮助和最实用的知识及观察、评价要点呈现出来,突出全面性、实效性。

2. 将相关理论知识与资料链接、案例分享等内容有机结合,采用图文并茂的形式,以学前教育专业学生的观察、评价实际需求为出发点,力求将理论学习与实践操作有机结合,突出针对性、指导性。

3. 为了方便学生的实践应用,辅以配套的《学生教育见习手册》《学生教育实习手册》《学生岗位实习手册》作为实践用书,同时将书中核心知识点与手册中的表格有效衔接,突出体系性、实用性。

本书在编写过程中引用了同行的一些案例和素材,在此表示诚挚的谢意!

由于编者水平有限,不足之处欢迎各位专家与同行批评指正。

编者
2021 年 6 月

目　录

第一章　保教实习概述 ··· 001
　第一节　保教实习的概念与意义 ······································· 001
　第二节　保教实习的性质与形式 ······································· 005
　第三节　保教实习的目标、内容与任务 ································ 010
　第四节　幼儿园保教实习的方法 ······································· 016

第二章　保教实习准备 ··· 028
　第一节　师德修养的准备 ··· 028
　第二节　专业知识的准备 ··· 035
　第三节　专业能力的准备 ··· 037

第三章　幼儿园环境创设 ··· 041
　第一节　幼儿园物质环境创设 ··· 042
　第二节　幼儿园精神环境创设 ··· 055

第四章　幼儿卫生与保健 ··· 058
　第一节　幼儿疾病观察与记录 ··· 058
　第二节　幼儿意外伤害事故观察与记录 ································ 066
　第三节　保健医生行为观察 ··· 072
　第四节　保育员行为观察与实践 ······································· 076

第五章　幼儿园集体教育活动 082
第一节　主题活动的设计与实施 082
第二节　各领域学习与发展核心经验 092
第三节　幼儿园集体教育活动实践 126

第六章　幼儿园游戏活动 149
第一节　幼儿园区域活动实践 149
第二节　幼儿园体育活动实践 163

第七章　一日活动的组织与实施 169
第一节　幼儿园保教工作概述 169
第二节　幼儿园班级管理工作 171
第三节　幼儿园各年龄班一日活动观察与记录 183
第四节　幼儿园班级工作计划设计与实施 196

第八章　幼儿发展评价 207
第一节　幼儿发展评价概述 207
第二节　幼儿心理及行为问题观察与分析 212

第九章　保教实习评价 223
第一节　保教实习评价概述 223
第二节　保教实习中主要文本的撰写 231

参考文献 236

第一章 保教实习概述

现实问题

"见实习是什么?什么时候去?去多长时间?为什么要去幼儿园参加保教见实习?又有哪些见实习形式和方法呢?保教见实习和在学校上课之间有怎样的关系呢?"这是困扰着学生的难题,同时也是制约着见实习效果的关键性问题。

"学前儿童卫生与保健""学前儿童发展心理学"的知识帮助学生了解学前儿童身心发展特点,为保教实习提供科学依据;"学前教育学"的理论帮助学生形成学前教育的基本观念,了解学前教育的实践框架;"幼儿园课程"和五大领域活动设计为保教实习提供实践指导。学生虽然对以上课程的基础知识已有粗浅的学习,但往往缺乏分析、思考、解决问题的思维习惯和能力,而保教实习恰恰能够给学生提供勤于记录、善于反思、勇于实践的学习机会。

第一节 保教实习的概念与意义

教育部《教师教育课程标准(试行)》指出:强化教育实践环节,完善教育实践课程管理,确保教育实践课程的时间和质量,并规定教育见习、教育实习的总课时要达到18周。根据《教育部关于加强师范生教育实践的意见》,在师范生培养方案中,应设置足量的教育实践课程,以教育见习、实习和研习为主要模块,构建包括师德体验、教学实践、班级管理实践、教研实践等全方位的教育实践内容体系,切实落实师范生教育实践累计不少于1个学期。

一、保教实习的含义

保教实习是教师教育课程的有机组成部分,是培养未来教师必不可少的重要途径。

目前,对于保教实习的定义没有统一界定。顾明远教授在《教育大辞典》中指出:教育实习是各级各类师范院校高年级学生到实习学校进行的教育、教学专业实践的一种形式。包括参观、见习、试教、代理或协助班主任工作以及参加教育行政工作等。张念宏在《中国教育百科全书》中指出:教育实习是师范院校学生参加教育、教学实践的学习活动,是体现师范教育特点,培养合格师资的重要教育环节,是各级师范学校教学中不可缺少的组成部分;《教育学辞典》指出:教育实习是师范院校高年级学生到学校进行教育和教学专业训练的一种实践形式……它是师范教育教学计划中的重要组成部分,是培养中小学教师的综合实践环节。

以上种种说法虽然在文字表述上各有不同,但基本精神是有共同之处的。总体来说,教育实习是师范院校特有的、综合性的教育教学专业实践活动。学前教育专业保教实习,是指各类师范院校学前教育专业学生将学前儿童卫生与保健、学前儿童发展心理学、学前教育学等理论知识与专业技能运用于幼儿园实际保教工作中,培养良好的职业道德和修养,树立正确的教育观、教师观和儿童观,掌握保教工作内容和特点,具备从事幼儿园保教工作的专业素养和能力。

根据教育部《教师教育课程标准(试行)》《教育部关于加强师范生教育实践的意见》《普通高等学校师范类专业认证实施办法(试行)》等文件精神,保教实习分为保育见习、教育实习和教育研习等模块。

(一)保育见习

保育见习是学前教育专业学生入学第一年,利用一定的时间进入学前教育机构观摩、实践,通过观察熟悉幼儿园一日活动各环节的组织管理及幼儿园教育活动类型、过程和组织方法,初步了解幼儿园教育任务、幼儿园教育活动基本特点,初步学会制订幼儿一日活动各环节保育计划,并能将计划转化为培养幼儿良好习惯、适应能力和良好个性等具体而有效的方法与技能;通过具体地参与幼儿园疾病、传染病、意外事故的预防和处理,掌握幼儿园常规消毒,预防疾病、传染病和解决幼儿常见意外事故的方法、技能,提高理论联系实际的意识和解决问题的能力;初步形成对幼儿园教育的认识,为后续更有针对性、目的性理论知识的学习奠定基础,也为成为一名优秀的幼儿园教师打下基础。

(二)教育实习

教育实习是学前教育专业学生第一次专业实习,是对幼儿园教师工作职责的具体感知、实践与反思,进一步理解和树立正确的儿童观和教育观;对幼儿园教育活动进行观摩和思考,进一步理解保教并重的必然性、必要性和重要性,初步积累幼儿园教育活动开展的感性经验;了解《幼儿园教育指导纲要(试行)》及《3—6岁儿童学习与发展指南》在幼儿园的实施情况,了解学前教育改革的新动态,进一步树立热爱幼儿、热爱学前教育事业的思想,增强师德修养,明确今后努力的方向,为以后进一步的专业学习和能力提升奠定基础。作为专业实习,其成败直接影响学生对专业的理解及专业认同感的

形成,进而影响着学生专业学习的态度和专业理想的形成,意义重大。

（三）教育研习

教育研习是在学前教育机构见习和实习活动结束后予以实现的研究性活动,学生在学前教育机构见习、实习后,针对见实习中所见、所闻、所感、所思,借助自身专业知识与教育技能而展开的系统反思与研究,是一项诉诸学前教育专业学生实践技能和研究能力的专业训练活动。

二、保教实习的目标

幼儿园教师是履行幼儿园教育工作职责的专业人员,需要经过严格的培养与培训,具有良好的职业道德,掌握系统的专业知识和专业技能。实习生作为幼儿园教师的后备军,要依据《幼儿园教师专业标准（试行）》中对幼儿园教师基本理念的要求,做到以下四大方面：

第一,幼儿为本。尊重幼儿权益,以幼儿为主体,充分调动和发挥幼儿的主动性;遵循幼儿身心发展特点和保教活动规律,提供适合的教育,保障幼儿快乐健康成长。

第二,师德为先。热爱学前教育事业,具有职业理想,践行社会主义核心价值体系,履行教师职业道德规范。关爱幼儿,尊重幼儿人格,富有爱心、责任心、耐心和细心;为人师表,教书育人,自尊自律,做幼儿健康成长的启蒙者和引路人。

第三,能力为重。把学前教育理论与保教实践相结合,突出保教实践能力;研究幼儿,遵循幼儿成长规律,提升保教工作专业化水平;坚持实践、反思、再实践、再反思,不断提高专业能力。

第四,终身学习。学习先进学前教育理论,了解国内外学前教育改革与发展的经验和做法;优化知识结构,提高文化素养;具有终身学习与持续发展的意识和能力,做终身学习的典范。

保教实习的目标是把学到的专业理论知识、专业技能等,在幼儿园岗位工作中应用与检验,以锻炼实践能力。主要包括以下几个方面：

（一）树立科学的教育观和儿童观,厚植专业认同

保教实习帮助师范生深入幼儿园,在与幼儿共同生活、游戏与成长中,亲身体验作为一名幼儿园教师的酸甜苦辣。保教实习有助于师范生了解幼儿需要,知道如何选择适合的教育内容,寻找适宜的教育时机,采用恰当的教育方法,实施与幼儿的良好互动,明确成为一名合格的幼儿园教师应当具备的能力。保教实习有助于学生树立科学的教育观、儿童观,巩固专业思想,坚定职业信念,激发对幼儿的热爱,热爱学前教育事业,更快地实现专业认同,引导他们进一步积极投入今后的专业学习,献身学前教育事业。保教实习有助于师范生在实习过程中了解教师职业工作规范,培养其职业道德规范。

（二）构建学前教育专业知识体系,形成个人知识

新时代对幼儿园教师的专业能力与素养提出了新要求,依据新时代幼儿园教师的

职业定位和职业理念,以及师范生个性化发展需求,幼儿园教师培养应由"技能取向"转向"研究取向"。因此,"学前儿童卫生与保健""学前儿童发展心理学""学前教育学"等课程成为学前教育专业基础课程,"幼儿游戏""幼儿园课程""学前儿童行为观察"等课程成为学前教育专业核心课程,培养幼儿园教师的专业能力。师范生缺少对幼儿的感性认识,一方面,需要通过幼儿园实践了解各年龄段幼儿身心发展特点;另一方面,师范生也需要将理论知识转化为实践,应用于幼儿园工作实际。通过长期研究发现,新手教师与骨干教师之间最大的差距不是理论知识与专业技能的差距,而是应对教育情境时策略等方面的差异。

  知识分类学认为,知识是指个体与环境相互作用后获得的信息及其组织。它可分为陈述性知识和程序性知识。陈述性知识是指有意识地提取线索,能直接陈述的知识,它主要回答是什么的问题,是一种静态的知识;程序性知识是指无意识地提取线索,需借助某种作业方式,间接推测其存在的知识,它主要是一套操作步骤,回答"怎么办"的问题,是一种动态的知识。完整知识的获得一般经历三个阶段,即新知识习得阶段、转化阶段和运用阶段。新知识习得阶段获得的都是陈述性知识;而转化阶段是在陈述性知识的基础上,形成程序性知识的过程;运用阶段是最高级阶段,这一阶段是对问题的解决阶段,形成程序性知识。从学生的认识发展看,程序性知识是掌握原因、规律、原理、方法及熟练运用的知识,是所学知识的重中之重。

  在师范生学习过程中,保教实习作为一门实践课程的主要目的与意义在于促进陈述性知识向程序性知识的转化,并在尝试解决实际问题的过程中"学以致用"。在实习中进一步深入理解"学前儿童卫生与保健""学前儿童发展心理学""学前教育学"等课程中所学到的诸多"是什么""为什么"等问题。通过理论联系实际,丰富所学知识,进一步形成"个人化的实践知识",同时产生个人对学前教育理论的认识,形成"个人化的理论知识",优秀的教师不是从教科书中走出来的,而是在教育实践中磨砺出来的。

(三)锻炼音、体、美等专业技能,熟练专业基本功

  从事任何一种职业都必须拥有一定的专业技能。根据幼儿身心发展规律及幼儿园教育特点,幼儿园教师必须掌握多种专业技能,如儿童故事讲授、歌曲弹唱、儿童舞创编、儿童简笔画、玩教具制作、幼儿游戏设计、课件及 flash 动画制作等,这些技能是顺利组织幼儿园各项活动的重要基础,每一项技能的形成都要依托专业基本功训练。在保教实习过程中,师范生深入了解幼儿园岗位工作需要,将课堂上学的说、写、弹、唱、跳、画、手工制作、现代信息技术等各种专业基本功应用于完成保教实习任务,并得到提升。

(四)培养师范生班级管理能力,夯实专业发展基础

  分析幼儿园教师核心岗位能力,结合《幼儿园教师专业标准(试行)》《学前教育专业师范生教师职业能力标准(试行)》相关要求,学前教育专业学生作为未来的幼儿园教师应具备环境的创设与利用、一日生活的组织与保育、游戏活动的支持与引导、教育活动

的计划与实施、幼儿的激励与评价、沟通与合作、反思与发展等能力,这些能力的养成将有利于学生专业能力发展。

三、保教实习的意义

可以看出,学前教育专业保教实习是师范类院校组织并实施的综合性幼儿园教育教学实践活动。具体地说,它是按照国家教育部门颁布的学前教育专业教学标准,结合专业发展状况及实习园所情况,在高校教师和幼儿园教师的共同指导下,实习生积极主动地运用已有学前教育专业知识和技能,在实习园所直接从事幼儿园教育教学工作实践的一种教育活动。

(一)帮助学生树立教师的职业认同感

保教实习是对教育过程的体验,是学生亲自参与幼儿园教育活动,在观察、尝试、体验中获得感悟,是提高学生素质和技能的重要途径。通过保教实习可以进一步锻炼学生理论联系实际、分析问题、解决问题的能力,在实践中获得对幼儿园教师职业的认同和职业能力的提升。

(二)促进学生理论知识与实践能力的融合

保教实习是学前教育专业学生走上工作岗位前必须经过的一道关,实习工作应用性、实践性、综合性强,是对专业知识的具体应用。实习成功与否直接关系到学前教育专业毕业生质量。实习过程是提高学生职业道德修养的过程,也是培养学生社会交往能力的过程,更是使学生将知识转化为能力的重要途径。因此,学前教育专业学生的实习组织和管理意义重大,而制定切合实际的保教实习目标是重中之重。

保教实习的总目标是把学到的学前教育理论知识、专业技能技巧,到幼儿园岗位工作中去应用、去检验,以提高职业道德修养,积累实践经验,锻炼自身的工作能力。

第二节 保教实习的性质与形式

《幼儿园工作规程》指出幼儿园的任务是:贯彻国家的教育方针,按照保育与教育相结合的原则,遵循幼儿身心发展特点和规律,实施德、智、体、美等方面全面发展的教育,促进幼儿身心和谐发展。幼儿园同时面向幼儿家长提供科学育儿指导。可见幼儿园教育应该保中有教、教中有保。作为每天与幼儿在一起的教师和保育员,其工作也应是相互联系、相互配合、相互渗透的。对保教实习而言,需要学生全面了解幼儿园的各项工作,所以其指导思想理应遵循着幼儿园的双重任务:既面向幼儿进行全面教育,促进幼儿身心和谐发展;又要面向幼儿家长提供科学育儿指导。

一、保教实习的性质

探讨幼儿园保教实习的性质,必须弄清楚在学前教育专业的学习中,保教实习的定

位。用一句话概括出它的性质:幼儿园保教实习是学前教育专业学生必须掌握的一门最重要的综合性实践课程,它突显出理论知识与幼儿园教育教学实践活动密切结合的特征。

(一)保教实习是一门综合性课程

保教实习是一门综合性课程。虽然每个学期都会针对某门课程或某个领域安排见实习计划,但是在保教实习过程中,幼儿一日生活的综合性始终存在着。保教实习目标与要求只是有所侧重,因此保教实习的过程呈现出综合性特征。

1. 保教实习的目标取向是综合性的

与学科课程不同,幼儿园保教实习所要达到的目标不是单一的,而是综合的。这些目标一般包括如下几大方面:

其一,乐意亲近幼儿、观察幼儿、熟悉幼儿、读懂幼儿,了解幼儿身心发展特点。亲身感受和体验幼儿园教师工作的辛苦与快乐,增加职业光荣感、责任感。

其二,全面了解和熟悉实习园所的保育和教育工作,重点观察、了解幼儿园各项保教活动的内容、形式及其组织工作,习得幼儿教育工作实际需要的各项保教技能。

其三,了解幼儿园管理及其各部门的工作职责和要求,感受幼儿园管理和实践的丰富性和责任性。

其四,能够自觉运用新的教育教学理念观摩、评析和有效组织幼儿园各项教育教学活动,掌握基本的班级管理方法,在实践中不断地检验、巩固、丰富所学知识,提高教育实践能力,树立科学的幼儿教育观,初步具备独立工作的能力。

其五,有选择地使用多种教育科学研究方法,如观察法、调查法等,并根据自己的研究专长、兴趣、需要,结合幼儿园教学实践现状,从中发现问题、提出问题、研究问题,尝试解决问题,并在此基础上进行理论思考与提炼,提高科学研究能力。

其六,有效利用社会资源,学会与家长沟通的艺术,体验和探索多样化的家园合作方法、途径。

以上六大方面的目标强调了在幼儿园教育教学实践中的真实体验,突显出幼儿园各项教育教学的多样性、综合化,同时还强调了学生专业理念、专业知识、专业能力等方面的综合提升。

2. 幼儿园一日活动决定了保教实习的综合性

学前教育专业实践是综合性的。幼儿园一日活动包括晨检、晨间活动、教学活动、盥洗、进餐、睡眠、户外活动、游戏活动、离园等内容。概括地说,即生活、学习、游戏、运动,这些都体现出了内容的综合性。因为幼儿园没有明确的分科,所有的幼儿园教师要承担几乎所有的教育教学活动,在幼儿园课程中,五大领域的课程内容是相互区别又相互联系的,它们之间是渗透、整合的。除此之外,幼儿园教师还要完成保育工作。由此,幼儿园教师从"教"的层面来说,在幼儿成长过程中担任着不同的角色,是幼儿成长的支持者、合作者、引导者,属于全能型人物;从"养"的角度来说,要扮演"妈妈""育婴师""营养师""儿科医生"等多重角色。这些充分地说明,进入幼儿园开展保教实习活动,实习生就应该具有"综合"的意识和行为。

（二）保教实习是一门实践性课程

实践性课程是教育者运用已有的教育观念于教育行为,从而构成教育过程并使教育参与主体发生某种积极变化的客观活动课程。因而实践性课程包括了社会调查与社会服务、课程实验和实训、毕业论文和毕业设计以及教育见实习等内容。幼儿园保教实习只是学前教育专业实践性课程的一部分,但可称之为主体部分。

保教实习的实践性首先体现在它是一种需要实地实际履行的活动。在保教实习的过程中,学生尝试组织幼儿园的一日活动:练习组织晨间活动,练习接待幼儿入园、离园,尝试组织教学活动、游戏活动,学习制定各种教育计划,参与幼儿园各种大型活动,协助幼儿园教师创设幼儿园环境等。其次,体现在学生在保教实习中获得的是直接经验和体验。与通识课程、专业技能课程、专业核心课程相比,保教实习更强调"做"中学。如实习生在组织建构游戏时,幼儿可以按一定的分工开展建造活动,设计不同的房子,选择和寻找相应的材料,使用某些工具等。在此过程中,实习生就应该将游戏课程中所学的搭建方法与技巧,用恰当的指导方式和策略应用于游戏活动中。实习中面对复杂多变的教育情境,实习生创造性地运用各种策略解决碰到的各种具体问题,这是一种理论融合于实践的最有效方式。

图 1-1　实习保育活动

图 1-2　实习教育活动

二、保教实习的形式

所谓"实习形式"是指实习的组织安排、时间安排、程序安排等。形式是为内容服务的,因此保教实习的形式是由保教实习的目标与内容所决定的。在我国现行的高校学前教育专业人才培养方案中,保教实习大体包括四种形式。

（一）集中式单项实习

这是一种由学校统一安排的,以锻炼学生在某一方面的能力为目标的实习形式。

因为学前教育有综合性、基础性的特点,而综合性的实践能力需要分步练就,所以在整个学程中,学校会有计划地安排若干次集中单项实习,如保育实习、游戏活动实习、活动设计实习等,也可能是某项幼儿园教育的调查。集中式单项实习的时间一般为1~3周,常常是结合某门课程(如"学前儿童卫生与保健")的学习一起进行。这种实习形式也可以集中利用"短学期"(暑假前1~2周)进行,或安排在儿童节以及幼儿园秋季开学时。

(二)分散式单项实习

这种实习形式一般较少安排,因为单项实习往往是结合课程学习进行的,需要教师及时指导;而在分散实习的情况下,本校教师的指导不易落实到位。当然,如果是某项幼儿园教育的调查,这种形式的实习还是合适的。

(三)集中式综合实习

这是最常见的一种形式,一般安排在毕业前,时间为6~8周。集中式综合实习往往安排在固定的幼儿园,由带队教师或者聘请幼儿园负责人担任实习生总导师。实习生以大组为单位(20人左右)去某个幼儿园,然后分成若干个小组进入不同班级,在幼儿园班级教师指导下开展实习工作。集中式综合实习的目标一般是全方位地进入幼儿园教师角色,尝试承担幼儿园教师的全部职责。对这种形式的实习考核往往也是综合性的,不仅要考察教学工作情况,还要考核实习生的保育工作情况、家长工作情况、师幼交往情况以及工作态度、合作精神等。

(四)分散式综合实习

这种实习形式一般有两种情形。

一是仍以综合性的职业能力锻炼为目标,但实习地点是不固定的,时间一般为3~4周。这种形式的实习也可能是毕业实习的一部分。学校允许学生与毕业后有意向去工作的幼儿园建立联系,实习生在幼儿园实习有利于双方相互了解,有利于实习生就业,也有利于幼儿园的用人考察。有的学校也允许和鼓励学生回家乡的幼儿园实习。

二是以尽早进入幼儿园教师角色为目标的"导师制"实习,这种实习形式目前还不普遍。"导师制"是一种拜师实习的方式,导师一般由幼儿园骨干教师担当,实习生以一人或一个小组为单位,较长时间跟随导师学习和体验,时间可以是固定的,或一周中的某个时间,或学校安排的整块实习时间;也可以是游击式的,时间由双方约定,实习生可以利用课余时间。这种"导师制"实习可以贯穿学生的整个学程,也可以是某一段时间,但考虑到实习的实效性,时间至少在一年以上。需要强调的是,分散式的综合实习不是"放羊式",它还是要在学校的实习计划框架内运作,实习的组织、考核等均需落实到位,以保证教育实习的质量。

当前专科层次的学前教育专业的学制主要有两种:初中起点的五年一贯制专科、高中起点的三年制专科。结合专业培养目标、课程设置及学生特点等方面因素,发现目前学前教育专业实践课程存在以下问题:在实习形式上,原有的教育实习形式已经无法满

第一章　保教实习概述

足新时代学前教育专业发展，需创新保教实习形式；在课程设置上，课程设置应与幼儿园教师岗位能力衔接，教学内容需要与时俱进，且外延不足；在实习资源上，信息技术手段使用不足，缺乏师范生自主研训与考核数字化平台等。因此，根据《教育部关于加强师范生教育实践的意见》要求，结合学前教育专业不同学制学生的学习特点，对初中起点的五年一贯制专科、高中起点的三年制专科实践教学实施改革。学校制定符合保教实习需要的计划表（见表1-1、表1-2），采取观摩见习、模拟教学、专项技能训练、集中实习等多种形式，利用信息技术手段，开发优质教育实践资源，组织师范生参加远程教育实践观摩与交流研讨，探索建设师范生自主研训与考核数字化平台，丰富师范生教育实践体验，提升教育实践效果。

表1-1　五年制学前教育专业保教实习安排表

类别 \ 年级	一年级	二年级	三年级	四年级	五年级
保教实习内容	专业教育	学前儿童发展心理学	学前教育学	幼儿园教育活动设计	综合实践
	学前儿童卫生与保健		幼儿园教育活动设计	幼儿园课程	
			幼儿游戏	学前儿童行为观察	
				班级管理	
保教实习形式	专题讲座、入园见习、座谈会、教育调查等	专题讲座、入园见习、专项训练、观察记录等	专题讲座、入园实习、观察记录等	专题讲座、入园实习等	岗位实习
课时安排	每学期一次，每次一周	每学期一次，每次二周	每学期一次，每次二周	每学期一次，每次四周	整年

表1-2　三年制学前教育专业保教实习安排表

类别 \ 年级	一年级		二年级		三年级	
	第一学期	第二学期	第三学期	第四学期	第五学期	第六学期
保教实习内容	专业教育	学前儿童发展心理学	学前教育学	幼儿园教育活动设计	幼儿园教育活动设计	综合实践
	学前儿童卫生与保健		幼儿游戏	班级管理	幼儿园课程	
					学前儿童行为观察	

(续表)

年级\类别	一年级		二年级		三年级	
保教实习形式	专题讲座、入园见习、座谈会、教育调查等	专题讲座、入园见习、专项训练、观察记录等	专题讲座、入园实习、观察记录等	专题讲座、入园实习等	专题讲座、入园实习等	岗位实习
课时安排	每次一周	每次一周	每次二周	每次二周	每次四周	整学期

第三节 保教实习的目标、内容与任务

《幼儿园教师专业标准(试行)》的基本理念也为幼儿园保教实习提供了指导性的目的要求。而针对保教实习的侧重点,可以从保育见习、教育实习和教育研习三个层面对不同年级的学前教育专业学生的保教实习提供一些指导建议。

一、保育见习

幼儿园保育工作分为两部分:保育员的保育工作和幼儿园教师的保育工作。保育见习是贯彻保教结合的原则,会观察幼儿的身体情况,能独立承担一天以上的保育工作,按照实习幼儿园作息制度照顾幼儿生活,培养幼儿良好的生活卫生习惯,保证幼儿安全,高度重视幼儿身心健康。

(一)保育见习的目标

1. 情感态度与价值观

(1)加强对幼儿教育工作意义的认识,接触幼儿、了解幼儿,热爱幼儿教育工作,具有良好的职业道德和修养。

(2)认识遵守幼儿园各项规章制度和行为规范的必要性,并能严格要求自己。

2. 知识与能力

(1)充分认识保育在幼儿园工作中的地位、作用和保育员应具备的良好素质,掌握保育工作的具体方法和步骤。

(2)掌握幼儿一日活动(入园、盥洗、饮食、睡眠、户外活动、教学活动、游戏活动、离园)几大环节中保育工作的内容和方法,以及对保育员和幼儿的要求,特别要注意贯彻保教结合的原则。

(3)掌握观察的一般方法。

(4)掌握听、看教学或游戏活动的记录方式,初步掌握有关的分析方法。

(5)了解幼儿园各项卫生要求与各项卫生保健工作,掌握幼儿园卫生保健工作的

一般性常识。

(6) 将"学前儿童卫生与保健"中的相关理论知识应用于幼儿园保育工作中,从而掌握幼儿常见疾病、传染病的症状,以及预防、隔离、护理的方法和措施。

(二) 保育见习的任务

保育见习的主要任务包括如下几大点:

1. 了解保健医生、保育员主要岗位职责,掌握幼儿一日活动和所在幼儿园的安全、卫生保健制度,掌握其内容、要求及工作程序。

2. 了解幼儿园晨、午、晚检的内容与要求,掌握传染病、常见病和意外伤害的知识,并能及时正确处理。

3. 能配合班级保育员较好地完成室内外卫生清洁工作。了解配制常用消毒剂的方法,进行日常消毒工作。

4. 按保育工作程序管理各年龄班幼儿一日生活,在实习指导教师的引导下,根据幼儿生长发育规律和个体差异,采取适当的措施,独立完成各项保育工作任务,促进幼儿正常生长发育。

5. 了解特殊幼儿心理特点,能护理特殊幼儿,并做好有关观察与记录。

(三) 保育见习技能培养重点

1. 观察能力:实习中要了解幼儿、研究幼儿,观察教师和保育员的各种活动。学会观察方法,初步形成一定的观察能力。

2. 工作能力:在初步掌握保育工作的内容、要求、步骤、方法的基础上,摸索保育的规律,在教师和保育员的指导下能初步地独立完成保育工作。

3. 记录能力:在学会记、听、看教学或游戏活动记录的基础上,掌握记录的要领,逐步提高记录的能力。

4. 分析能力:通过听、看教学或游戏活动后的简析,进而掌握简析教学或游戏活动要点的方法,逐步培养分析问题的能力。

5. 适应能力:初步适应幼儿园环境,处理好人际关系,初步形成正确对待和处理问题的能力。

(四) 保育见习的具体内容

掌握保育员的全部工作,包括早清扫,接待幼儿入园,组织就餐,整理睡眠室,消毒各种器具、玩具,协助教师组织各种教育活动等,观察幼儿园一日生活各环节,了解卫生保健制度。结合"学前儿童卫生与保健"理论知识,解决工作中的卫生保健问题。

见习幼儿园教育教学活动,包括听课、观察幼儿的各种活动、观察教师如何组织指导幼儿等。

> 学生可根据本学期所学课程、教师布置的任务、幼儿园的实际情况等制订个人见习计划(内容详见《学生教育见习手册》"个人见习计划")。

二、教育实习

教育实习包括了解幼儿、钻研教材、设计教学活动、编写活动方案、制作有关教玩具、试讲、实际组织教学活动等教育环节。幼儿园教育活动具有基础性、综合性的特点，所以教育实习活动主要是锻炼实习生组织教育工作的综合能力。

（一）教育实习的目标

1. 情感态度与价值观

（1）树立正确的教师观、教育观，信任、尊重幼儿，树立正确的儿童观。

（2）对幼儿园各项工作持有正确的态度，加强道德修养，实习中充分发挥特长，在行动上表现出极大的热忱。严格要求自己，做幼儿的表率。

2. 知识与能力

（1）充分认识教师在教育工作中的重要作用，掌握教师工作的具体要求和方法。

（2）掌握幼儿一日活动各环节中教育工作的内容和方法，以及对教师和幼儿的要求，做好教师在这些环节中的工作。注意保教结合。

（3）掌握组织教学或游戏活动的过程和方法。

（4）协助幼儿园，教师做好环境创设。

（5）了解大型活动的程序，学会组织一种大型活动。

（6）科学地选择和运用教育科学研究方法，观察或调查幼儿园教育教学活动中的某个现象或问题，学会撰写教育文本资料。

（7）依据保教结合的原则，对幼儿进行各方面教育，学会协调与配合幼儿园教师的工作，初步学会与家长沟通的艺术。

（二）教育实习的任务

1. 按幼儿园工作程序管理各年龄班幼儿一日活动，在实习指导教师的引导下，根据幼儿生长发育规律和个体差异，采取适当的措施，独立完成各项保育工作任务，组织教育活动。

2. 在实习指导教师的引导下，根据主题协助教师制作教玩具，创设幼儿园班级环境；尝试接触家长，掌握家园合作的方法。

3. 能配合班级保育员较好地完成室内外卫生清洁工作。了解配制常用消毒剂的方法，进行日常消毒工作。

4. 配合保育员管理本班幼儿生活和做好幼儿保健工作，能护理特殊幼儿，并做好有关观察与记录。

5. 结合专业知识，针对幼儿年龄特点，认真备课，每周尝试组织集体教育活动，邀请园长和指导教师听课并记录反馈意见。

（三）教育实习技能培养重点

1. 带班能力：能够根据幼儿园一日活动的常规要求，创设适宜幼儿成长和发展的教育环境,组织和指导幼儿的各项教育活动;初步尝试对幼儿进行有针对性的个别教育;有效地与家长进行有关幼儿教育的沟通。

2. 编写班级工作计划、教案、教育记录的能力:根据幼儿园班级一日活动安排及其教育要求,编写半日或一日班级工作计划;根据主题教学内容,设计各类教育教学活动方案;学会书写教育记录,包括教育活动案例、个案观察记录、教育随笔等。

3. 组织教学和游戏活动的能力:根据教学设计,有效开展各类活动,注意培养师幼之间、幼儿之间的组织管理能力。

4. 语言表达能力:能用准确、规范的语言组织教育教学活动,做到语言清楚、生动、流畅。

5. 应变能力:能够灵活妥善地处理偶然事件,具有随机教育的能力。

6. 概括、总结能力:在实习中要对幼儿园有关问题进行调查,并写出调查报告。实习后撰写实习报告。

资料链接

三年制学前教育专业学生实习计划部分内容

教育实习是专业思想教育、文化知识、教育理论、教育技能和科研能力的综合实践课程,是幼儿园教师职前教育的必要环节,对学生了解学前教育和学前儿童、巩固专业思想、印证理论知识、学习与掌握教育规律和培养初步的教育科研能力具有重要的意义。

一、实习目的

1. 全面了解和熟悉实习园的保育和教育工作,重点观察、了解幼儿园各项教育活动的内容、形式及其组织工作。

2. 能够自觉运用新的教育教学理念观摩、评析和有效组织幼儿园各项教育教学活动,掌握基本的班级管理方法,在实践中不断地检验、巩固、丰富所学的知识,提高教育实践能力,树立科学教育观,初步具备独立工作的能力。

3. 乐意亲近幼儿、观察幼儿,了解幼儿的个性特点,能信任、尊重幼儿,亲身感受和体验幼儿教育工作的辛苦与快乐,从而增加职业的光荣感、责任感。

二、实习时间:×月×日—×月×日

三、实习内容与要求

全面实习幼儿园的保教工作。实习中要观察幼儿园及班级环境,熟悉并学习幼儿园一日活动(包括来园接待、早操、教学活动、午睡、午点、游戏、离园等)的组织,做好记录;主动参与班级的保育教育工作实践,认真完成听课记录与评析;根据幼儿园教育教学计划要求,认真设计每个活动方案,并组织实施。

(一)教育教学活动

1. 教学活动

结合"幼儿园教育活动设计"所学内容,做好详细的听课记录(记录格式:活动名称、活动班级、活动目标、活动准备、活动过程、活动延伸、活动评析)。大胆尝试、积极争取,能组织幼儿园各类教学活动,会观察、鼓励、支持、组织幼儿游戏,能较好地与幼儿沟通,引发幼儿的学习兴趣,完成预定的教学任务,体验理论向实践转换的过程。

2. 区域活动

会观察幼儿各种类型的区域活动,运用教育学、心理学、幼儿游戏所学知识,观察并分类记录哪些区域活动容易引起幼儿兴趣,思考其原因,并分析这些活动可促进幼儿哪些方面的发展。重点了解活动区的材料投放、活动时间、活动常规及与幼儿身心发展的关系。观察原班老师对区域活动的指导,学会为不同的区域活动投放活动材料,学会进行分组、分层次指导。

3. 个别教育活动

能主动观察幼儿,发现幼儿间的个别差异,会根据幼儿身心发展特点,在教师指导下,抓住教育契机,实施个别教育。根据"学前儿童行为观察"所学,撰写个案教育笔记,记录如何针对幼儿个别情况,实施教育活动的。为毕业论文搜集素材,奠定基础。

(二)保育工作

贯彻保教结合的原则,会观察幼儿身体状况,能独立承担一天以上的保育工作,按照实习幼儿园作息制度照顾幼儿生活,培养幼儿良好的生活卫生习惯,保证幼儿的安全,高度重视幼儿的身心健康。

(三)家长工作

了解与家长沟通的各种方式,在实习班级教师指导下,进行一次家长交流活动,并能参与家长开放日、家长园地建设、家园联系本填写等家长工作。

(四)特色活动观摩

各方向班要关注和调研与专业方向有关的幼儿园教育教学特色活动,并主动尝试组织活动,发展自己的专业能力。

(四)教育实习的具体内容

明确并掌握幼儿园教师工作的内容和职责,有目的、有计划地组织教育活动(包括教学活动和游戏活动等),精心组织好幼儿的一日活动(包括入园到离园的各活动环节)及其他幼儿集体活动,配合保育员管理本班幼儿生活和做好幼儿保健工作,尝试做些家长工作,协助幼儿园制作玩教具、创设环境等。积极尝试新的活动形式,每人组织一次公开汇报,请园长、教师观摩。结合"学前儿童发展心理学""学前教育学""幼儿园教育活动设计"等课程知识完成幼儿园教育教学。

学生可根据本学期所学课程、教师布置的任务、幼儿园的实际情况制订个人实习计划(内容详见《学生教育实习手册》"个人实习计划")。

三、教育研习

教育研习作为一门教师教育实践类课程,强调师范生在特定的教学情境中进行实践,符合这一情境的途径与方式多种多样,可以通过教育教学课题研究、开设教育科研相关课程等途径,提高师范生的教育科研能力;可以通过微格模拟教学、实习经验交流与成果评析等途径,提升师范生的教学实践能力。

(一)教育研习的目标

1. 情感态度与价值观

(1) 树立正确的教师观、教育观、儿童观。

(2) 具有研究意识,热爱研究工作,能够与指导教师、同伴共同合作开展研究。

2. 知识与能力

(1) 掌握开展学前教育科学研究的常用方法,能够根据研究需要选择适合的研究方法,并撰写文本资料。

(2) 掌握组织教学或游戏活动的具体过程和方法。

(3) 能够根据主题,协助幼儿园教师,做好环境创设。

(4) 掌握评价的方法,能够进行对幼儿进行评价,并自我反思。

(二)教育研习的任务

1. 按幼儿园工作程序组织幼儿一日活动,在实习指导教师的引导下,根据幼儿生长发育规律和个体差异,采取适当的措施,独立完成各项保育工作任务,组织教育活动。

2. 在实习指导教师的引导下,根据主题协助教师制作玩教具,创设幼儿园班级环境;尝试接触家长,掌握家园合作。

3. 根据园长和指导教师的反馈意见,进行自我反思,修改完善活动方案,不断提升教育教学能力。

4. 结合保教实习中的痛点、难点问题,确定毕业设计主题,收集与分析资料,完成毕业设计。

5. 通过座谈会、汇报实习报告等多种方式,总结经验,与教师、同学分享实习收获。

(三)教育研习技能培养重点

1. 带班能力:能够根据幼儿园一日活动的常规要求,创设适宜幼儿成长和发展的教育环境,组织和指导幼儿的各项教育活动;初步尝试对幼儿进行有针对性的个别教育;有效地与家长沟通幼儿教育的问题。

2. 编写班级工作计划、教案、教育记录的能力:根据幼儿园班级一日活动安排及其教育要求,编写半日或一日班级工作计划;根据主题教学内容,设计各类教育教学活动方案;学会撰写教育记录,包括教育活动案例、个案观察记录、教育随笔等。

3. 组织教学和游戏活动的能力:根据教学设计,有效开展各类活动,注意培养师幼

之间、幼儿之间的组织管理能力。

4. 语言表达能力：能用准确、规范的语言组织教育教学活动，与教师、同学分享实习收获，做到语言清楚、生动、流畅。

5. 应变能力：能够灵活妥善地处理偶然事件，具有随机教育的能力。

6. 概括、总结能力：结合保教实习的领悟，完成毕业设计。

（四）教育研习的具体内容

掌握幼儿园教师工作的内容和职责，有目的、有计划地组织教育活动（包括教学活动和游戏活动等），精心组织好幼儿的一日活动（包括入园到离园的各活动环节）及其他幼儿集体活动。积极尝试新的教学形式，利用现代教育技术，反复演练打磨教学设计，组织公开汇报，请园长、教师观摩。分享保教实习收获，完成毕业设计。

第四节　幼儿园保教实习的方法

作为幼儿园教师，要贯彻落实国家的教育方针，就必须深入认识和了解幼儿。科学有效地选择合适的保教实习的方法，方便收集第一手资料，为毕业论文积累素材，同时也有利于提高教育教学的实践能力。

一、观察法

（一）观察法的概念

观察法是指研究者通过感官或借助一定的科学仪器，在自然情境中，有目的、有计划地考察和描述客观对象（如教师、幼儿的某种心理活动、行为表现等），而获取事实资料的一种研究方法。

著名教育家蒙台梭利说过："唯有通过观察和分析，才能真正了解孩子的内在需要和个别差异，以决定如何协调环境，并采用应有的态度来配合幼儿成长的需要。"幼儿园教师通过观察，了解幼儿发展现状、心理需求和存在问题，并据此制定教育工作计划，确定教育措施。在保教实习中，观察是实习生熟悉幼儿园的环境和规章制度，掌握教育教学实践技能，更快实现学生角色向教师角色转化的重要手段。

（二）观察的对象和内容

观察一般是在日常生活、游戏、教育活动过程中，直接用自己的眼睛、耳朵等感官去感知观察对象。观察对象主要包括幼儿、教师、保育员、幼儿园环境和幼儿园规章制度等（见表1-3）。

表1-3 保教实习中主要的观察对象和内容

观察对象	观察内容
幼儿	在生活活动、教学活动、游戏活动等一日活动的各个环节中观察幼儿身心发展特点,如行为方式、问题解决和学习风格、适应性行为等,尤其关注幼儿与教育情境的特殊性
教师	教师平日组织活动(教育活动目标的制定、内容的选择、活动的实施与评价)、处理偶发事件、对待特殊儿童的方法,班级近期安排的活动内容及形式,这些对实习生来说是必不可少的
保育员	保育员日常负责班级、设备、环境的清洁卫生工作,如何管理幼儿生活,并配合本班教师组织教育活动等
幼儿园环境	通过观察幼儿园物质环境和人际关系特点,既可以了解幼儿园教师与幼儿在园活动的物质与心理条件,也可了解该园的办园风格和特点,以此为基础开展教育活动
幼儿园规章制度	既包括幼儿的生活作息制度和各个环节中的常规要求,也包括教师的工作职责和标准,尤其应注意对细节的关注和把握

这里具体谈谈针对幼儿的观察。观察是教师与幼儿之间相互了解与沟通的一种方法和途径,用来帮助教师从笼统的或一般性的行为中分辨幼儿的发展,帮助教育者进一步研究各年龄段幼儿行为特点,从而为幼儿创设愉快、适宜的成长环境,创造适合每个幼儿发展的教育方式。所以观察的内容主要包括以下几个方面:

1. 观察幼儿的动作发展情况。如体育活动时间是实习生观察幼儿大肌肉动作的最佳时间段,幼儿大量地进行各种走、跑、跳、钻爬、投掷、攀登、平衡及各种球类活动,实习生可以在此过程中观察到幼儿大动作的平衡性、灵敏性、力量性、方向感等;在幼儿的手工活动、操作活动中,则是实习生观察幼儿小肌肉动作的最佳机会,精细动作如抓、握、捏、穿、插、系、拧等方面的发展。

2. 观察幼儿的语言发展情况。如是否能听清老师的要求并做出相应的行为;是否愿意表达,表达是否清楚;用词是否恰当;词汇是否丰富;是否能用不同的语音、语调来表达不同的意境等。

3. 观察幼儿的认知发展情况。如幼儿认识各种颜色或图形的情况;幼儿的无意注意有哪些表现行为;幼儿记忆的特点等。

4. 观察幼儿在一日活动中的情绪。如幼儿是否会正确表达情绪,情绪是否稳定;是否有安全感;是否愉快;遇到不开心的事如何解决,是否有较好的情绪控制能力等。

5. 观察幼儿的社会性发展情况。实习生应关注幼儿交往能力的观察,如是否愿意参与其他幼儿的活动;是否能够分享和轮流;是否能够用语言来解决与同伴的冲突;是否能理解规则的重要性;是否能对小伙伴或小动物表现出关心等。

6. 观察幼儿在活动中的表现。如注意幼儿从什么时候开始专注于一项活动;这项活动是什么内容;他(她)花多少时间在这个活动上;专注于这个活动时的表现,流露何种特质;除了专注于这项活动外,还有没有专注于另一项活动,他(她)表现出的恒心和耐心如何;他(她)如何选择活动的先后顺序,是否按部就班地游戏;外在影响会不会分

散他(她)的注意力,哪些因素会使其分散注意力;在活动中他(她)是如何解决困难的,是否寻求帮助以及帮助的来源是什么;活动中受有意干扰会不会重新开始等。

以上并非观察内容的全部,根据观察的目的不同,教师和实习生观察的内容侧重点也大不相同。教师和实习生可根据观察的目的,有针对性地列出观察的指标,进行单项的或系统的观察。

（三）观察方法

在对幼儿进行观察时,应依据研究的目的、内容、对象的不同,采取不同的观察方法。

1. 叙述观察法

这种观察方法运用最多,所获资料可长久保留而不失其价值,通常是现场实况详录。常采用的是日记描述法和轶事记录法。

日记描述法是研究幼儿行为的一种方法,即随着幼儿活动中的特别行为或事件的发生,自然地将其详细描述并再现出来。研究者要在较长的时间里,对同一个或同一组幼儿的行为追踪观察,持续地记录变化,记录其新的发展和新的行为。它方便易行,把幼儿的发展置于真实的生活情景中,能了解幼儿发展的确切次序和行为的连续性,能较为深入地了解幼儿的需要,并提出相应对策,促进个别幼儿发展。但是日记描述法往往用于对个别(或少数)对象的日常观察,故只能说明少数幼儿的特点与情况,缺乏代表性,难于做出有意义的概括。

轶事记录法着重记录观察者认为有价值、有意义的资料和信息,一般是观察对象的典型行为或异常行为。轶事记录法也可以没有主题,如记录一段时间内发生的事情。轶事记录法简单方便,记录时要求准确如实地反映情况,不加入主观解释或者把主观判断和解释与客观事实分开。

总的来说,叙述观察法简单易行,只要有事件发生就能随时随地地观察幼儿,有助于教师和实习生站在幼儿的角度了解他们的世界,真正走近幼儿。

2. 取样观察法

取样观察法是根据预先确定的标准,专门观察和记录在特定时间内幼儿发生的特定行为,可分为事件取样法和时间取样法两类记录方法。它不要求行为记录太详细,只要记录行为是否呈现、如何呈现、呈现频率和持续时间即可。如实习生对亲社会行为感兴趣,就需要了解亲社会行为可分为合作、分享、谦让、帮助和同情五大类别,熟知每类行为的操作性定义,依据以上内容设计观察记录表,选取具有代表性的时间来进行观察,这种方法就属于时间取样观察法。

3. 评定观察法

评定观察法是按一定的评价等级或使用核查清单,对预先确定的观察对象的行为等级或行为存在与否进行判断、记录。

> 学生可使用《学生教育实习手册》"幼儿区域活动观察评价表"对幼儿区域活动情况进行观察记录。

（四）记录的方法

1. 连续记录法

连续记录时可用手记，也可以用录音机、录像机等将观察到的情况实录下来，然后再做书面整理。连续记录法一般适用于实况详录法、轶事记录法和事件取样法的观察记录。在进行人工书面连续记录时，应注意把对事实的客观描述，与记录者或观察者的主观解释和评价区别开来。

2. 频率记录法

在时间取样法、频率计数图示法中，均须记录行为的出现频率。这样，就需要预先制定好记录表格，按照预先规定的行为分类系统及各种行为定义，在观察现场当即做出判断，并记录于表内。记录时常把观察时间分为若干段，在每一时段中记录某种行为类型，观察结束后，可根据从各时段中累计的各类行为频率加以分析。

> 学生可使用《学生教育实习手册》"集体教育活动互动情况记录表"对幼儿在集体教学活动中的师幼互动、幼幼互动、与环境材料的互动等进行观察记录。

3. 等级记录法

等级记录法适用于等级评定法中。在编制评定量表时，应注意项目分布的合理性，问题与回答用语的简明性和定性词的明确性。在记录时，观察者要客观、全面地给以评定，避免主观情绪对记录过程的影响。

> 学生可使用《学生教育实习手册》"幼儿生活常规记录分析表"对幼儿洗手、如厕、喝水、用餐、午睡、起床等环节的生活常规进行观察记录。

4. 符号记录法

在对某种活动或事件进行连续观察、记录时，如果涉及对象较多，用言语记录比较困难时，可用预先规定好的符号系统进行记录。在制定符号系统时，必须首先进行行为分类，考虑好观察中可能出现的行为类型，或选定研究者特别感兴趣的特定行为作为观察记录的目标，然后用不同的符号代表各具体行为。用符号记录，迅速方便，一目了然。

5. 仪器辅助记录法

仪器辅助记录法，就是运用现代仪器（录音笔、手机、录像机、摄影机等）加以辅助，将有关信息保留下来，待事后整理、分析的方法。应注意的是，用摄影的方式观察幼儿

活动需观察多次,以此找到活动规律,切不可单凭一张照片就对幼儿做出判断;摄像则可记录幼儿活动的全过程,并能反复观看,进行比较和对照,从而形成对幼儿较真实、全面的判断。

(四)观察的步骤及注意要点

1. 确定观察目的,选择观察对象

现场观察应有明确的目的,大致的观察角度、线索和重点观察对象。不能今天观察这个幼儿,明天又换一个,什么撞到眼里就观察什么。在确定重点观察对象时,可考虑每种类型的幼儿各取一个代表。例如,不同性格类型的幼儿,在动作、智力、语言、社会性、美感诸方面发展正常或低常、超常的幼儿。观察时,应围绕确定的目的,捕捉有关的、典型的行为,比如:好动的幼儿、爱告状的幼儿等,并通过对这些幼儿的追踪,发现一般规律。当然,如有特殊情况或意外情况发生时,应随机应变,对临时出现问题或有异常表现的幼儿给予特别关注。

2. 制订观察计划

观察计划主要包括观察范围、内容、重点、材料、仪器、行为单元的划分、行为指标的操作定义以及观察时间、地点、次数、记录方式等。

3. 制定好观察提纲

观察提纲因只供观察者使用,应力求简便,只需列出观察内容、起止时间、观察地点和观察对象即可。为使用方便还可以制成观察表或卡片。

4. 记录观察结果

应翔实、客观地记录观察结果,可以采用记叙和描述的方式(即对幼儿的行为表现进行记叙和描述)。一般包括如下内容:

(1)记录幼儿做种种事情的时间、地点。

(2)叙述幼儿行为发生的背景:幼儿在何种情况下出现该行为。

(3)记叙幼儿做种种事情的方法、行为方式,特别是幼儿行为方式的变化和新行为。

(4)描述幼儿对自己行为的感觉:表情、心情、神态。

(5)记录幼儿活动时所说的话。

文字记载应较好地保留活动本来的顺序和真实面目,应客观、翔实。

5. 整理、分析观察材料,形成观察结论

正确分析观察资料,是根据观察记录对幼儿行为的性质做出正确判断得出结论,并分析幼儿出现某种行为的原因。一般说来,可以从文化家庭背景、生理因素、心理因素以及幼儿成长经历等方面寻找原因。合理利用观察资料是指通过上述分析确定教育观点,拟定教育措施。实施后,连续追踪观察,总结教育效果。

6. 撰写观察报告

观察报告是通过对幼儿行为的观察研究，把基本情况和结论撰写成书面文字。观察报告可以分为标题、前言、观察活动的基本过程、材料的分析整理过程以及观察的基本结论。标题要言简意赅，用陈述句表述，在10～20个字之间，如"对城乡幼儿入园适应性行为的观察研究报告""男女儿童告状行为的比较研究报告"等。前言主要阐述问题提出、研究背景、观察对象、目的、方式和方法等内容。正文是观察报告的核心，应详细叙述观察活动进行的基本过程、基本步骤、所获得的数据资料、对数据进行整理分析的基本方式及最终结论等。结尾部分要写明观察活动所取得的成果、具有的现实意义以及需要进一步揭示或探讨的问题，并在备注中注明观察者的姓名、日期和观察活动中需要说明的事项等。

撰写观察报告时应注意信息准确无误，客观真实，经得起时间和实践的检验。阐述过程中不能将自己的主观臆断和猜测掺杂其中，得出不符合事件真相的结论。

观察报告是科学研究报告的一种形式，要体现科学研究的规范性，严格按照科学研究的规范格式撰写。报告中所体现的基本现象、基本过程的实施以及所获得的数据，都必须准确无误，客观真实，经得住实践和时间的检验。在撰写研究报告内容时，注意不能在叙述的过程中加入自己的主观臆断和猜测，否则会得出不符合事实本来面目的结论。

总之，观察能使教师和实习生从幼儿的视角来理解幼儿，以开放的心态、宽容的态度对待幼儿，真正做到尊重幼儿与信任幼儿，以幼儿为中心，促进每个幼儿富有个性地成长与发展。同时也有利于教师和实习生逐渐更新自己的儿童观、教师观等，真正成为幼儿学习活动的支持者、合作者和引导者。

二、问卷调查法

（一）问卷调查法的概念

问卷调查法也称"书面调查法"，或称"填表法"。用书面形式邀请调查对象填写对相关问题的意见和建议，间接收集研究材料和信息的一种调查手段和方法。在保教实习过程中，实习生也可通过问卷调查的方式读懂幼儿，了解教师专业发展或幼儿园管理等问题。

（二）问卷调查法的注意事项

问卷调查方便实用、省时、省力。一般可以让教师、家长不署名，所得到的结论会比较客观。同时，能收集大样本的信息资料，收效大，也便于整理归类，能做量的统计处理，使调查结果具有一定的代表性。

问卷题目的设计和编制是问卷调查的关键，要获得尽可能全面、真实的材料，避免问卷调查的局限，应注意：

（1）问题与问题用语要明白清楚，没有含糊之处，避免使用一些专业化的术语。

（2）问题的类型可分为封闭式问题、半结构式问题和开放式问题。

（3）问题不宜过多，要注意问卷的长度适当。可问可不问的问题不要问，以免引起被调查者的反感，使得被调查者不愿填写或敷衍了事。

（4）问题的排列应采取由简单到复杂、由易激发兴趣的问题到易引发个人紧张感的问题的设计方式。

（5）问卷前面要附有卷首语，使被调查者了解调查的目的和要求，为了能引起被调查者的重视和兴趣，争取他们的合作和支持，卷首语的语气要谦虚、诚恳、平易近人，文字要简明、通俗、可读性强，避免给被调查者造成误导。

案例分享

影响幼儿园新手教师专业成长的外部因素调查问卷

尊敬的老师：

您好！首先感谢您在百忙之中抽出时间对我的问卷调查表示支持！

本问卷旨在调查幼儿园新手教师（教龄在3年内）的专业成长现状，从中了解影响其专业发展的外部因素，为提升新手教师专业成长研究提供依据。本问卷仅供研究使用，调查结果都将被严格保密，希望您根据自己的实情作答。

再次诚挚地感谢您的参与、合作！

基本情况：

您所在幼儿园的办园性质：

A. 公办园　　　　　　B. 私立或民办园

您有几年的工作经验？

A. 1年以内　　　　B. 1—2年　　　　C. 2—3年

以下各题若不做特殊说明均只要选择一个选项，请在选项上打√。

1. 您对幼儿园教师职业的态度：

　A. 热爱　　　　B. 较热爱　　　　C. 一般　　　　D. 不想当

2. 您感到在进入岗位后第几年能够适应工作？

　A. 半年　　　　B. 1年　　　　C. 2年　　　　D. 3年

3. 您所在的幼儿园，为您提供使用电脑等信息技术条件如何？

　A. 非常方便　　B. 比较方便　　C. 不方便　　D. 不提供

4. 您所在的幼儿园，为您提供专业书刊的条件如何？

　A. 非常丰富　　B. 比较丰富　　C. 不丰富　　D. 不提供

5. 您所在的幼儿园是否重视新手教师的成长？

　A. 非常重视　　B. 比较重视　　C. 不重视　　D. 非常不重视

6. 您所在的幼儿园有针对新手教师专业成长的计划或制度吗？

　A. 非常完善　　B. 有　　　　C. 没有　　　　D. 不知道

7. 您所在的幼儿园是否支持您继续提升学历?
   A. 支持　　　　B. 不关心　　　　C. 不支持　　　　D. 极力反对
8. 当您取得进步或成绩时,园长或幼儿园对您态度如何?
   A. 有奖励　　　B. 仅鼓励　　　　C. 不关注　　　　D. 什么都没有
9. 您刚入职时幼儿园是否安排指导老师?
   A. 是　　　　　B. 否
10. 如果幼儿园为您安排了固定的指导老师,指导老师在专业发展方面对您的帮助如何?
    A. 非常大　　　B. 比较大　　　　C. 一般　　　　　D. 没有帮助
11. 您与同事交流、探讨的多吗?
    A. 经常　　　　B. 偶尔　　　　　C. 很少　　　　　D. 几乎没有
12. 您从有经验的同事(师傅以外)那里得到的专业发展方面的帮助如何?
    A. 非常大　　　B. 比较大　　　　C. 一般　　　　　D. 没有帮助
13. 您认为,在您的专业发展中谁给您最有效的帮助:(请按重要程度由高到低排序)
    A. 园长　　　　B. 同事　　　　　C. 教育专家　　　D. 父母
    E. 幼儿家长　　F. 其他_____　排序_____
14. 您所在的幼儿园有帮助新教师成长的专门活动吗?
    A. 有　　　　　B. 没有　　　　　C. 不知道
15. 您是否参加过岗前培训或入职教育?
    A. 是　　　　　B. 否
16. 工作以后,您有机会参加园内、外培训吗?
    A. 经常参加　　B. 偶尔参加　　　C. 很少参加　　　D. 一次也没有
17. 您认为提高新手教师的专业发展水平的外部因素是:(多选)
    A. 以老带新、结对子　　　　　　B. 组织观摩活动、听公开课
    C. 参与专题研讨　　　　　　　　D. 聘请专家、学者专题讲座
    E. 派新手教师外出参观、学习　　F. 教学活动比赛
    G. 阅读专业书刊、利用网络资源　H. 其他_____
18. 对于幼儿园组织的一些新手教师的活动,您认为对您的专业发展:
    A. 没有丝毫帮助　B. 略有帮助　　C. 有很大帮助　　D. 不清楚
19. 您所在的幼儿园在培养新手教师方面做了哪些工作?您认为哪些工作是有实效的?您还希望幼儿园和其他教师为您提供什么样的帮助?

_____

_____

_____

再次感谢您的积极参与、支持与配合！

分析： 本问卷由19道题目构成，其中有18道客观选择性问题（其中排序和多选各有1道）和1道开放性问题。问卷主要内容是调查幼儿园新手教师专业成长的外部影响因素——幼儿园环境，包括四大部分：幼儿园物质资源、制度保障、人文环境和园本培训的专业活动。

三、练习法

（一）练习法的概念

在幼儿园保教实习中，练习法是指学生在教师的指导下运用知识进行一定的操作，从而消化巩固知识，并形成技能、技巧的教学方法。针对实习生来说，必须学会将所学的教育知识与技能渗透于环境和一日生活的各个环节中，根据活动类型、目的和各年龄班幼儿的身心特点选择恰当的活动形式，组织幼儿分集体、小组和个别地开展一日活动，创设适宜的教育环境等。

（二）练习法的注意事项

在练习时，应注意做到"学""做""思"的结合：

1. 在见实习期间做好各项准备工作

首先是角色转变的定位。既要定位好"学习者"的角色准备，又要做好"准幼儿园教师"的角色准备，以积极、认真、真诚的态度去面对，塑造良好的教师形象。不论是保育实习还是教育实习，实习生在正式实习开始之前一般都会有2～5天的见习期。实习生应充分有效地利用这段时间，全程跟随指导教师进行各方面的学习，全面了解实习园所的教育现状和整体发展情况，熟悉幼儿园一日活动各个环节的流程、步骤、要求与注意事项等。及时做好记录，并在指导教师的指导下做好正式实习的各项准备工作（熟悉幼儿、设计教案、试教等）。

2. 在实习期间注意理论与实践相联系

在实习幼儿园各项工作时，必须有意识地将学校所学的知识、技能与幼儿园工作的实际情况与需求相联系，充分考虑实习班级幼儿的年龄特征和个性特征等。既不能将书本上的知识生搬硬套到幼儿园实践工作中，也不能完全只学习幼儿园一日活动组织的流程与方法，而应该有效地训练和提升自身的教育教学技能，同时注重理论总结与提炼。

3. 及时总结与反思

在实习过程中及实习结束后，要及时完成实习记录与总结。将练习过程中的见闻、感想、经验、教训等记录下来，并进行总结与反思。这样才能真正达到实习的目的，即陈鹤琴所言的"做中学、做中教、做中求进步"。

四、评价法

（一）评价幼儿

《幼儿园教育指导纲要（试行）》指出："教育评价是幼儿教育工作的重要组成部分，是了解教育的适宜性、有效性，调整和改进工作，促进每一个幼儿发展，提高教育质量的必要手段。"教师对幼儿的评价，应该是科学的、合理的评价，能激发幼儿自信心，保护幼儿自尊心，调动幼儿学习的主动性和积极性以促进幼儿发展。多元智能理论告诉我们，幼儿的发展是多元的，不同的幼儿会在不同的领域表现出智能强项。因此，我们对幼儿的评价方式也应该是多元的、全面的。同时，幼儿处于不断地发展变化中，实习生还应学会以发展的眼光看待每个幼儿。

1. 客观、全面地进行科学评价

促进幼儿的发展是一切教育活动的出发点和归宿。因此，科学的评价要遵循客观性与全面性相结合的原则。所谓客观，就是在对幼儿进行评价时避免主观臆断，强调在真实观察的基础上对幼儿进行客观的评价，评价要依据真实的观察结果，而不是依据自己对幼儿的固有看法和认识。《纲要》也明确指出，从不同的角度促进幼儿情感、态度、能力、知识、技能等方面的发展。因此，我们对幼儿的评价也不应只停留于某一方面，而应是涉及幼儿的方方面面，如幼儿的身心发展状况、幼儿的认知发展水平、幼儿的语言发展水平、幼儿的社会性发展状况等。

2. 静态评价和动态评价相结合

静态评价是按照评价标准，考察幼儿在某一时间或阶段内发展水平的现实状况。动态评价是对幼儿发展、变化状态的分析与判断，重在考察幼儿当前的发展较之过去的进步情况，以及今后的发展潜力和趋势。例如，在一次以"蜗牛"为主题的活动结束后，教师小结评价："小朋友今天讲得真好，通过活动我们知道了蜗牛的特点和生活习性，活动时大家都能大胆发言，希望小朋友们下次继续努力。"这种评价方式是对所有参与活动幼儿的总体评价，是一种静态的评价，它只是评价了幼儿的表现及活动结果，给人的感觉是空洞的，还应使评价自然地伴随着整个教育活动过程，在真实的教学情境中进行，使之成为动态评价，通过评价给予幼儿支持和帮助。二者应相互结合，扬长避短，优势互补。

3. 关注幼儿的个体差异，慎用横向评价

每个幼儿身心发展虽然遵循共同的发展规律，但是又各不相同，都有自己本身鲜明的特点，存在个别差异。如果单凭对认知结果的评价，就给幼儿贴上"优、良、中、差"的标签，看一个幼儿的发展，显然是不科学的。教师和实习生要对幼儿报以积极热切的期望，善于从多角度评价，观察和接纳幼儿，寻找和发现幼儿身上的闪光点，发现并发展幼儿的潜能。

4. 避免一味的"正面"评价,立足鼓励的评价艺术

保教实习中,实习生往往只会用"好""你真棒""表现得不错"等正面评价的肯定话语,而一味地运用表扬,不批评、不惩罚,这种教育是残缺的。正确的负面评价能促进发现、改正自身缺点,认识自我,提高耐挫能力。但是批评要有一定的艺术,要分清原因,要保护幼儿的自尊心。如可以这样评价幼儿:"你今天虽然没有把故事完整讲述出来,但你说话清楚,故事讲得很动听","你虽然跑步不快,可是你画画非常漂亮",等等。

5. 调动肢体语言辅助评价的方法

教师要善于调动肢体语言辅助评价。和幼儿谈话最好蹲着,与其平视。耐心倾听幼儿讲述,可以适当辅以微笑或拍拍肩膀、摸摸头等肢体语言,给予幼儿肯定或愉悦的体验。

6. 逐步培养幼儿自我评价的能力

幼儿需要更多的机会锻炼解决问题的能力。例如在区域活动时,两名幼儿在争夺一件玩具,教师并未出面干涉,而在讲评时,组织幼儿讨论:同一个玩具大家都想玩怎么办,引导幼儿思考解决方法:可以两人一起玩,或者轮流交换玩等。在这个过程中让幼儿设身处地站在别人的立场上思考问题,不仅可以发展幼儿的评价能力,也有利于形成对行为规范的正确认识。逐渐培养幼儿自我评价、自我控制的能力是教师处理幼儿错误行为以及冲突时必须体现的教育目标。

案例分享

今天画蜗牛,孩子们的蜗牛一个比一个漂亮。正当我看得高兴时,这时一张奇异的画出现在面前,竟然是熙熙的!咦,这孩子,今天难道画画不认真?小家伙画了一个圆圆的没有头的蜗牛。我皱皱眉头,把他叫来:"说说看,今天怎么画了一只这样的蜗牛?"熙熙开心地说:"老师,你看,我画的是个藏在壳里的蜗牛。因为,我每次见到蜗牛都是缩在里面的。"果然,我仔细看了看这只缩在壳里的蜗牛,虽然没有其他蜗牛那么漂亮,却是最有想象力的一个!

我的气消了,大大表扬了熙熙,多么有想象力的孩子啊,我也庆幸自己没有武断下结论。每个孩子都是一个天使,她看到的世界一定有她独特的地方。作为老师,我认为,想象力比一只漂亮的蜗牛重要的多!其实孩子们也是老师,让我不断发现自己的问题,调整自己的教育策略。

分析:《3—6岁儿童学习与发展指南》指出,了解并倾听幼儿艺术表现的想法或感受,领会并尊重幼儿的创作意图,不简单用"像不像""好不好"等成人标准来评价。挖掘幼儿绘画作品本身潜在的含义,认可、赏识幼儿个性化的绘画表现;更加关注幼儿的所思所想,分析、思考绘画作品反映了幼儿什么样的情绪情感、生活经验、思维方式等;更

加注重幼儿的创造力、观察力、逻辑思维能力、整合能力等能力表现,借此了解幼儿的内心世界,研究幼儿的学习特质,可为下一步的教育策略提供依据。

（二）评价教育活动

评价教育活动主要包括对教育活动方案的评价、对活动实施过程的评价以及对活动效果的评价。它涉及幼儿园教育的基本理念、主要的价值取向、实施过程中各种因素之间的动态关系等。教育活动评价是保教实习的重要组成部分。教育活动评价既具有"诊断"功能,又具有"改进"功能,能帮助我们发现教育活动中存在的问题,以此为依据不断地调整和完善教育活动。保教实习中对教育活动的评价使实习生运用幼儿心理、幼儿教育、幼儿园课程、活动设计等专业核心理论知识,结合幼儿园教育活动实践经验,遵循发展性和适应性原则,分析、思考和解决教育中的实际问题,实现专业提升。

思考与实践

1. 结合实践,谈谈你对保教实习的理解。
2. 简述保教实习的方法,并结合实践具体谈谈是如何应用的。

第二章 保教实习准备

现实问题

"马上要去见实习了,我要做好哪些准备?我要注意些什么?学习的理论知识如何应用到工作岗位中呢?"第一次去幼儿园见习的学生常提出这些疑问。作为未来的幼儿园教师,在学校学习的时候应该关注哪些课程?应该具备哪些专业知识?培养哪些专业能力呢?

幼儿园教师是履行幼儿园教育工作职责的专业人员,需要经过严格的培养与培训,具有良好的职业道德,掌握系统的专业知识和专业技能。《幼儿园教师专业标准(试行)》是国家对合格幼儿园教师专业素质的基本要求,是幼儿园教师开展保教活动的基本规范,是引领幼儿园教师专业发展的基本准则,是幼儿园教师培养、准入、培训、考核等工作的重要依据。大家仔细阅读本章内容,了解如何成为一名优秀的幼儿园教师吧!

第一节 师德修养的准备

学前教育专业的学生是从事幼儿园教育工作的预备军,为承担起未来的使命,需要按专业要求多方面提升自己的素养,为保教实习做好充分准备。根据《中小学教师职业道德规范》要求,教师应当做到爱国守法、爱岗敬业、关爱学生、教书育人、为人师表、终身学习。"凡事预则立,不预则废。"要使幼儿园保教实习达到预期目的,就必须做好充分的准备。

师德是幼儿园教师最基本、最重要的职业准则和规范。师德修养包括三层含义:一是具有职业理想与职业道德;二是尊重和热爱幼儿;三是为人师表,教书育人。实习生担当的是教师的角色,因此,必须履行教师的职责和具备教师的师德修养。

一、爱国守法

爱国守法的基本要求是：拥护党的基本路线，全面贯彻党的教育方针，自觉学习和遵守《中华人民共和国宪法》《中华人民共和国教育法》《中华人民共和国教师法》《中华人民共和国未成年人保护法》，严格遵守各级教育行政部门和所在幼儿园的各项规章制度。

> **资料链接**
>
> **北京市幼儿园教师职业道德规范**
>
> 1. 热爱幼教事业，坚持贯彻党的教育方针，坚持教养并重，全面提高幼儿素质。
> 2. 热爱幼儿，尊重幼儿，面向全体幼儿，坚持正面教育，严禁体罚或变相体罚，使幼儿愉快、健康地成长。
> 3. 坚守岗位，尽职尽责，确保幼儿安全。
> 4. 勤奋学习，钻研业务，积极参加教育改革，不断探索科学育儿规律。
> 5. 以身作则，为人师表。仪表、服装、举止、谈吐符合幼教工作特点。
> 6. 尊重家长，热情服务，与家长密切配合。
> 7. 尊重社会公德，严守劳动纪律，团结协作，开展批评与自我批评。

二、关爱学生

（一）尊重幼儿

教师职业十分特殊，是一项直面生命和提升生命价值的事业，对生命负责，对生命的成长负责，体现了教师工作无与伦比的独特性和重要性。

关爱生命最重要的是珍惜生命的尊严和权利，尊重幼儿的人格，保护其合法权利。1959 年，联合国大会通过《儿童权利宣言》，明确了各国儿童应当享有的各项基本权利。1989 年 11 月 20 日，在第 44 届联合国大会上 161 个国家的代表通过了《儿童权利公约》。1990 年 9 月 30 日，包括 71 位国家元首和政府首脑在内的 159 个国家的代表在首次世界儿童问题首脑会议上通过了《儿童生存、保护和发展世界宣言》（以下简称《宣言》）与《执行九十年代儿童生存、保护和发展世界宣言行动计划》（以下简称《行动计划》），《宣言》和《行动计划》是国际社会对保护儿童权利所做的政治承诺和具体方案。中国政府庄严地签署了上述三个文件。

《儿童权利公约》将儿童界定为 18 岁以下任何人，并规定了四条基本原则：

1. 不歧视（无差别原则/无歧视原则/非歧视性原则）

每一个儿童都平等地享有公约所规定的全部权利，儿童不应因其本人及其父母的种族、肤色、性别、语言、宗教、政治观点、民族、财产状况和身体状况等受到任何歧视。

2. 儿童的最大利益

涉及儿童的一切行为,必须首先考虑儿童的最大利益。

3. 确保儿童的生命权、生存权和发展权的完整

所有儿童都享有生存和发展的权利(两者完整兼具),应最大限度地确保儿童的生存和发展。

4. 尊重儿童的意见

任何事情涉及儿童,均应听取儿童的意见。

所有儿童,无论他们出生在哪里,属于哪个种族或民族,无论是男孩还是女孩,富有还是贫穷,都必须得到充分的机会,成为社会有用的成员,并且必须享有发言权,他们的声音也必须获得倾听。

《儿童权利公约》明确了儿童"拥有包括生存、发展和充分参与社会、文化教育生活以及他们个人成长与福利所必需的其他活动的权利。"可见,幼儿接受教育和保护是他们的权利,幼儿的人格、观点和意见,及幼儿的自由发展应当受到尊重,这也是他们的权利。

(二)关爱幼儿

关爱幼儿是师德修养的核心和基石,是做好保教工作的前提。

师爱,是一种超乎亲缘关系和个人需求、有着崇高目的、充满科学精神的神圣情感。幼儿园教师以热忱、慈爱之心关注幼儿成长,并为之倾注全部心血,是师爱的出发点和归宿。

师爱的内涵是悲严相济、严而有格。苏联教育家赞可夫指出:"不能把教师对儿童的爱仅仅设想为用善解、关注的态度对待他们,这种态度当然是需要的,但是对学生的爱,首先应当表现在教师毫无保留地贡献自己的精力、才能和知识,以便在对自己学生的教学和教育上以及他们的精神成长上取得最好的成果,因此,教师对儿童的爱应当同合理的严格要求相结合。"师爱中的严格既不是态度上的严格,也不是要求上的苛刻,而是一种很有分寸、很讲艺术的严格。它在要求上是合理的,它在态度上是善意的。

诚然,要让幼儿真切地感受到教师的爱比宣称"我爱学生"难得多。一则关于师生关系的调查显示:有约60%的教师说爱自己的学生,而感受到这种爱的学生仅5.6%,另有47%的学生说"不注意、不知道这种爱"。这项调查数据虽不能直接反映幼儿园的师生关系,但同样给予我们启示:造成这种反差的原因是什么?除了教育对象对"师爱"理解与体悟上的某些误区外,我们是否将这种爱渗透到了保教活动中并遍布于每一个幼儿?

1. 全面了解幼儿

全面了解幼儿是保教工作的起点和关键。俗话说:"知之深,爱之切。"热爱幼儿,就要了解幼儿。只有全面了解幼儿,情感才能沟通,教育才能产生共鸣。实习生要花时间

和精力深入到幼儿中去,和他们交流互动,达到对幼儿的全面了解。

2. 热爱每一位幼儿

教师的教育对象是随机的,是不由教师选择的,是不会因个人性格与喜好而加以组合的。教师的爱也应当是无选择的,一视同仁,不分好恶亲疏,不存在任何偏见,不以幼儿发展的差异及速度的快慢为转移。幼儿园教师的爱是博大、平等的爱。

3. 传递爱的信息

幼儿是感性的,教师仅有一颗热爱儿童的心还不够,更重要的是通过各种方式向幼儿传递爱的信息,要让幼儿真真切切地感受到教师的爱。传递表现可归纳为以下几种方式:

(1)尊重。尊重幼儿一是指尊重幼儿的人格,维护幼儿合法权益,平等对待每位幼儿,不讽刺、挖苦、歧视幼儿,不体罚或变相体罚幼儿;二是指相信幼儿,相信幼儿是个有潜力、有价值的人,并能尽一切办法让幼儿相信他自己是一个有潜力、有价值的人,要根据他们的特点因材施教,使每一个幼儿的潜能都得到发挥;三是尊重个体差异,幼儿虽然年龄小,但也是独特的个体,有自己独立的人格,有自己独特的愿望和需要,教师要主动了解和满足有益于幼儿身心发展的不同需求,促进幼儿健康成长。

(2)倾听。心灵渴望表白,尤其是幼儿,他们藏不住心里话,掩饰不住真实的感情,有强烈的表现欲,教师不仅要听而且要专心致志地聆听幼儿讲话,倾听他们的心声,从而了解幼儿的心理特点,有的放矢地引导和启发,教师对幼儿积极倾听的态度,可以使幼儿觉得受到重视并肯定自己的价值。

(3)微笑。情感是教师和幼儿之间相互作用的桥梁和润滑剂,教师愉悦的情绪能使幼儿的情感得到激发,而教师的一颦一笑是最能传递愉快情绪的。因此,教师不要吝啬自己的微笑,要让幼儿从教师的微笑中感受到亲切和信任。

(4)赞赏。教育教学实践证明:教师对幼儿的表扬、鼓励能激发其求知欲,调动其积极性。赞赏是一种随时随地都可取用但又永远用不完的"动力资源",因比,教师要多用鼓励性的话语激励幼儿,增强幼儿的自信。

三、为人师表

为人师表既是社会对幼儿园教师的要求,也是幼儿园教育本身的要求。一方面,教师是人类灵魂的工程师,他不单要以自己的高尚人品为幼儿做榜样,全方面育人。另一方面,幼儿不仅如饥似渴地汲取教师提供或指引的知识清泉,而且他们的心灵非常敏感,向师性强,他们自觉或不自觉地将教师作为仿效的榜样。教师如果以自身高尚的道德和规范的职业行为出现在幼儿面前,那么就能产生巨大的教育力量。为人师表是教师职业道德区别于其他职业道德的显著标志,是对教师的特殊要求规范,它有自己独有的特征。

(一)思想道德

为人师表首先应表现在思想道德方面的表率作用。幼儿园教师要将社会对幼儿教

师所提的思想道德要求和对幼儿所提的道德要求,在自己的行为中具体化、现实化,让幼儿从教师的言行中受到潜移默化的影响。

(二)职业纪律

俗话说:"没有规矩不成方圆。"任何一个职业都有纪律的要求,即职业纪律。职业纪律是维持职业活动的正常秩序、保证职业责任得以实现的重要措施。它常常表现为规章制度等形式,教师的职业纪律就是教师在从事教育劳动过程中应遵守的规章条例、守则等,是维持保教活动正常进行的保证,是教师必须遵守而不能违反的纪律。

实习生到幼儿园实习,一定要强化纪律意识,认真学习幼儿园的各项规章制度,并在教育活动中严格执行规章制度。

(三)仪表仪态

教师的仪表不仅是吸引幼儿的个人外在条件,也是对幼儿进行教育的手段,因此教师特别要注重自己的仪表,具体体现在以下几个方面:

1. 举止文雅

(1)举止温文得体,不失教师风度,一举动、一言行皆成为幼儿的榜样。

(2)在幼儿园内遇到各种冲突时,以礼相待,不做失礼之事。

(3)注意个人卫生,办公物品按要求摆放整齐,室内清洁,不乱扔废弃物。

(4)不在幼儿园内吃零食。

2. 仪表端庄

(1)衣着整齐大方,高雅自然,符合教师形象,不打扮得花枝招展,不追求奇装异服,不穿露、透或过短的服装。

(2)鞋面整洁,幼儿园内不穿高跟鞋。

(3)不浓妆艳抹,在幼儿园内不佩带金银珠宝饰物和其他奇特饰物。

(4)不染发,不留怪异发型。

3. 语言文明

(1)语言恭谦,表情友善和气。

(2)谈吐文雅,不使用粗俗语言,不恶语伤人。

(3)说话语气得体、语调适中,说话时要注视对方,以示尊重。

(4)多用"请""谢谢""对不起"等礼貌用语。

4. 礼貌待人

(1)真诚待人,接待家长和客人做到热情主动,笑容可掬。

(2)同事间相互尊重、和睦相处、不猜忌,不背后议论他人,不传个人隐私。

四、密切合作

实习过程中所涉及的人际关系包括与幼儿的关系、与同事的关系、与幼儿园领导的关系、与社会有关人员的关系等。实习生在处理实习中的人际关系时,一定要本着合作中求成功、合作中求发展的态度,努力与所有的人都成为合作伙伴,为实习的圆满成功做好充分的准备。

因此,密切合作有两种含义,一是教师要有与他人沟通和交流的能力与技巧,二是教师要有和他人合作的能力与技巧。

(一)合作对象

1. 幼儿

《幼儿园教育指导纲要(试行)》明确指出:教师应成为幼儿学习活动的支持者、合作者、引导者。教师要以关怀、接纳、尊重的态度与幼儿沟通与交流,在活动中形成合作探究式的师生互动。

2. 指导教师

要在教师的指导下组织好一日活动,并合作管理班级。

3. 保育员

与保育员之间要相互尊重,相互团结,相互协作,保持教育影响的一致。

4. 家长

在指导教师的要求下,学习与幼儿家长相互沟通、相互协调的技能。

5. 实习生

实习生之间要共同切磋、商讨实习中遇到的问题,在教具准备、一日活动组织、班级管理等方面加强联系,相互配合。实习生之间要正确对待竞争,公平竞争是在保教目标与利益一致基础上的比学赶帮、相互促进、共同提高的竞争。要杜绝实习生之间相互排斥、相互拆台的现象。

(二)合作准则

1. 相互团结

既然保教工作的成败取决于保教人员的集体劳动,那么关心和维护保教集体就是保教人员的行为准则。这就要求保教人员要正确处理好个人与个人、个人与集体的关系,热爱保教集体,把自己真正融入集体之中,将自己的聪明才智和特长奉献于集体,同时又依靠集体的帮助提高自身的保教水平。

2. 相互尊重

相互尊重是人与人之间交往的基本原则,也是实习工作顺利开展的前提。在保教实习这样一个系统工程中,学校与实习单位的各相关人员之间必须以相互尊重为前提,通力合作,才能将实习工作做精做细。实习生要尊重学校及实习单位的指导教师,虚心听取指导教师的意见,在指导教师的指导下,按照要求努力做好各项实习工作。实习指导教师也应尊重每一位实习生,在传帮带的过程中,尽心尽力地做好指导工作,严格把

关,全面关心实习生的工作与生活。

3. 相互协作

对幼儿的保教工作,不是单独的个人所能承担的,它需要"教育合力"来完成。从大的方面讲,需要学校、社会、家庭三方面的"教育合力"。就幼儿园本身来讲,它需要全体保教人员共同施加教育影响,相互协调,相互配合,以达成保教目标。因此,保教人员间的团结合作既是实现教育目标的需要,也是保教人员自身劳动的必要条件。而保教人员的团结合作本身又是一种教育因素,它将为幼儿树立正确处理人与人之间关系的范例,使他们在保教人员身上"学会共同生活、学会与他人一起生活"。

作为一名实习生还要加强个人修养,要富有爱心、责任心、耐心和细心;做到乐观向上,热情开朗,有亲和力;善于自我调节情绪,保持平和心态;在实习过程中勤于学习,不断进取。

资料链接

幼儿园师幼互动十项行为准则

教师的理解使孩子学会宽容;

教师的赞扬使孩子学会自赏;

给孩子自由使孩子学会创造;

教师的微笑使孩子感到舒心;

教师的支持使孩子体会信任;

教师的赞同使孩子学会自爱;

教师的信任使孩子学会诚实;

教师的平等使孩子学会自信;

教师的公平使孩子学会正直;

教师要珍惜孩子的每一次实践,要知道孩子需要你经常的赏识,要常蹲下身来多和孩子平视。

幼儿园教师与见实习生对待孩子十忌

忌恶语:不要说"你这个傻瓜";

忌污蔑:不要说"你简直是个废物";

忌责备:不要说"你又做错了,真是糟透了";

忌压抑:不要说"住嘴,不要再说了";

忌强迫:不要说"我说不行,就是不行";

忌威胁:不要说"我不再管你了,走吧";

忌哀求:不要说"我的小祖宗,求求你好吗";

> 忌抱怨：不要说"你这孩子真叫人伤心"；
> 忌讽刺：不要说"你可真行，还能做这事儿"；
> 忌许愿：不要说"你如何如何做得好，我就给你买"。

第二节 专业知识的准备

一、教育法规为保教实习工作指明方向

《幼儿园工作规程》是我国第一部规范幼儿园内部管理的规章，对加强各级各类幼儿园的管理规范、质量保障发挥了重要作用。

《幼儿园教育指导纲要（试行）》是遵循我国宪法和教育基本法的精神，根据党的教育发展和《幼儿园工作规程》制定，对全国幼儿园教育进行宏观管理和指导的法律文件。

《3—6岁儿童学习与发展指南》以为幼儿后继学习和终身发展奠定良好素质基础为目标，以促进出幼儿体、智、德、美发展为核心，通过提出3～6岁各年龄幼儿学习与发展目标和相应的教育建议，帮助教师和家长了解3～6岁幼儿学习与发展的基本规律和特点，建立对幼儿发展的合理期望，实施科学保育、教育，从而让幼儿度过快乐而有意义的童年。

二、儿童发展理论为保教实习提供科学依据

实习生要做好实习工作，首先要认识和了解幼儿，积极储备幼儿发展的知识。了解幼儿身心发展的一般规律和影响因素，熟悉幼儿年龄阶段特征和个体发展的差异性；了解幼儿认知发展、学习方式的特点及影响因素，熟悉幼儿建构知识、获得技能的过程；了解幼儿情感、社会性发展的特点，熟悉幼儿品德和行为习惯形成的过程和规律；了解幼儿期常见疾病、发展障碍的基础知识和应对方法；了解儿童发展的主要理论和儿童发展研究的最新成果。

在保教实习中，实习生如果缺乏这方面的知识，就不能很好地理解幼儿，无法解释幼儿行为中出现的问题，从而使保教工作发生困难，活动不能达到预期效果，幼儿也无法在活动中获得身心和谐发展。

三、学前教育学理论为保教提供概念支撑和实践框架

实习生还必须进一步掌握学前教育学的理论知识。通过学前教育学理论的学习，掌握学前教育一般原理的产生和发展，确立学前教育的基本观念，了解学前教育的实践框架，包括我国幼儿园教育的目标、任务及学前教育的内容、途径和方法等。

其中，学前教育的基本观念指幼儿园教师在教育教学中对教育、幼儿以及对教师自

身等的基本看法,主要包括教育观、儿童观和教师观。持有怎样的学前教育基本观念,直接影响学生实习中对待幼儿的教育态度和保教行为,甚至影响未来投入教师工作后的教育状态。

(一)树立科学的儿童观

儿童观是人们对于儿童的根本看法和态度。在儿童观发展的历史中,传统的儿童观把儿童看作消极被动的,认为儿童是小大人,是成人传宗接代、光耀门庭以及养老的工具,完全忽略了儿童作为人所具有的主观能动性。20世纪下半叶以来,人们开始用积极主动的观点看待儿童,逐渐形成科学的儿童观。这成为教育工作者开展工作的前提,也是学生实习实践应持有的基本观念之一。科学的儿童观主要包括以下几个方面:

1. 儿童是人,他们生来具有人的尊严和价值,不论什么民族和性别的儿童都具有一切基本的人权。

2. 儿童是发展中的人,他们有充分的发展潜能,而且存在发展的个别差异,应遵循其身心发展规律,充分发掘其潜力。

3. 儿童期不是为成人准备,它具有自身存在的价值,儿童是独立的个体,应有主动活动、自由活动和充分活动的机会和权利,他们应当拥有快乐的童年。

4. 儿童是完整的个体,除了健全的身体外,还有丰富的独特的精神世界,必须高度重视其在身体、认知、品德情感、个性等方面的全面发展。

科学的儿童观要求实习生在实践过程中,不仅要热爱儿童,还必须充分地尊重儿童,不能轻视儿童正当的需要,不能任意屈辱和抹杀儿童的看法和做法。

(二)建立科学的教育观

以科学的儿童观为出发点,实习生应该建立科学的教育观。教育观是人类对于教育活动认识的结晶,指人们对于教育的一系列问题的认识、看法、立场和态度。科学的教育观是实习生从事实践工作的指路灯,使他们能及时对自己的教育实践行为进行反思,是学前教育现代化的关键。

首先,形成全面发展观。全面发展观指出,教育要促进儿童的全面发展,强调儿童的整体发展而非某一方面的发展,注重儿童的个别差异,因材施教,促进每一个儿童在原有水平上得到充分的发展。

其次,形成整体教育观。整体教育观指出,儿童的发展受家庭、教育机构和社会三大环境的影响,教育应该促进幼儿园与家庭、社会一体化。

建立科学的教育观要求实习生在实践过程中关注幼儿的个人兴趣和特点,不能在组织幼儿活动时偏重某一方面而忽略其他;不仅关注幼儿园,还要关注幼儿生活环境中的其他资源,学习把对儿童产生影响的资源合理利用起来,发挥最大的教育效能。

(三)确立正确的教师观

教师观是对教育者的根本认识和态度,主要涉及对于教师与学生之间关系的认识。不同的教师观会产生不同的教育氛围和不同的教育行为。在教育史上,"教师中心说"

伴随传统的教育观存在很长时间,它强调教师的权威,学生对教师必须保持一种被动的状态。卢梭的自然主义教育哲学颠覆了"教师中心说",提出了"儿童中心论",指出教育应围绕儿童本性组织课程,选择教学方法。之后,形成了各种流派,就教师与学生的关系展开讨论,它们都有其合理的内容,又各有疏忽之处。因此,有机结合各个流派合理的内容,可以从以下三个层面上来把握教师和幼儿的关系:

1. 幼儿与教师的关系首先是人与人的关系。

2. 幼儿与教师的关系其次是教育者与受教育者的关系。教师需要根据教育目标和幼儿发展水平,为幼儿创设与其发展相适应的外部条件,启发、引导、指导幼儿在与环境的积极交互作用中逐渐发展。

3. 幼儿与教师的关系还体现在一种高质量的依恋关系。幼儿的身心发展水平和身心发展的特殊需要决定了教师要满足幼儿的生理需要、安全需要、爱的需要等,教师在某种程度上应当成为父母的替代者。这要求实习生要在幼儿园不同类型的活动中,正确处理教师与幼儿的多层关系,及时转换自己的角色,满足幼儿不同的发展需要。

四、五大领域的学习为保教实习提供实践指导

在掌握儿童发展和学前教育基本理论的基础上,实习生还需要掌握健康、语言、科学、社会、艺术五大领域的相关知识,涉及幼儿园教育活动目标的制定、内容与方法的选择、活动环节的设计及组织实施等问题。这为实习生的保教实习提供最直接的实践指导。

实习生的专业理论准备是一个长期的过程,从了解幼儿、走进幼儿,到确立包括科学的儿童观、现代化的教育观和正确的教师观等学前教育的基本观念,掌握学前教育的一般原则与实践内容,再到幼儿园课程与各领域活动指导的实践性知识,逐渐形成一个有机的专业理论体系。这些专业知识指导实习生的保教实习实践,并与其实践相互补充、相互影响,共同构建实习生的教育智慧。

第三节 专业能力的准备

一、幼儿园教师的专业能力要求

《幼儿园教师专业标准(试行)》是国家对合格幼儿园教师专业素质的基本要求,是幼儿园教师开展保教活动的基本规范,是引领幼儿园教师专业发展的基本准则,是幼儿园教师培养、准入、培训、考核等工作的重要依据。

(一)环境的创设与利用

1. 建立良好的师幼关系,帮助幼儿建立良好的同伴关系,让幼儿感到温暖和愉悦。

2. 建立班级秩序与规则,营造良好的班级氛围,让幼儿感受到安全、舒适。

3. 创设有助于促进幼儿成长、学习、游戏的教育环境。

4. 合理利用资源,为幼儿提供和制作适合的玩教具和学习材料,引发和支持幼儿的主动活动。

(二)一日生活的组织与保育

1. 合理安排和组织一日生活的各个环节,将教育灵活地渗透到一日生活中。

2. 科学照料幼儿日常生活,指导和协助保育员做好班级常规保育和卫生工作。

3. 充分利用各种教育契机,对幼儿进行随机教育。

4. 有效保护幼儿,及时处理幼儿的常见事故,危险情况优先救护幼儿。

(三)游戏活动的支持与引导

1. 提供符合幼儿兴趣需要、年龄特点和发展目标的游戏条件。

2. 充分利用与合理设计游戏活动空间,提供丰富、适宜的游戏材料,支持、引发和促进幼儿的游戏。

3. 鼓励幼儿自主选择游戏内容、伙伴和材料,支持幼儿主动地、创造性地开展游戏,充分体验游戏的快乐和满足。

4. 引导幼儿在游戏活动中获得身体、认知、语言和社会性等多方面的发展。

(四)教育活动的计划与实施

1. 制定阶段性的教育活动计划和具体活动方案。

2. 在教育活动中观察幼儿,根据幼儿的表现和需要,调整活动,给予适宜的指导。

3. 在教育活动的设计和实施中体现趣味性、综合性和生活化,灵活运用各种组织形式和适宜的教育方式。

4. 提供更多的操作探索、交流合作、表达表现的机会,支持和促进幼儿主动学习。

(五)激励与评价

1. 关注幼儿日常表现,及时发现和赏识每个幼儿的点滴进步,注重激发和保护幼儿的积极性、自信心。

2. 有效运用观察、谈话、家园联系、作品分析等多种方法,客观地、全面地了解和评价幼儿。

3. 有效运用评价结果,指导下一步教育活动的开展。

(六)沟通与合作

1. 使用符合幼儿年龄特点的语言进行保教工作。

2. 善于倾听,和蔼可亲,与幼儿进行有效沟通。

3. 与同事合作交流,分享经验和资源,共同发展。

4. 与家长进行有效沟通合作,共同促进幼儿发展。

5. 协助幼儿园与社区建立合作互助的良好关系。

(七)反思与发展

1. 主动收集分析相关信息,不断进行反思,改进保教工作。
2. 针对保教工作中的现实需要与问题,进行探索和研究。
3. 制定专业发展规划,不断提高自身专业素质。

资料链接

江苏省幼儿园教师职业素质基本要求

八会技巧:

(一)会说

1. 正确使用普通话,并积极指导幼儿说普通话。
2. 能用准确、规范的语言组织教育教学活动,做到语言清楚、生动、流畅。

(二)会写

1. 能写规范、端正的铅笔字、钢笔字和粉笔字,提倡学写毛笔字。
2. 会写教育计划、教育笔记、观察记录和教育总结等。
3. 创编简单的儿歌、故事等。

(三)会画

1. 掌握绘画技能,会教幼儿绘画并共同布置环境。
2. 会写美术字。
3. 会选择优秀的美术作品、适合幼儿欣赏的自然景物,陶冶幼儿的审美情操。

(四)会唱

1. 掌握基本的唱歌技能。
2. 会正确地、有感情地教唱幼儿歌曲。

(五)会弹

1. 认识简谱、五线谱。
2. 会用一种键盘乐器(钢琴、风琴、手风琴、电子琴),正确、熟练地演奏幼儿歌曲,并能自弹自唱。

(六)会舞

1. 会跳一定数量的幼儿舞蹈。
2. 会编排简单的幼儿舞蹈,能教给幼儿舞蹈的基本动作和节奏等。

(七)会做

能用各种材料(主要是废旧物品)制作教具和玩具。

(八)会用

1. 能操作、使用电化教育技术(录音机、投影仪、电脑、录像机等)。
2. 会使用幼儿园的各种图书、资料和教育设施设备。

五大能力：

（一）观察、记录、分析幼儿活动的能力

1. 能经常地、有计划地对本班幼儿进行观察，了解幼儿的发展状况。

2. 能及时做观察记录，并进行合理的分析评估。

（二）制定教育、教学计划的能力

1. 能根据幼儿园的总目标，结合本班特点和幼儿个性特点，制定班级教育计划（包括学期、周、日计划和教学计划等）。

2. 教育目标明确、具体、切合实际，有利于幼儿发展。

3. 能正确、恰当地选择教育内容，重点突出。

4. 能紧扣目标制订切实可行的教育措施，取得较好的教育效果。

（三）组织教育活动的能力

1. 善于组织教学活动，能灵活运用各种教学手段，指导幼儿使用学具和操作材料，启发幼儿的创造性思维，培养幼儿的动手能力。

2. 有效地指导游戏活动，能充分利用一切条件合理安排游戏环境，保持幼儿愉快情绪，促进幼儿身心健康发展。

3. 能合理安排幼儿一日生活，坚持保教结合，培养幼儿良好的生活习惯和自理能力。

（四）做好家长工作的能力

1. 会主持家长会，能较全面、准确地向家长反映幼儿在园情况，听取家长意见。

2. 主动了解幼儿在家情况，宣传科学育儿知识，共同制定教育措施，做好教育工作。

（五）进行教育科学研究的能力

能根据工作需要自行确定和设计简单的教研课题，改进教育方法。能撰写教育论文和专题文章。

除此以外，实习生还应在实习前做好角色转换、制定符合实际的实习计划、了解实习园和实习班级的基本情况等几个方面的准备。总之，作为实习生，要以"一个读者、一个学者、一个智者、一个行者、一个乐者"的学习方式，为保教实习做好充分的近期准备和远期准备。

思考与实践

1. 幼儿园教师应具备哪些素质，试用结构图的方式来表示。

2. 结合自身实际，谈谈保教实习前应做好哪些准备。

第三章 幼儿园环境创设

现实问题

　　幼儿园环境创设评价的标准是什么？幼儿园环境创设存在哪些问题？环境创设就是教师不停地做手工？这些问题困扰着广大实习生。

　　意大利教育家蒙台梭利提出幼儿园环境是教室里的"第三名教师"，是一种"隐性课程"，在开发幼儿智力、促进其个性全面发展方面有着至关重要的作用。然而，现在幼儿园过度重视物质环境的布置，忽略了人文环境的创设；环境创设以教师的制作和布置为主，忽略幼儿的主体地位；环境创设可以一劳永逸，不注重环境与主题活动的联系；建筑造型缺乏新意，室内空间模式固定，缺少多功能空间的创设等。

　　《幼儿园教育指导纲要（试行）》指出："环境是重要的教育资源，应通过环境创设和利用，有效促进幼儿发展。"我们要重视环境的教育功能，努力创造与幼儿发展相适宜的环境，提供科学合理的材料，使幼儿在与环境、材料、同伴的互动中健康成长。

　　幼儿园环境是指幼儿园内幼儿身心发展所必须具备的一切物质条件和精神条件的总和。它是由幼儿园的全体工作人员、幼儿、各种物质器材、人事环境以及各种信息要素，通过一定的文化习俗、教育观念所组织、综合的一种动态的、教育的空间范围和场所。幼儿园环境是幼儿赖以生存的基本条件，在幼儿园教育日益发展的今天，学前教育质量得到普遍关注。因此，幼儿园应该从幼儿身心发展需要对环境进行有目的、有计划的创设，使之更加符合幼儿身心发展特点，有利于对幼儿进行生动、直观、形象和综合的教育，让幼儿参与和利用环境获得全方位的信息刺激，激发幼儿内在的积极性，让幼儿直接得到一种情感体验和知识启迪，从而促进幼儿的全面发展。

　　针对实习生来说，应在实习过程中重点关注以下两大方面：

　　一方面，幼儿园的物质环境。实习生需要全面地了解和分析幼儿园物质环境，主要包括生活设施、教玩具材料设备等有形物质的创设和利用情况，及其对幼儿的教育价值。其中室内环境包括教室、走廊、多功能活动室等；室外环境包括园门、操场、门厅等

环境。

另一方面,幼儿园精神环境。主要包括集体氛围、活动气氛、心理因素构成的一个复杂的环境系统,它与幼儿园的物质环境共同构成了幼儿园环境的整体。幼儿园内幼儿与教师之间、幼儿与幼儿之间、教师与家长之间、教师与教师之间所建立起来的种种情感,表达情感的方式、语言、行为、习惯等形成园风氛围,直接影响着幼儿的健康成长。实习生需要了解这样一个看不见、摸不着的精神环境对幼儿乃至教育活动的不可忽视的、巨大的潜在价值。

第一节 幼儿园物质环境创设

《纲要》中明确指出:"环境是重要的教育资源,应通过环境的创设和利用,有效地促进幼儿的发展。"幼儿园的空间、设施、活动材料和常规要求等应有利于引发、支持幼儿的游戏和各种探索活动,有利于引发和支持幼儿与周围环境之间积极的相互作用。对于实习生来说,大家都会被幼儿园的外部环境所吸引,往往听到实习生的声音:"这个是城堡式的幼儿园","这个幼儿园的布置可真精致呀"……仅从环境本身来进行观察是不够的,还要分析环境发挥的教育作用。

因为教育实习的时间有限,利用观察法更容易对以下物质环境的创设内容及教育价值进行记录与分析,重点讨论如下:

一、幼儿园户外环境创设

根据《幼儿园建设标准》要求,室外游戏场地人均面积不应低于 $4\ m^2$。其中,共用游戏场地人均面积不应低于 $2\ m^2$,分班游戏场地人均面积不应低于 $2\ m^2$。分班游戏场地宜临近活动室布置,其数量应至少能容纳 n-2 个班(n 为全园班级数)同时游戏活动。室外地面游戏场地宜为软质地坪,应保证 1/2 以上的游戏场地冬至日日照时间不少于 2 h。幼儿园绿地率不宜低于 30%。集中绿地包括专用绿地和自然生物园地,人均面积不应低于 $2\ m^2$。绿地中严禁种植有毒、带刺、有飞絮、病虫害多、有刺激性的植物。园区适宜位置应设置旗杆、旗台。

幼儿园建筑的整体外观一般选用鲜亮明快的色彩,如黄色、红色、绿色等,在未走进甚至远处便知是幼儿园的建筑,同样也会更容易让幼儿喜欢幼儿园。幼儿园内绿化是幼儿园整体环境创设的一部分,整体绿化做到春、夏、秋、冬四季常绿,让幼儿在玩耍中观察,在观察中感知花木四季生长的不同,增加与大自然的亲近感。为了让幼儿有足够的活动空间,户外地质要包括沙地、水泥地、石地、塑胶地和草地五类,地面要富有变化:有高有低、有凸有凹、有平面平地、有斜面阶梯等。外围的活动场地配有种植园、沙池、大型玩具、攀岩墙等活动设施。在这样的场地上活动,可锻炼幼儿手眼协调能力、身体体能与灵活性等,增强幼儿的体质,促进幼儿自然而均衡地发展。

图 3-1　幼儿园建筑外观　　　　　图 3-2　幼儿园户外场地

幼儿园户外空间环境主要是指幼儿园主体建筑物以外的空间环境,包括园门及围墙、园区植物绿化、户外游戏活动场所等。具体空间环境创设的内容和要求如下:

(一)园门及围墙

园门及围墙是幼儿园的"名片",也是园所给人们的第一印象,它的设计不能与环境割裂开来单独考虑。一般来说,园门上应有幼儿园名称,方便人们辨认幼儿园;园门和围墙应简朴庄重,具备保护幼儿的功能;可以考虑用轻松活泼的颜色体现幼儿园的特色,也可以在大门和围墙上描绘可爱的形象或本园的教育理念。无论采用哪种设计形式,在色彩和造型上都应该与幼儿园的整体环境和建筑物风格相一致,并体现出幼儿园的特点。例如,有的幼儿园园门采用弧线元素,与幼儿园弧形屋顶、圆形窗户相映成趣;有的园门使用木质栅栏,与周围的自然环境融为一体。园门设计与其整体环境及建筑风格要协调,不同的园门设计都隐含着教育与文化价值观念的区别。幼儿园围墙的设计应与园门的整体设计相协调,同时还可以在围墙和园门设计上体现出幼儿园的教育理念。如有的幼儿园结合本园园标设计园门和围墙装饰,充分体现幼儿园的文化内涵和审美标准。在围墙的材质和形状设计上,可以根据各园所处位置设计适合的围墙样式。例如,有的幼儿园与公园、绿地等相连,就可以选择通透型围墙,增加园内空间的开阔感。有的幼儿园地处嘈杂的环境,则应该设置实体墙进行隔离,可在围墙上做些卡通人物浮雕或者壁画,还可以在墙角下种植攀缘植物,使整个墙面形成一道绿墙。

总之,幼儿园的园门和围墙的设计要美观、简洁、明确,既体现出幼儿园的教育特点,又反映出儿童天真烂漫的童心与童真。

(二)园区植物绿化

环境美化离不开绿化,绿化就是广植绿色植物,净化空气,美化环境,防止水土流失。幼儿园绿化工作有重要意义,不仅能使园区环境得到美化、净化,使园内生机盎然,还能起到保护和改善环境、促进幼儿身心健康发展的作用。

植物绿化的配置方式可以从以下四个方面着手:一是模拟大自然的生长特征,乔灌草结合，自然搭配，避免人工雕琢的痕迹，让植物像在大自然中一样自然地生长；二是搭配方式要保证四季都具有观赏价值，春花、夏叶、秋实、冬干，不同的季节让幼儿都可以体验观赏的乐趣；三是疏密结合，通过植物不同密度及围合形成不同层次的空间类型，如乔灌木密植的私密空间，还有半私密及开敞空间等，满足不同功能的需求；四是可以与自然景观结合栽植，如假山、自然水等，或者结合一定高度的微地形进行合理搭配，使景观更加自然、真实。

植物种类的选择也有一定的要求。首先，选择叶、花、果形状奇特、色泽鲜艳的植物。其次，尽量选择乡土树种，有良好的适应环境能力，易维护并且生命力强。再次，忌有刺激性、有异味、容易对人体造成过敏反应的植物，如漆树科的植物；忌易生病虫及浆果类植物和飞絮过多的植物；避免有刺或者有毒的植物，以免幼儿接触或者误食受到伤害。

绿化的方法很多，幼儿园内绿化应包括树、草坪、区域植物等三部分。在树木种植上，常绿树和落叶树可以各种植一部分，使幼儿园环境常年都能有生机盎然的感觉。草坪应该足够宽，草的质量应有保证，使幼儿能够在上面自由奔跑和玩耍。区域植物如盆栽、植物角、小花园等，应尽量种植多种类型的植物，特别是与幼儿园课程相关的植物，能够帮助幼儿更好地认识、观察、了解这些花草树木。种植要考虑一定的层次，例如，在靠墙的长花坛上，最里面可种植长得高的植物，中间的稍矮些，外面一层更矮，近脚边的地方种上沿阶草，能够让幼儿更好地欣赏植物。有条件的幼儿园可建造花廊，撑起架子，周围种植攀缘植物，使幼儿既有休息、活动的场地，又有花有果有香味。

图 3-3　园区绿植

（三）户外游戏活动场地

幼儿生性活泼好动，创设良好的户外活动环境对于促进幼儿身心健康和谐发展有重要意义。幼儿园的户外游戏活动场地按照不同活动功能可分为若干区域。一般常见的户外游戏活动区域包括以下几种：

1. 游乐设施区

游乐设施区是幼儿园的基础设施之一，主要设置大型游戏器械，深受幼儿喜爱。户外游戏活动以大肌肉运动为主，能促进幼儿身体动作技能的发展，帮助幼儿形成健康的体魄和良好的行为习惯。游乐设施区主要包括攀登架、滑梯等大型组合玩具和秋千、跷跷板、转椅等中型玩具区。如果户外空间较大，可以设立在合适的场所，相互之间要有距离，并在游戏设施出口着地处铺设软垫；如果幼儿园户外空间不足，可以考虑把几种功能的玩具集于一体，并和沙池组合在一起，既节省空间和成本，又增强了安全性。

幼儿园任何活动器械都要确保幼儿活动的安全性。首先，活动器械和设施本身必须符合国家安全标准；其次，要做好活动器械和设施的日常维护工作，必须定期检查、维修，及时消除安全隐患。

图 3-4　户外大型活动器械

2. 体育活动区

体育活动区应由运动场和固定器械组成，常见的有跑道、操场、运动器械等。体育活动区地面可以保留土质地面，不要用水泥和砖块硬化，除非是专门的车道。同时，幼儿园需要为幼儿提供一块宽敞、平坦的空间，开展各种各样的集体游戏活动，尤其是小型自制玩具游戏，如沙包类、飞碟类、轮胎类、球类、钻爬类等。所以，集体运动场地的四周最好种植各种树木，保证夏季提供绿荫。

除了固定安置的游戏器材外，户外场地上还需要一定数量的可移动的多功能游戏器材，如板条、轮胎、软管、木箱、梯子等。这些材料有助于幼儿在游戏中发挥想象，任意组合开展多样化游戏。

在设置运动器械时，应注意以下几个方面。

第一，根据不同年龄阶段幼儿需要，合理配置不同种类的运动器械。各年龄段幼儿动作发展水平不同，对他们的要求也各不相同，因此，运动器械投放时应综合考量年龄特征、动作发展等多方面因素。例如，对于小班年龄段的幼儿，在区域内应以小型单个器械为主。这样便于教师指导，又能促进幼儿单个动作的协调发展。

第二,根据运动器械的功能,放置于不同区域。因为每一件运动器械都有其不同的功能,有的发展幼儿大肌肉,有的发展幼儿小肌肉,设置时应避免功能相同的器械配置在一起,尽量做到布局合理。

第三,每一件运动器械的间隔位置应留有适当的空间,保证幼儿有一个充分活动的空间,让幼儿自由地选择器械,促进动作发展。

3. 戏水玩沙区

戏水玩沙是幼儿非常喜爱的游戏活动,水与沙土也是幼儿接近自然的最好游戏材料。幼儿园应创设适宜的条件,为幼儿提供与自然亲密接触的机会。

沙子是自然界的元素,可塑性强,幼儿可以无拘束地根据自己的想象在沙地中塑造各种形象,堆沙造山、挖沙藏物,满足幼儿动手创造的欲望,培养幼儿的想象力、创造力和社会交往能力。因此,幼儿园应根据幼儿数量设计不同规格的沙池,边缘可以用轮胎等材料进行软化处理,轮胎还是幼儿练习走平衡的好场所。沙子必须经过严格筛选,且要定期进行清理,保持沙子的清洁和松软。沙池四周最好有高大的树木,夏季提供树荫。

幼儿喜欢玩水。水是生态系统中重要的组成部分,夏天可以降温解暑,改善小气候。因此,幼儿园应该为幼儿提供户外戏水的空间和场地。幼儿园中戏水池的大小、高低都从幼儿身体特点出发。一般幼儿园水池面积不能超过50平方米,浅水池的水位不能超过0.3米,游泳池的水位不能超过0.8米,要有方便幼儿下水的台阶,边缘不能太陡,要有一定的缓坡,让幼儿感受到由浅入深的感觉。水池边缘的处理要圆滑,不能有棱角,以免幼儿碰撞受到伤害;水面周围要有护栏,池底不宜太光滑,防止幼儿滑倒,最好铺上鹅卵石,更具自然特性;戏水区周围的地形要尽量平整,不要有大的高差变化;水池周围可以放置一些雕塑、水车等,增加活动的趣味性。

图3-5 玩沙区

图3-6 戏水区

4. 种植养殖区

每班都应拥有一块小园地,如果幼儿园的实际情况不允许,可将各班的园地集中在一起,各班选择不同的品种种植。每个幼儿都有参与种植、照料和收获全过程的机会。种植植物既要全面,又要易存活,在每种植物旁边都要插上标签,帮助幼儿认识各种植物。各班教师可以投放观察记录材料和工具，让幼儿既能观察、记录植物生长状况，又能体验劳动的辛苦及收获的快乐。

在养殖区饲养一些性情温和、幼儿喜欢、有观赏价值的小动物，如兔子、鸡、蝌蚪、金鱼、乌龟等，便于幼儿了解动物生长过程和生活习性。饲养房应该有门窗、孔眼或栅栏，周围留有空地，便于幼儿观察和清扫。另外，要在每种动物旁边贴上标签，注意饲养动物的卫生和安全。

图 3-7　种植区

图 3-8　饲养区

5. 攀爬区

攀爬属于幼儿的基础运动形式，同时也是一个复杂的技能。攀爬墙对于幼儿园来说是一个理想化的运动器材，因为它在一个相对低的层面上提供了运动的多样性。攀爬墙一般不能高于 2 米，地面要铺上垫子。攀爬可以促进幼儿空间定位能力、平衡能力、意志力等的发展，还有利于幼儿的身体健康。教师应尽可能利用园所资源，通过多种方式为幼儿设计攀爬区，如在墙面设计横向攀岩，在长廊里设计软索爬梯，在草坪上设计轮胎爬墙、软索爬墙等。

图 3-9　攀爬区

> **资源链接**
>
> **什么样的户外场地最有利于幼儿开展游戏?**
>
> 游戏场地应当能诱发幼儿开展多种不同的游戏,能刺激幼儿多样化的经验,使幼儿能长时间保持浓厚的兴趣。因此,游戏场地应当是有吸引力的,即不仅场地上的设施丰富多样,有大小不一的设施和器材,有固定的安置,也有可移动的物体,而且场地本身也应富有变化,有平地、坡地、阶梯、窄道等,有需要保持平衡的、需要跨越的、需要变化速度的,以及有利于建构的各种场地,有些平地上还可以画上一些规则游戏所需要的线条、格子和图案。总之,幼儿来到这样的场地上,不用教师组织和安排,就能自发地开展各种类型的游戏。应该说,越有利于幼儿自发开展游戏的场地,越具有学习的潜在功能。

二、幼儿园室内环境创设

室内环境主要是指幼儿园主体建筑物内部环境,包括门厅、走廊、楼梯等室内公共部分和活动室、生活区等专用空间。

(一)门厅

门厅展示墙是一所幼儿园面向家长展示特色的窗口,是幼儿园整体环境创设的灵魂所在,代表园所的教育理念和教育特色。一面创意独特、寓意深刻的展示墙,不仅创意、用色、造型均具有自己独到的思考,更重要的是可以把幼儿园的教育理念和文化加以提升和巧妙融入,使展示墙既美观漂亮又具有文化内涵和深刻含义。

门厅展示墙一般要求整齐、大方、美观。墙面可以采用幼儿喜欢的卡通形象或色彩明亮的风景画做背景,可以将幼儿园的教育理念和宣传口号展示在墙面上。门厅地面可以加上装饰性图案或指示性标牌,也可以设置橱窗、展柜,陈列幼儿美术作品,让人们可以驻足观赏。

(二)走廊

走廊是幼儿和教师每天要经过的场所,是幼儿园教育环境非常重要的组成部分,也是很好的放置物品的场所。可以在走廊上张贴与最近主题活动相关的材料,方便幼儿认识,也可以在走廊上设置"家园合作栏",还可以张贴幼儿的美术作品。走廊还可以结合本时间段的活动主题,采用废旧材料制作成各种悬挂物,进行美观大方的展示。和幼儿园各活动室配合来陶冶幼儿的性情,是幼儿园教学活动开展的重要补充。优质舒适的走廊环境和幼儿园其他教育环境协调配合,可促进幼儿身心健康发展。幼儿园走廊环境有什么特点呢?第一,相对于幼儿园室内环境,走廊环境布置可以更宏观。室内环境往往在很小的地方又分成很多的活动区,所以显得很挤。而幼儿园建筑中每层都有很长的走廊,这就有利于幼儿园统筹安排环境创设及布置,随季节变化创设主题。第二,走廊环境相对于幼儿园活动室和户外环境来说,主要以装饰物为主,力图给幼儿创造一个和谐美观的环境,而少有幼儿动手操作的内容。需要注意的是,悬挂物应至少高于幼儿50厘米,以不妨碍室内采光和幼儿活动为宜。还应考虑到色彩协调,与主题教育活动一致。一般来说,创设内容小班以认知类、角色类为主,中、大班以地域文化、知名人物、生活常识、社会情感等内容为主。

走廊可以连接室内与户外,也可以连接户外多个游戏区;可以变成夏季绿荫长廊,供幼儿嬉戏,也可以在长廊设计爬索,吊挂幼儿跳跃时触摸的物品,还可以在长廊设计休闲长椅、石桌等。

图3-10 幼儿园走廊环境创设

图3-11 幼儿园走廊墙面创设

(三) 楼梯

幼儿园楼梯设计需要符合幼儿身体特点,最大高度0.15米,最小宽度0.26米,楼梯应有扶手,做好防护措施。楼梯旁边的装饰应与幼儿兴趣和需要结合,楼梯上可以布置一些帮助幼儿掌握数数或者认识形象的图片等。

布置楼梯时,首先要注意的是不妨碍楼梯功能,不用过大、过复杂的物体阻碍通行;其次,在安排装饰上,最好是能够近距离欣赏的一些图片或文字,形象不要过大,以适宜幼儿观看为宜;再次,要考虑各个设置之间的整体性,如不同楼层楼梯的墙壁上可以安排一些有关联性的装饰。

(四) 活动室

幼儿园的活动室按功能分为班级活动室、专用活动室、多功能活动室三种类型。

1. 班级活动室

班级活动室是幼儿活动的主要场所。活动室应配置盥洗室、储藏室和睡眠室等。按照《城市幼儿园建筑面积定额(试行)》规定,若寝室与活动室分设,活动室的使用面积不宜小于54平方米。如果寝室与活动室不分设,活动室使用面积要求达到90平方米。按每班25～30人计算,人均为3平方米以上。另外,要求活动室向阳、干燥、空气流通,室内采光面积占地面面积的15%,并保证室内有足够的照明。

活动室的美化是整个环境布置的重要部分,它属于装饰美,装饰美作为一种美的形态,虽说千变万化,多种多样,但仍有规律可循。活动室内墙面设计要强调教育性、直观性和艺术性的融合;墙面环境的创设同周、月和学期的教育目标、内容相融合;与语言、社会、健康、科学和艺术等领域教育活动有机融合;注意形象、色彩、形式、空间等造型要素之间的和谐,给人以美感;墙面色彩要注意整体协调,一般以柔和色调为宜;墙面不宜布置过满,应留出空白不致使人产生拥挤、杂乱的感觉;墙面布置高度应以幼儿视线为准,平视时能看清楚。此外,布置墙面时还应注意让幼儿参与其中,增加他们的自主意识并懂得珍惜和爱护。

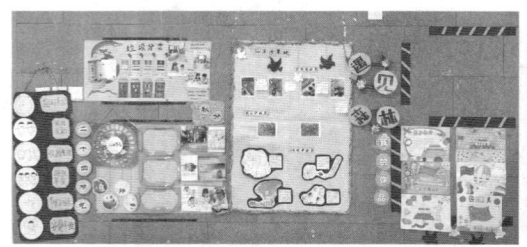

图3-12 幼儿园墙面布置

在班级活动室的布置上,要规划各活动区域,幼儿园活动室应该规划的区域有学习区域、生活区域、自由活动区域。学习区域主要用于幼儿进行集体教育活动,应配备足够数量的桌椅和各类玩具;生活区域包括盥洗室、小饭桌及休息区等;而自由活动区域主要用于幼儿进行各领域的自由探索,应投放符合幼儿兴趣和年龄特点的材料。例如小班幼儿更适合"娃娃家",因此在区域设置时要注意幼儿的年龄特征。区域设置还要根据开展主题投放相应材料,投放的材料也要是幼儿感兴趣的,这样才能提高他们的操作兴趣,提高他们的积极性,一旦幼儿对材料失去兴趣便要及时更换,这样才能激起幼儿不断探索的欲望,也能促进其认知水平的提高。

图3-13 活动室环境

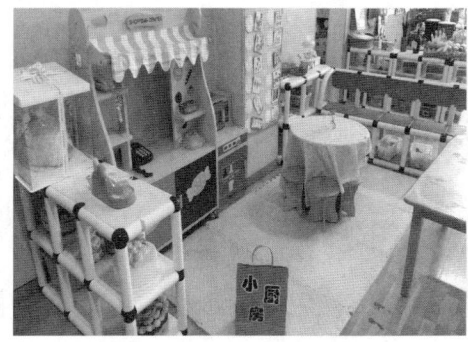

图 3-14 活动室内区域环境

2. 专用活动室

专用活动室是具有特定功能的活动室,如美术室、建构室、阅读室、科学发现室等,这类活动室一般面积较小,功能较单一。普通规模的幼儿园一般会设置 3~4 个专用活动室,较大型的幼儿园会设置 6~7 个专用活动室。在使用过程中,幼儿园会统一安排活动的时间和班级。

图 3-15 阅读室

图 3-16 科学发现室

3. 多功能活动室

多功能活动室一般是幼儿园大型活动室,面积一般在 200 平方米左右,最好为挑高设计,家具多为可移动、可自由组合的样式,主要用于开展室内音乐会、庆祝演出、体育活动、游戏活动、观摩活动、集会及陈列幼儿作品等各种综合性活动。

案例分享

幼儿园科学发现室活动目标

中班	大班
1. 喜欢观察周围不同的物品,学习用简单的观察方法,有目的地感知周围事物的特征,初步发现事物之间的关系。 2. 学习用简单工具进行测量、比较,乐意尝试使用各种材料、工具和方法,进行拼装、拆卸、制作和绘图,想象力丰富,体验成功的快乐。 3. 大胆参加科学活动,喜欢探索周围事物,乐意交流、分享、展示自己的作品。	1. 通过探究、操作、实验,对事物变化发展的过程感兴趣,积极尝试用简单的认知方法发现问题、解决问题。 2. 了解现代社会生活中的科学技术产品及其对人类的影响。 3. 喜欢并能自始至终地参与科学活动,能与同伴分工、合作完成任务,会吸取、充实和运用别人的想法和主意,乐意交流、分享和展示自己的作品。

幼儿园科学发现室活动记录

活动班级	活动时间	幼儿人数	活动内容	教师签字
中一	2020 年 4 月 13 日	15	放大镜	王丽
大二	2020 年 4 月 15 日	20	光与影	李璐
……	……	……	……	……

分析:可通过此表格观察记录一周内幼儿园科学发现室的使用次数及活动内容,看

看其利用率是否与幼儿园的多功能活动室的安排计划相一致等。

（五）生活区

幼儿园生活区主要用于幼儿饮食、睡眠和盥洗。有的幼儿园将生活区和班级活动室合并，没有专门的睡眠室和活动室，有的幼儿园则分开设置。一般来说，生活区应卫生、干净、整洁、舒适、色彩柔和、形式简洁，墙面整体的图案不宜复杂，要简单、安逸。

三、幼儿园物质环境创设存在的问题

（一）只求美观，重环境装饰与摆设

有的幼儿园在墙壁上挂了许多精美的田园风格装饰物，这些"高高在上"的成人化的"精品"，较多地停留在幼儿园环境整洁、有序、美观上，缺乏童趣和童真，不能引起幼儿的注意和兴趣。显然，这对于身高仅有一米左右的幼儿是完全不合理的，这将使幼儿白白失去一次受教育的机会，再漂亮的墙饰也只能是幼儿眼界以外的摆设。

（二）环境创设的空间利用不充分

在幼儿园的环境创设只重视室内和墙壁的布置，忽视幼儿园内其他空间对幼儿教育所隐藏的作用，使幼儿园环境教育的功能大打折扣。

（三）创设和利用忽视幼儿的参与性

为了环境布置的完美性，往往由教师"自编、自导、自演"，很少让幼儿参与，幼儿仅充当教师布置环境的观赏者，还硬性规定只能看不能动，环境成了一种华而不实的装饰。严重缺乏幼儿参与的内容与机会，这样不利于幼儿思维的发展、个性和创造力的培养。

（四）一成不变，轻视环境创设的教育性

有些老师为省时省力，节约开支，一学期甚至一年做一次环境布置，不管布置是否有教育意义，是否失去时效性，也不管它是否已"黯然失色"。这种一成不变的环境布置，既跟不上主题活动的变化，也不能成为幼儿发展过程中的支持，久而久之，幼儿就会对它失去兴趣，"视而不见"，减弱了环境创设的教育作用。

> 学生可利用《学生教育见习手册》"幼儿园环境创设观察记录表"对见实习园所的物质环境创设进行观察记录。

四、幼儿园物质环境创设的改进方法与策略

（一）重视三维空间的充分利用

幼儿园的环境创设，要充分利用室内外的地面、墙面和空间，尽可能多地为幼儿提供接受各种知识或信息刺激的机会和条件，以促进幼儿的无意识学习的能力。

1. 在室内外的地面可画上各种图形、迷宫、涂写上颜色或数字、字母等，扩大幼儿受信息刺激的机会，提供给幼儿在游戏中获取知识或煅炼能力的空间。比如幼儿园走廊地面的利用，可以在地面上画格子，涂上鲜艳的颜色并写上数字，开展"跳房子"活动，帮助幼儿做辨色训练和巩固数字的认知，无形中也给幼儿增加了室内体育活动的空间。

2. 墙面布置的作用除美化幼儿园外，还可在室内外开设绘画区、天气记录区等，充分发掘可操作性的布置，并根据教育需要灵活更换用途或内容。如要求幼儿观察一年四季的自然变化，可将树叶、草、花、小动物模型、标本或图片、记录表等布置在墙上，立体的画面直观、生动、富有情趣，幼儿通过观察、动手布置，掌握四季的基本特征，又符合寓教于游戏中的原则。

3. 空间布置是通过在空中吊挂各种教育性和装饰性的物品来实现，而且更换方便。如根据主题活动"我的愿望"，在走廊上进行星星和爱心装饰，写上幼儿的心愿，美观又大方。

（二）重视幼儿参与创设的重要性

幼儿是主体，幼儿园的环境创设与美化应从幼儿的兴趣、爱好和年龄特点出发，同时要贴近幼儿的生活，教师起教育主导作用，将幼儿的各种意见朝着更符合教师的教育意图上引导，最后确定环境主题。这是师生共同商量、计划，共同创设的结果，既能满足幼儿意愿，又便于教育目的的实施，还能充分体现师幼之间的互动。

1. **注重幼儿参与创设环境过程的体验**

幼儿园的环境一般都是由教师为幼儿提供，幼儿处于被动地位，无法参与到环境布置中去，结果影响了幼儿的思维和创造的发挥。陈鹤琴先生指出："通过儿童的思想和双手布置的环境，可使他对环境中的事物更加了解，也更加爱护。"环境创设特别是室内环境创设，应充分让幼儿参与，征求幼儿的意见。让幼儿参与设计、提供材料与作品、参与布置，然后利用环境进行幼儿的主动活动。这样可以使幼儿对自己亲自动手、动脑布置的环境产生一种亲切感和满足感，激发幼儿充分与环境相互作用，从而更加爱护和珍惜环境。

2. **幼儿及其作品融入环境，使环境科学化、艺术化**

幼儿每次的作品都是他们智慧的结晶。教师在布置以幼儿为主的环境版面时应以幼儿作品为主，教师创意为辅，指导幼儿自己动手把已贴上标志的作品粘贴在合适的位置。这样创设的环境，既给幼儿提供了展示自己作品，与同伴讨论、评价的机会，也使环境在无意中成为家园联系的桥梁。

除此以外，环境的创设还要根据季节、教育主题等进行及时更换，同时还要注重区域活动创设的价值等。

物质环境的教育价值正如全国特级幼儿园教师应彩云在《孩子是天，我是云》一书中写道的："一个有启发性和支持性的丰富环境吸引着幼儿，激发着孩子的构思、想象和创造，使孩子们成为环境的主人。幼儿园环境是幼儿显性教育和隐性表达的重要因素，是幼儿园教育不可缺少的要素。"

> 学生可根据本班幼儿年龄特点及园所、班级的实际情况，创设本班环境（内容详见《学生教育实习手册》"幼儿园班级环境创设方案"）。

第二节 幼儿园精神环境创设

近年来，随着物质条件的改善和提高，幼儿园的物质环境创设受到越来越多的关注。但是，幼儿园如果只追求物质环境创设，而忽视精神环境的营造，幼儿园环境创设的教育价值就不能充分体现出来。《幼儿园教育指导纲要（试行）》中指出：教师的态度和管理方式应有助于形成安全、温馨的心理环境；言行举止成为幼儿学习的良好榜样。因此，创设精神环境是幼儿园环境创设的一个重要方面。

幼儿园精神环境是指由人际关系、文化观念等无形因素交织在一起形成的心理氛围。幼儿园作为保育和教育机构，其精神环境体现在幼儿生活、学习和游戏的各个空间。可以说，幼儿园精神环境包括了影响幼儿的精神状态、情绪情感的一切因素。相比物质环境而言，精神环境对幼儿的影响是潜在而深远的，物质环境只有凭借良好的精神环境，才能有效转化为幼儿的认知经验、积极情感和学习行为；反之，不良的精神环境不仅不利于幼儿的学习发展，甚至会对幼儿的情绪、行为习惯和人格产生消极的影响。和谐健康的精神环境是幼儿品德、认知、情感、社会性、创造性等方面发展的关键因素。营造良好的幼儿园精神环境，需要教师能够构建积极有效的师幼互动，帮助幼儿建立友好的同伴关系、创设和谐安全的心理环境。

一、构建以人为本的组织文化

幼儿园组织文化是幼儿园组织在一定的环境背景下，经过长期发展形成，为该组织所特有，由幼儿园组织内部所有成员认同的共同思想、作风、价值观及生活准则，是幼儿园倡导的，要求其成员共同遵守的一种行为模式和准则。它从根本上决定着幼儿园园风班风、领导和教师的价值观、规章制度，为幼儿在幼儿园中的成长提供着或积极或消极的环境。营造良好的以人为本的组织文化是幼儿园可持续发展的重要条件。

（一）形成以人为本的办园理念

幼儿园和谐的精神环境必须依靠人的主体性的发挥来实现，领导要充分认识和调动每个人的积极性，充分尊重幼儿的主体性，以"一切为了孩子的发展，为了一切孩子的发展，发展为了孩子的一切"为宗旨，形成以人为本的办园目标、园风、园训、教风等。

（二）建立人性化的管理制度

幼儿园制度是以书面文件形式规定幼儿园内部组织结构和人员的权限、职责、任务

等,以约束、引导幼儿园师生的行为规范,具有指令性和强制性。以人为中心的幼儿园管理制度既是幼儿园精神环境的有机构成要素,同时也是一个国家关于学前教育的方针政策、阶段培养目标的具体体现。人性化的管理制度要求制定要民主,实施要科学,应尊重幼儿这一特殊群体的特殊权利,建立一个具有关爱特点的制度环境。管理制度的设立和实施应使教师体验到一种自身价值的实现和满足。

（三）创设人文的物质环境

物质环境和精神环境是相互影响的。在幼儿园里创设一些体现幼儿园精神文化的人文景观,不仅可以大大丰富幼儿园的物质文化,而且对幼儿园组织成员的精神风貌、观念和行为方式都有潜移默化的作用。

二、建立和谐平等的人际关系

幼儿园的人际关系主要包括园内的群体关系、教师之间的同事关系、教师与幼儿之间的师幼关系、幼儿之间的同伴关系,还包括家园关系。这些人际关系是决定幼儿园精神环境质量的主要因素。创设积极健康、轻松愉快、尊重信任的人际关系和精神氛围是幼儿愉快生活、积极主动发展的重要条件。建立和谐平等的人际关系,需要做好以下几方面工作:

（一）建立平等和谐的师幼关系

师幼关系是一个班级的精神环境的主要方面。首先,教师要全面认识幼儿的兴趣爱好和个性差异,善于对幼儿的行为做出积极回应;其次,教师应当以民主的态度对待幼儿,善于疏导而不是压制,要把幼儿看作独立的个体,其拥有自己的思想和看待事物的方法,拥有与成人平等的权利,尊重他们的权利、思想、已有的知识经验,理解他们的各种需要,肯定他们的积极行为,理解和宽容他们的错误并能及时指正;再次,教师要尽量采用多种适宜的肢体语言,例如,微笑、点头、注视、肯定性手势、抚摸、轻拍脑袋或肩膀等,表示自己对幼儿的关心、接纳、爱抚、鼓励或者不满意、希望停止当前行为等,且教师在与幼儿交谈时,最好保持较近的距离和视线的接触。

（二）建立互助友爱的同伴关系

随着年龄的增长,幼儿的交往不断发展,他们不会仅仅满足于和双亲、教师之间的交往,更渴望有要好的朋友,被小伙伴重视和接纳。因此,教师要重视和鼓励同伴交往,并对幼儿的交往技能进行引导,引导幼儿学会处理同伴关系,学会合作、分享、互助、遵守规则等技能,形成良好的同伴关系。

（三）建立融合共生的教师人际关系

幼儿园领导要实施民主管理、知人善任,尊重理解教职员工,调动每个人的主动性并努力创造条件促进其发展,教师之间、教师与保育员之间相互尊重,彼此合作分享,注重沟通。建立包容互助的人际互动氛围,不仅为保教任务的顺利完成提供保障,还为幼儿学会合作与分享提供榜样示范。

（四）形成尊重互补的家园关系

在幼儿园环境创设中，家长是重要的参与者和建构者，积极良好的家园关系对幼儿、家长和教师具有独特的价值。因此应充分利用家长资源，建立一种相互尊重、平等合作的家园关系。教师要以平等、合作、谦虚的态度对待家长；积极生动地通过各种方法与家长联系沟通，虚心听取家长的可行性意见，引导家长参与幼儿园教育活动，对家长的教育理念和行为进行必要的指导，有效一致地对幼儿发展产生影响。

三、提高幼儿园教师素养

教师是幼儿园环境中重要的人的因素，是幼儿园精神环境的核心。教师的教育观念、心理素质、专业知识和技能深刻地影响着他们对待幼儿的态度及教养方式、幼儿园的各种人际关系乃至整个幼儿园的精神风貌。因此，提高教师素养，实际上就是在创设幼儿园良好的精神环境。

（一）树立正确的教育观和儿童观

幼儿园教师要热爱学前教育事业，对幼儿有真挚的爱心，因为爱是促进幼儿全面发展的最佳教育模式。对事业有爱心才能有动力去爱幼儿；对幼儿有爱，才具备创设良好环境的前提。教师应当用宽广的胸怀去关爱全体幼儿，平等对待每一位幼儿。同时，教师的观念决定着对待幼儿的态度、教养方式，决定了师幼之间、幼儿同伴之间、教师之间、家园之间的关系。教师要通过多渠道努力学习，树立正确的教育观与儿童观以指导自己的保教行为。

（二）提升教师心理健康水平

教师的精神状态影响着整个幼儿园的风貌，影响幼儿的心理发展。由于幼儿年龄小、喜欢模仿、情绪容易受教师暗示，教师不健康的心理状态也会导致幼儿不良行为的产生。所以，教师要学会合理地控制、表达和宣泄自己的情绪，觉察自己的心理状态并努力维护心理健康。

（三）不断提升业务素养

教师具有丰富的知识和良好的教育艺术有利于树立威信，会激发幼儿的好奇心和求知欲。所以，教师必须不断学习，提高知识文化修养和保教能力，采取高效的方法，激发幼儿的兴趣，形成良好的向善精神氛围。

思考与实践

1. 联系实际，结合环境创设原则，分析所在实习园所的环境创设的优缺点，并提出改进性建议。

2. 请结合幼儿园主题活动，尝试进行主题墙设计。

第四章 幼儿卫生与保健

现实问题

"面对一群可爱的幼儿,我应该去幼儿园了解哪些专业知识和技能?我应如何观察记录与分析?"这些问题使第一次实习的学生既兴奋又充满着困惑。然而实习回来满载收获的同时,却夹杂着抱怨的声音:"我们是未来的幼儿园教师,为什么要做保育员的工作?"

保育实习是第一次理论与实践的有效结合,幼儿园保教结合的特点是不容忽视的,从幼儿一日生活各环节入手,能让实习生全面了解未来工作中的各个方面,即做好"保中有教,教中有保"。"我在幼儿园是当老师的,主要任务是教育教学,吃、喝、拉、撒、睡是保育员的事,与我无关!"这种想法是不对的。

第一节 幼儿疾病观察与记录

幼儿卫生与保健工作应贯彻"预防为主"的方针,在上级卫生部门的指导下,做好幼儿疾病预防与管理工作。如何做好疾病预防工作呢?幼儿园是幼儿集体生活的场所,幼儿接触频繁,容易传染疾病,危害幼儿健康。实习生在保育实习过程中,应遵循"早预防、早发现、早隔离、早治疗"的原则,掌握常见疾病的基础知识,为将来开展疾病预防、做好家长宣传教育和沟通等工作,打下坚实基础。

一、幼儿常见传染性疾病

(一)表征及传染途径

由于自身免疫力较弱,幼儿是传染性疾病的高危人群,常见的幼儿传染病包括水痘、麻疹、手足口、流行性感冒、传染性肝炎、流行性腮腺炎、流行性乙型脑炎、百日咳、猩红热、流行性脑脊髓膜炎等。虽然幼儿免疫计划能够帮助幼儿避免患部分严重病毒性疾病,但是对于一些常见的传染性疾病却难以完全免除。

表4-1 幼儿常见传染性疾病类型、表征和传染途径

类型	发病表征	传染途径
水痘	病初1~2天有低热、头痛、咽痛、咳嗽等普通感冒症状,1~2天后出皮疹。皮疹先见于头皮、面部,渐延及躯干、四肢。皮疹开始为斑点,有瘙痒,然后发展为红色丘疹,最后为透明小水疱,内有液体。3~4天后水疱干缩,结成痂皮。干痂脱落后,皮肤不留疤痕。发疹期间患者多有发热、精神不安、食欲不振等全身症状。在得病的一周之内,由于新的皮疹陆续出现,而陈旧的皮疹已经结痂,在患儿皮肤上可同时见到红色小点、水疱、结痂三种类型的皮疹。	病初,主要经飞沫传播。另一种是接触传染,因接触了被水痘病毒污染的食具、玩具、被褥及毛巾等而被感染。
麻疹	潜伏期约10天。前驱期病毒随血流广泛播散,患儿出现发热、疲倦、食欲不振、打喷嚏、流鼻涕、流泪、畏光、眼睑浮肿等症状,皮肤出现红色丘疹和颊黏膜上有麻疹黏膜斑等症状。发疹期体温高达40℃,全身中毒症状也很明显。恢复期内,血内病毒逐渐消失,体温下降,一切症状都趋于缓解,整个病程10~14天。	病毒可通过空气传播,如与患儿交谈、患儿咳嗽或打喷嚏均可传播。
手足口	发病突然,约50%病人可出现发热,发热持续1~3天,伴口腔溃疡、咽痛。次日起皮疹,先为玫瑰红疹,1天后形成疱疹,2~4天吸收。皮疹主要见手掌、足部、臀部,口腔有溃疡性疱疹。	通过与患者接触传播。
流行性感冒	潜伏期约18小时~3天。病情最严重的,持续2~3天。急性发病,畏寒、高热(39~40℃)、头痛、乏力、全身酸痛、咽痛、流涕、咳嗽,也可腹泻或呕吐。持续2~3天后渐退,但鼻塞、流涕、咽痛、干咳等症状显著。少数患者有便秘或腹泻等轻度胃肠道症状,患者面颊潮红,眼结膜轻度充血,咽充血,口腔黏膜有疱疹等。幼儿患病有嗜睡、惊厥等精神症状并常引发中耳炎。	主要通过空气飞沫传播,说话、咳嗽或喷嚏使病毒散播在空气中,易感者吸入后感染。
传染性肝炎	初期症状不明显或无症状,一般在验血或体检时才被发现。急性肝炎主要表现为食减退、恶心、乏力、腹胀、肝脾肿大等,出现黄疸者称为急性黄疸型肝炎。慢性肝炎多有急性肝炎转变而来,其中尤以慢性迁延型肝炎为多见,其症状轻微,主要表现为肝部疼痛、腹胀、食欲不佳、乏力、肝脏轻度肿大、有压痛、质软、脾脏多无肿大。	甲型肝炎病毒经过粪—口途径传播。乙型肝炎多通过血液、分泌物(唾液、尿液)等途径传播。
流行性腮腺炎	腮腺肿大、疼痛,可一侧或双侧同时肿大,以耳垂为中心向前、后、下肿大,边缘不清。患儿张口困难、发烧、食欲下降等。一般持续7~10天,常一侧肿大2~3天后,另一侧也出现肿大,并伴有疼痛和热感,在张口和咀嚼时疼痛加重,肿痛约一周后消退。腮腺肿大时,大部分有3~5天的发热。	主要通过飞沫及与患儿接触后感染。
流行性乙型脑炎	患儿的体温,一两天之内就可以上升到39℃。主要表现为发热、剧烈头痛、恶心、呕吐、嗜睡不醒等症状,重者出现抽搐、昏迷,甚至出现呼吸衰竭而死亡。少数人病后有后遗症,如失语、瘫痪、智力障碍等。	蚊子是主要的传播媒介。

(续表)

类型	发病表征	传染途径
百日咳	开始如同流感，流涕、喷嚏、低热、轻咳，以后有时一连串咳嗽，如此反复，直至咳出黏稠痰液或吐出胃容物为止。每次阵咳发作可持续数分钟，每天可达十数次至数十次，日轻夜重。阵咳时患儿往往面红耳赤、涕泪交流、面唇发绀、大小便失禁。百日咳潜伏期2～20天，一般为7～10天。	由患儿喷嚏、咳嗽等传播。
猩红热	以发热为初发症状，次则出现皮疹，皮疹呈鲜红色弥漫性鸡皮样红斑疹，自下而上连成片，疹间无正常皮肤。皮疹在肘窝、腋窝、腕等处密集如线，称"帕氏线"。患儿的舌头，鲜红如杨梅，又称杨梅样舌。持续2～3天后体温下降，皮疹渐退，疹退后无色素附着，但有脱皮。有时可并发心肌炎、肾炎、风湿热、中耳炎、肺炎等疾病。	患儿和带菌者鼻咽部带菌的分泌物通过飞沫侵入易感者呼吸道，被污染的玩具、毛巾、书籍等也可成为传染源。
流行性脑脊髓膜炎	婴幼儿患病率高，城市中多为散发，农村中易感人群多，有时可形成爆发流行。具有潜伏期短、传染性强、传播迅速等特点。冬春季节出现突发性的剧烈头痛，2～3天流涕、咳嗽（酷似"感冒"）后突发高热，伴剧烈喷射状呕吐，颈部发硬，烦躁不安或嗜睡，常发生惊厥、昏迷等。皮肤可出现本病特征性的出血性瘀点、瘀斑，最早见于臀部、肩肘部。部分患儿可出现面色苍白、青紫、皮肤花纹、四肢冰凉、血压下降、少尿等，此为休克型，常危及生命。	主要通过空气传播，经飞沫直接传播，病原菌是通过呼吸道进入患儿血液中，最终定位在脑脊髓膜。

（二）管理工作的组织

传染性疾病对幼儿的损害往往具有不可逆性，且传染性对其他幼儿也存在着巨大的威胁。因此，幼儿传染性疾病管理工作不容有失。

1. 健全制度体系，提高幼儿园工作效率

要做好卫生保健工作，首先要制订保健计划，按计划行事。幼儿年龄小，抵抗力弱，容易感染疾病；加之幼儿过着集体生活，彼此接触密切，容易造成传染病的暴发和流行。因此做好预防传染病工作，需要建立健全儿童保健工作制度，如儿童常见病管理制度、卫生消毒制度、传染病管理制度、卫生保健登记制度、家长教育制度等。同时严格按照制度办事，有效预防疾病的发生。

> 学生可利用《学生教育见习手册》"幼儿常见疾病记录表"对本班幼儿的患病情况进行记录管理。

2. 利用多种渠道，控制传染性疾病流行

做好环境卫生和个人卫生工作，定时开窗通风，保持空气清新；做好玩具、餐具等物品的日常消毒工作；根据季节特征进行相关传染疾病预防性知识宣传等。

3. 做好计划免疫，提高幼儿自身免疫力

虽然幼儿传染性疾病危害大，但是由于其自身免疫性特征，幼儿可以通过接种相关疫苗，获得相关传染性病毒的免疫力。因此，积极配合防疫部门认真做好幼儿计划免疫工作是控制幼儿传染性疾病的关键。

4. 做好体检工作，及时隔离患病幼儿

在传染病的高发时期，教师要配合保健人员坚持每天对入园幼儿进行检查，登记检查情况，做到一天一汇报。教师还要在幼儿活动时，对其进行观察和询问，及时发现患病幼儿，特别是抵抗力较弱的幼儿，做到早预防、早发现、早隔离、早治疗。

5. 控制传染源，安抚家长和幼儿的情绪

若班级中发现了患传染性疾病的幼儿，教师要根据所患疾病特征，控制传染源，对其接触物品进行消毒或烧毁；对与患儿接触较多的幼儿也要及时送到医院排查。另外，教师还要及时准确告知班级其他幼儿家长相关信息，做到不隐瞒、不夸张，安抚家长和幼儿的情绪，保证班级工作有条不紊地进行。

二、幼儿常见非传染性疾病

随着经济发展和居民生活水平的提高，我国幼儿的营养状况发生了较大改变，尤其是城市和经济发达地区，幼儿常见非传染性疾病种类发生重大变化。因此，为了更好地促进幼儿健康成长，幼儿园教师了解新时代幼儿常见非传染性疾病及其表现，显得尤为重要和迫切。

（一）表征

1. 缺铁性贫血

缺铁性贫血是一种全球范围内的常见病，在发展中国家，约有 2/3 的儿童缺铁，缺铁性贫血在幼儿时期容易发生。患缺铁性贫血的幼儿，会出现不同程度的疲倦、食欲不振、烦躁、面色苍白缺乏血色，如果将幼儿的眼皮翻过来看，会发现眼皮内失去正常的肉红色，呈苍白色。长期患缺铁性贫血会影响幼儿生长发育和智力发展。

2. 维生素 D 缺乏症

维生素 D 缺乏症，是婴幼儿较常见的营养缺乏症。患病早期，患儿常烦躁不安，爱哭闹，睡不安心，容易惊醒，汗多，枕部头发稀少。婴儿颅骨软化，囟门闭合晚，头大呈方形。严重时会出现鸡胸、漏斗胸（在鸡胸的基础上，胸骨的下缘应该突出的地方凹陷）的症状，腿呈 O 形或 X 形。脊柱向后凸，出现驼背。表情淡漠，说话较晚。

3. 腹泻

腹泻是幼儿期常见的消化道疾病。急性感染性腹泻即急性肠炎，在幼儿腹泻中占较大比例。轻型一般情况良好，仅大便次数增多，大便因病原体的不同而有不同的表现，有黄绿蛋花汤样、黄色稀便等；中型每日大便十余次或更多，精神较差，伴发热、呕

吐、食欲减低；重型全身情况差、高热、精神萎靡，发生脱水、酸中毒及电解质紊乱（低钾血症、低钙血症、低镁血症）等；四肢冰凉，脉搏细弱或摸不到，脱水到严重程度，发生休克可危及生命。

4．龋齿

龋齿是由于牙齿经常受到口腔内酸的侵袭，牙釉质受到腐蚀而变软变色，发展为实质缺损而形成的。龋齿不会自愈，遇到冷、热、甜、酸的食物都会刺激神经出现疼痛。如不及时治疗，继续发展，龋齿内的细菌和细菌产生的毒素可渗透到牙髓组织，引起急性牙髓炎，产生剧烈疼痛。如果细菌通过根管向根尖扩散，则可能引起牙齿根尖部的病变。牙冠可完全被腐蚀破坏，只留下残根。

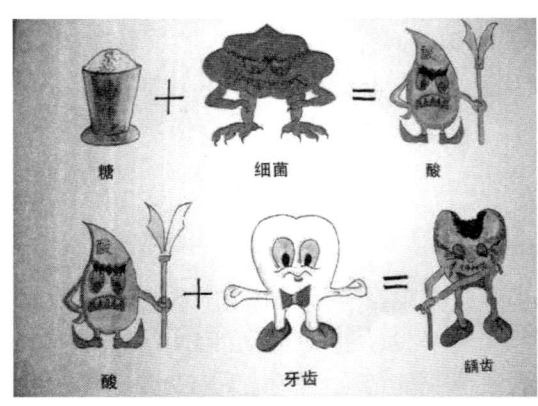

图4-1　龋齿的形成

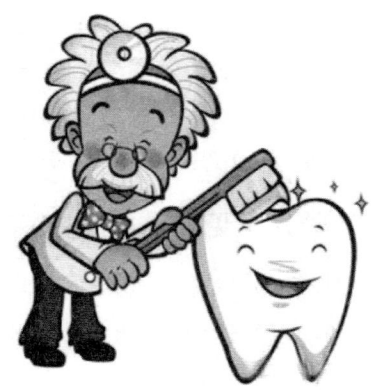

图4-2　龋齿的预防

5．弱视

弱视是指眼部无明显疾病，但视力达不到正常人的标准"1.0"，视力≤0.8，却无法矫正者。弱视是一种视觉功能发育障碍性眼病，是在幼儿生长发育期形成的。弱视患儿视力低下的原因是视觉系统没有得到正常的发育。治疗的关键是早发现、早治疗，它与年龄有密切关系，年龄越小，效果越好。

案例分享

幼儿视力现状调查问卷

您好！为了解幼儿视力异常状况及其影响因素，制定有效的措施，保护幼儿视力，请仔细阅读各部分的填写要求，如实和完整回答每一道问题。

谢谢您的合作与支持！

1．您孩子的性别是（　　　）。

A．男　　　　　　　　B．女

2. 您的学历是(　　)。
   A. 高中及以下　　B. 大专　　C. 本科　　D. 研究生及以上
3. 您孩子定期去医院检查视力吗?
   A. 总是　　B. 时常　　C. 偶尔　　D. 从未

您的孩子如没有视力功能异常情况,请从第 11 题答起;如有,请全部回答。

4. 您是如何发现幼儿视力功能出现异常的?
   A. 孩子主动告知　　　　　　B. 家长日常观察
   C. 幼儿园教师告知　　　　　D. 视力检查
5. 您孩子的视力异常属于以下哪种情况?(选一项或多项)
   A. 近视　　B. 远视　　C. 散光　　D. 弱视
   E. 斜视　　F. 假性近视　　G. 其他_____
6. 您或您爱人有遗传性视力问题吗?是谁?
   A. 爸爸　　B. 妈妈　　C. 爸爸妈妈　　D. 没有
7. 您孩子的视力功能出现异常后是否进行视力矫正?
   A. 是　　B. 否
8. 您孩子是否主动配合治疗?
   A. 非常配合　　B. 配合　　C. 不太配合　　D. 非常不配合
9. 您觉得您孩子的视力功能异常对日常活动影响有多大?
   A. 非常大　　B. 较大　　C. 一点点　　D. 没有
10. 您孩子是否因视力功能异常与同伴在幼儿园产生摩擦或冲突?
    A. 总是　　B. 时常　　C. 偶尔　　D. 从未
11. 您家中的室内光线环境如何?
    A. 非常明亮　　B. 明亮　　C. 一般　　D. 昏暗
12. 您孩子一次看电视大约持续多久?
    A. 30 分钟以内　　　　　　B. 30 分钟~1 小时
    C. 1~2 小时　　　　　　　D. 2 小时以上
13. 您孩子看电视时与电视保持的距离为多少米?
    A. 1 米以内　　B. 1~2 米　　C. 2~3 米　　D. 3 米以上
14. 您孩子挑食吗?
    A. 总是　　B. 时常　　C. 偶尔　　D. 从未
15. 您孩子在家经常吃水果吗?
    A. 总是　　B. 时常　　C. 偶尔　　D. 从未
16. 您知道哪些明目的食物吗?_____
17. 在日常的饮食中,您会有意识地添加一些明目食物吗?
    A. 总是　　B. 时常　　C. 偶尔　　D. 从未
18. 您孩子睡眠质量如何?

  A. 非常好   B. 好   C. 一般   D. 不好

19. 您会带孩子外出旅行或进行户外活动吗？

  A. 总是   B. 时常   C. 偶尔   D. 从未

20. 您觉得保护孩子视力应该做哪些？（选一项或多项）

  A. 控制孩子看电视的时间

  B. 纠正孩子看书写字的不良习惯

  C. 孩子有自己的书桌和台灯，提供充足的光线让孩子看书写字

  D. 其他_____

21. 您认为如果有视力功能异常，对孩子哪个方面影响最大？

  A. 生活   B. 学习   C. 同伴交往   D. 美观

22. 您孩子所在幼儿园对幼儿视力保护知识宣传力度如何？

  A. 非常好   B. 好   C. 一般   D. 不好

23. 您孩子所在幼儿园是否开展过保护视力相关主题活动？

  A. 总是   B. 时常   C. 偶尔   D. 从未

24. 您觉得平时应该如何教育孩子保护视力？

25. 您觉得幼儿视力功能异常对未来的学习、生活和工作有什么影响？

分析：3～6岁是幼儿视觉发育的关键时期，要保护好视力，必须从幼儿期开始。通过对某幼儿园幼儿视力的问卷调查，得出幼儿存在视力问题的现状，了解家长在预防和治疗视力问题时的策略与方法等，从而得出科学的教养策略，达到观察和调查分析的效果。

可以根据调查结果，针对家园共育，提出以下参考建议：

1. 养成良好的用眼习惯和用眼卫生

阅读时姿势要端正，一定要保持适当的距离，一般来说，眼睛与读物的距离以30厘米为宜，也不可趴着、躺着看书；看电视时，至少保持在3米以上（即电视机对角线的6至8倍），高度与眼睛平行，减少眼睛的紧张度，每次看电视时间控制在半小时至1小时，并休息10分钟，不能持续看。当室内光线不足时要开灯补充。教育幼儿不要在强光下看书等。

还要注意个人眼部卫生，毛巾、手帕要专人专用，每天洗晒消毒。不用脏手揉搓眼睛等。

2. 充足、舒适的室内采光

环境对视力的影响也不容忽视。幼儿园和家庭的室内光线要明亮，灯光最好以接近太阳光为佳，光源也要稳定，最舒适、最清楚的光度为20瓦两管以上日光灯或60瓦的电灯。应控制幼儿看电视、玩游戏及各种强光刺激，平常让幼儿多到户外活动，注意光线适中。

3. 注重日常的护眼饮食

注意从每日膳食营养入手，合理搭配，多种膳食，有益于眼睛，有益于健康。如可以给幼儿提供含硒元素、维生素B1、维生素B2等微量元素的食物，如动物肝脏、蛋黄、瘦

肉、小麦、玉米、洋葱、大蒜、牡蛎、海鱼、胡萝卜、南瓜、西红柿、牛奶等。

4. 定期检查视力

还应定期对幼儿进行视力检查,满3岁就应带其进行第一次视力检测,之后每年固定一至两次视力检查,以便及早发现问题。如发现斜视、弱视、近视等眼疾应及时去医院矫正治疗,把握住幼儿期这个矫治的黄金时期。

（二）管理工作的组织

幼儿非传染性疾病的管理工作以预防和控制为主,核心在于增强幼儿自身免疫能力。幼儿非传染性疾病管理工作是一项复杂而艰巨的工程,它需要教师和保育员共同合作。教师应从以下方面做好幼儿非传染性疾病的管理工作。

1. 加强身体锻炼,培养良好生活卫生习惯

幼儿坚强的体质是抵御疾病侵袭的基础。教师应该多组织幼儿参与体育活动、游戏,如老鹰捉小鸡、丢手绢、丢沙包等寓教于乐的活动。一方面可以满足幼儿游戏的需要,另一方面也能促使幼儿锻炼身体、增强体质。除此之外,教师和保育员还应注意培养幼儿良好的生活卫生习惯。幼儿常见疾病的发生都与不良的生活习惯有关,特别是腹泻等消化系统疾病。培养幼儿良好的生活卫生习惯要从小处着手,如饭前便后洗手、不吃掉到地上的食物等。教师还应与家长合作,共同督促幼儿。

2. 做好晨检工作,及时发现罹患疾病幼儿

每日晨检工作是对每日入园幼儿的初步检查,教师要配合保健人员做好幼儿的身体检查。一方面,教师要教育幼儿主动自觉接受晨检,使保健人员做出正确的检查。另一方面,由于保健人员是针对全园幼儿进行晨检,可能出现部分幼儿漏查。因此,教师还要在幼儿活动时,对其进行观察和询问,及时发现患病幼儿,特别是抵抗力较弱的幼儿。

3. 科学制定食谱,保证科学、合理的膳食结构

营养是维持生命的基础。学前期幼儿正处于生长的旺盛期,需要为其提供高质量、充足的营养量,以满足其生长需要。"合理营养"就是指每天有规律地按科学配比,让幼儿摄取其所需的足够热量和营养素,维持幼儿机体生长发育。幼儿园应想方设法使伙食多样化、营养化。规定幼儿膳食一周不重样,每周有创新菜,并做到粗细、荤素、甜咸、干稀搭配等。

4. 配合家长要求,做好患病幼儿后续工作

对于在幼儿园患病的幼儿,教师要及时联系其家长,准确地向家长说明幼儿现在的身体状况,沟通处理办法,视幼儿患病严重程度决定是否前往医院治疗。如弱视,应及时去医院接受正规治疗,年龄越小,治愈率越高,大于7岁,治愈率明显下降。对于因病落下活动的幼儿,教师要在其病愈后辅导学习,或者向家长提供学习资料。

总之,对于幼儿园疾病的预防,应利用宣传栏,向家长宣传有关的卫生保健知识,每学

期定期对家长和全园保教人员开展保健知识讲座。这样,才有利于为幼儿创设健康成长的环境。正如世界卫生组织于1984年4月17日提出的"儿童的健康,明天的财富"。

第二节 幼儿意外伤害事故观察与记录

《纲要》指出:幼儿园必须把保护幼儿的生命和促进幼儿的健康放在工作的首位。这指明了幼儿园安全工作的重要性。幼儿年龄小,活泼好动,对事物充满极大的好奇心,但由于身体协调性较差,识别危险的能力弱,缺乏自我保护意识,常常不能预见自己行为的结果,导致擦伤烫伤、磕碰骨折、喉咙异物等常见意外伤害事故时有发生。因此幼儿园应加强安全管理工作的力度,杜绝各种安全隐患,帮助幼儿园教师掌握必要的救治手段和方法。实习生也应牢固树立"安全第一"的意识,这是做好保育实习的关键。

一、幼儿意外伤害事故产生的原因

1. 幼儿活泼、好动、好奇心强、好探索

幼儿看到物品总喜欢摸一摸、动一动、试一试、尝一尝,对周围的一切事物都感到新奇,敢于探险,但对活动中危险事物不能做出正确判断。如幼儿喜欢将小东西塞入口腔、鼻腔或耳道引起气管、鼻腔及耳道内的异物感染。同时幼儿还喜欢追逐打闹、舞刀弄棒等,由于他们不熟悉周围环境,最易导致意外事故发生。

2. 幼儿机体各部分的机能发育尚不成熟

幼儿对外界环境的适应能力缺乏知识经验,自我保护及躲避伤害的能力差,在危险来临时,他们往往不能及时做出反应。

3. 个别教师和家长安全防护意识淡漠

对幼儿过度保护、包办替代、缺少必要的安全教育等问题,造成幼儿对成人的依赖性增强,也为幼儿意外事故发生埋下了安全隐患。

4. 安全管理制度不健全

食物中毒、拉肚子等常见事故,多由管理不善、制度不严、机制不全等原因引发,这就要求幼儿园要建立完备的规章制度,并严格执行,落到实处,避免意外伤害事故发生后相互推诿。

二、常见幼儿意外伤害事故的类型及处理方式

1. 鼻出血

用手捏住鼻子上方,用冷毛巾敷前额,用药棉填塞鼻孔,严重的要到医院治疗。

2. 擦伤

轻微擦伤可用清水或消毒棉球蘸低温的肥皂水或生理盐水擦洗伤口周围。较为严

重的伤口在经过消毒处理后可用纱布包扎,特别严重者要及时送医院治疗。

3. 跌磕伤

发生跌磕伤时,不要用手揉患处,可用干净的毛巾浸透冷水或用毛巾包裹冰块敷在受伤部位,经冷敷后再用湿热的毛巾敷于患处并轻轻按摩,以帮助消肿。如果跌伤或划伤流血了,要赶快带幼儿找保健医生止血、消毒、包纱布,可以把流血的位置抬高,以免流血过多。

4. 压伤

让受伤的幼儿原地静坐或平躺,同时仔细检查被压伤部位的外表状况。若是四肢压伤,可用冷水浸湿或用裹了冰块的毛巾敷于受伤部位,严重者送医院治疗。若是胸腹部被挤伤,应将幼儿身体放平,然后迅速拨打急救电话。

5. 刺伤

用消毒水清洗伤口,然后用镊子顺着刺物刺入的方向将刺夹住拔出。若刺物太短或已全部刺入幼儿肌肉中,可采取挤压挑拔法将刺清除,最后用酒精或碘酒对伤口进行消毒处理。

6. 割伤

若创伤较小,伤口内又无异物时,用创可贴即可;若有金属、玻璃等异物,则需将异物清理干净后对伤口做消毒处理。割伤严重、流血过多要及时对伤口进行包扎,可在伤口靠近心脏的方向用绳带等物系紧,并立即将患儿送往医院治疗。若幼儿手指被利器割断,要保护好断指,将断指放入容器中连同幼儿一起及时送往医院治疗。

7. 脱臼

有时不注意,幼儿容易脱臼,有的俗称"错环",一般多是桡骨头半脱位和肩脱臼,大多是由于用力牵拉幼儿手臂发生的,当幼儿肘部受外力作用后,肘部不敢动,不能上举,不敢取东西。出现这种情况,要及时送往医院处理。

8. 扭伤

轻微的扭伤可用冷水浸湿的毛巾或冰块敷于伤处,也可用红花油涂抹于扭伤处。若扭伤严重出现肿胀或淤血时,不可让幼儿走动,要立即将其送往医院治疗,对四肢某个部位的严重扭伤,可先用绷带等在扭伤的上下部位做固定包扎处理。

9. 骨折

发现幼儿骨折,要立即拨打急救电话或及时送往医院救治。在急救处理前不可用手揉搓骨折处,发现受伤处流血应采取止血措施。为使骨折处得以固定,可在幼儿骨折部位用宽绷带和木板等把骨折处的关节暂时固定住。若是颈部受伤,要让幼儿仰卧,并用有一定厚度的软质物品垫在颈部两侧,以稳定颈部原有状态。若是肋骨处骨折,幼儿感到呼吸困难或胸部疼痛难忍,要检查其血压以防休克。若遇脊椎骨折,切不可随意挪动幼儿,要将幼儿平抬放到担架上。若遇颌骨骨折,要立即清除幼儿口腔中的异物,防止异物堵塞喉咙,也可用纱布等做垫托放在受伤的下颌处,并用软质物品托住受伤处,既保证幼儿的下颌固定不动,又可以使幼儿易于开口。

10. 烫伤

发现幼儿烫伤后,要立即用冷水冲洗烫伤部位或将烫伤部位浸入冷水中,轻者涂抹牙膏、肥皂水等,以防感染。如果幼儿是穿着衣服鞋袜被烫伤,一定不要直接将衣物脱掉,更切忌用手揉搓烫伤处,而要用剪刀轻轻剪开幼儿烫伤部位的衣物,视幼儿烫伤的具体情况用纱布包扎处理后及时送往医院治疗。

11. 异物伤害

当幼儿误将异物放入嘴中不慎被噎住或呛入气管时,教师要立即将幼儿的身体前倾,同时轻轻拍打幼儿的肩胛部位,或用手指深入幼儿口腔刺激舌根催吐。如若催吐失败,应及时将幼儿送往医院治疗。如遇幼儿被鱼刺卡住,可用勺子等器具轻压幼儿的舌头,然后用镊子伸入喉部,将鱼刺慢慢夹出。若无法将鱼刺取出时,要及时送往医院。

> **资料链接**
>
> 海姆立克急救法(Heimlich Maneuver)也称为海氏手技,是对气道异物阻塞引起窒息非常有效的急救技术,也适用于溺水窒息。急性呼吸道异物堵塞在生活中并不少见,由于气道堵塞后患者无法进行呼吸,故可能致人因缺氧而意外死亡。
>
> 施救者一脚为弓,一脚为蹬,让患者坐在自己弓形的脚上,同时,让其向前90度倾斜,双臂环抱患者。左手握拳,右手握住左手手腕,双手贴在患者胸部下方,肚脐上方,腹腔内容上移,迫使膈肌上升而挤压肺及支气管,然后再重复操作,直至异物被排出。
>
>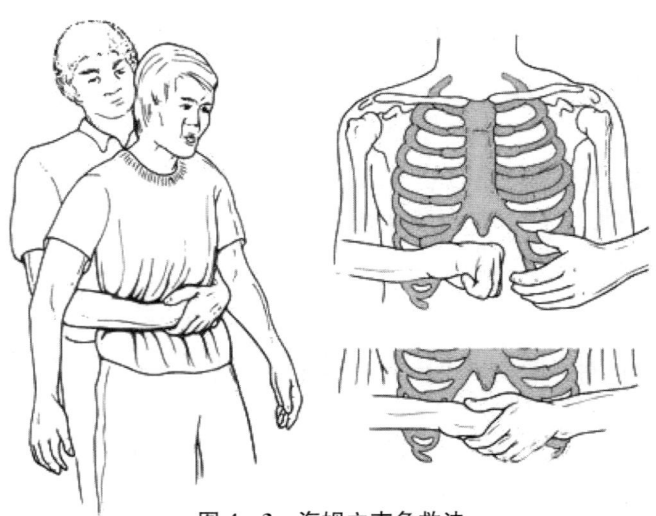
>
> 图 4-3 海姆立克急救法

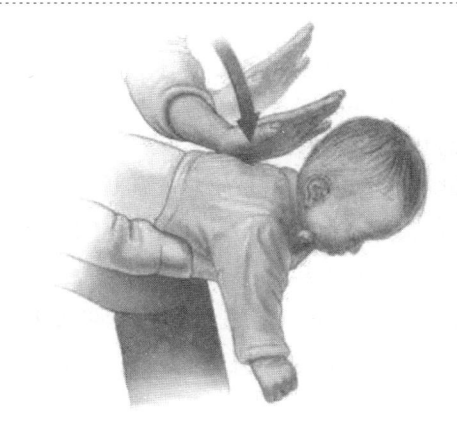

图 4-4　适用于婴幼儿的海姆立克手法

12. 食物中毒

轻微中毒要及时给幼儿喝些清水,然后催吐。让幼儿张开嘴,可用手指刺激幼儿咽喉部位或用小勺深入到幼儿嘴中并轻微用力压迫其舌根处,引起幼儿发生反射性呕吐,以减少毒素对身体的刺激。严重中毒的在采取催吐的同时要及时送往医院抢救治疗,并将幼儿食用过的食物及呕吐物装在容器中留样保存,以便为医院化验及解毒提供依据。

13. 触电

发现幼儿触电时,要立即切断电源,并拨打急救电话,将幼儿安置成复原卧式,状况严重的要立即进行现场急救,采取人工呼吸或胸外心脏按压法进行辅助抢救。

资料链接

安全小儿歌

早操安全

小朋友,听信号,早操时间已来到,
顺着安全标志走,不推不挤不打闹。
排好队伍做早操,伸伸臂,弯弯腰,
踢踢腿,蹦蹦跳,天天锻炼身体好。

游戏安全

户外接受阳光照,小朋友们兴致高。
必要准备要做好,自我保护更重要。
高高兴兴做游戏,遵守规则不乱跑。
安全锻炼长本领,身体健壮发育好。

如厕安全

小朋友,要知道,及时如厕很重要。
进出厕所守规则,看清标记不滑倒。
安全卫生记心里,争做文明好宝宝。

喝水安全

排好队,去喝水,先他人,后自己。
取好杯,再接水,喝多少,接多少。
慢慢喝,别呛着,安全饮水很重要。

三、幼儿意外伤害事故的防范

1. 经常检查幼儿有无携带有碍安全的危险品,如尖锐利器、玻璃球等危险物,并经常对幼儿进行安全常识教育,提高幼儿安全意识。
2. 各种物品的摆放位置要恰当、稳固,以不妨碍幼儿活动为前提。
3. 药品要放在幼儿触摸不到的地方,药品袋上要标明幼儿姓名和服用方法,有详细的服药登记记录,以免发生误食误服药品等人身伤害事故。
4. 妥善保管洗涤消毒类物品,设置专用放置地点,避免幼儿误食事件的发生。
5. 保温桶等要放置在离幼儿较远的安全地带,窗台上不宜放置花盆、鱼缸等物品,避免幼儿不慎将其打翻发生砸伤事件。
6. 餐车要缓慢推行,防止粥汤撒地滑倒幼儿。为幼儿分发饭菜时饭菜粥汤的温度要适中,注意不要盛得太满,不能从幼儿头上传递饭菜,避免烧烫伤事故的发生。
7. 培养幼儿良好的进餐常规,提醒其不在进餐时说话玩耍、嬉笑打闹,以免不小心被食物噎住或卡住气管。
8. 不要让幼儿随便玩弄小刀、剪刀等危险物品,如活动需要幼儿使用剪刀,要事前交代注意事项或使用儿童安全剪刀,活动结束后及时将剪刀收回并放置到固定位置。
9. 经常平整场地,做到无坑、无砖、无松动、无积水、无突起物等,及时清除户外活动中影响幼儿活动的障碍物,随时检查大型玩具有无螺丝松动、铁皮外露、踏板裂缝、绳网断落等不安全因素。
10. 组织幼儿进入大型玩具场地活动时,要对幼儿提出明确的活动要求和规则,活动中教师加强巡视指导,及时制止幼儿相互推拉扯拽、奔跑打闹,阻止幼儿从高处往下蹦跳,避免发生摔碰伤事件。
11. 要对幼儿提出明确的活动要求和游戏规则,幼儿要在教师的视线之内进行活动,便于教师观察指导。运动中要随时注意观察幼儿有无出现异常表现,如面色苍白、大汗淋漓、神情恍惚、过度紧张、呼吸困难、焦虑郁闷、精神不振等,并及时采取必要的措施和调整活动量。
12. 严格实施幼儿接送卡制度,无卡者不得擅自将幼儿接出园外,避免拐骗幼儿的事件发生。

案例分享

幼儿园意外伤害事故分析表①

观察时间	6月14日		发生地点		操场	
观察对象	明明		年龄	4岁	性别	男
损伤类别	受伤程度			教师处理方式及结果	家长沟通情况	
	严重	中度	轻度			
☐跌、撞受伤				上报园长及保健医生,拨打120将受伤幼儿送往医院治疗。	告知家长幼儿受伤情况及医院地址,安抚家长情绪。	
☑划伤	√					
☑挤压受伤	√					
☐异物入体						
☐扎刺受伤						
☐中暑						
☐冻伤						
☐烫伤						
☐鼻出血						
☐脱臼						
☐其他						

分析与评价:
　　明明在进行投篮游戏时将球架推到,砸伤了自己的右胳膊,伤势较重。本次意外伤害发生是由于带班教师既不了解户外活动设备的固定方式,也没有引导幼儿正确地进行游戏,造成球架倾倒压伤幼儿。
　　教师的处理方式得当,受伤后没有试图移动幼儿,而是及时上报园所,拨打120,准备送医。在等待救护车的同时,请保健医生简单处理,保证伤势不再加重。
　　作为幼儿园教师,应详细了解园所内各种游戏材料及设施设备的使用方法。在幼儿进入户外场地前,应详细检查设备固定是否稳妥、有无断裂、有无尖锐异物等,排除安全隐患。活动中,教师应分工合作,保护每一位幼儿,对于动作不协调、运动能力较强等特殊幼儿,要特别关注;如发现幼儿进行不安全的游戏,应及时提醒或制止。活动后,除了要带领幼儿收拾整理游戏材料等,还要归纳总结本次活动中的优缺点,尤其是不当的游戏方法,教会幼儿自我保护的方法。

备注:请根据实际情况在"损伤类别""受伤程度"中打"√"记录。

---

① 此表见《学生教育见习手册》第54页。

实习生首先应按照幼儿园的要求密切关注幼儿的安全问题,及时消除安全隐患;一旦发生意外事故,应立即报告带班教师并及时处理。作为教师应处处留意,经常提醒,对幼儿进行安全教育。如若发生意外事故问题严重时,还需要及时与家长联系,并向其详细说明问题出现的原因,主动做家长工作,消除或缓解其焦虑,得到其理解。

第三节 保健医生行为观察

卫生保健工作在幼儿园工作中具有特别重要的意义,因为幼儿园保健工作的对象是正在发育和成长中的幼儿。3~6岁的幼儿正处于生长发育的关键时期,他们生长发育迅速,然而身体尚未发育完善,适应环境的能力和疾病抵抗力不足,容易受外界各种疾病干扰,从而影响幼儿身体健康。所以,保证幼儿全面合理的营养,加强体格锻炼,落实扎实有效的防病措施等,是提高幼儿健康水平的重要环节,也是幼儿园工作的重点。保健医生的工作与职责对全园卫生保健工作具有重大意义。

一、保健医生的工作职责

(一)全园性工作职责

1. 协助园领导实施有关卫生保健方面的规章制度,并监督执行。建立健全饮食安全制度、保健安全制度。根据园务计划和卫生部门要求,每学期制定安全保健、卫生工作计划,并做好相应小结和汇报。

2. 负责全园幼儿及教职工的保健卫生工作,贯彻"预防为主"的方针,根据季节和流行病特点,及时采取措施,做好疾病预防工作。

3. 建立传染病传染防治制度,做好隔离、消毒、检疫工作,并及时上报。如发现传染病,指导教师做好消毒工作并及时报告防疫部门,采取有效措施防止蔓延。每月公布一次幼儿发病率,找出发病率升降原因,及时总结经验,提出改进措施。

4. 了解新入园幼儿的"三防"接种及体检情况,定期做好防治龋齿、治疗眼病等工作。

5. 负责幼儿疾病的门诊治疗,对发病幼儿及时治疗护理,对病情较重的幼儿及时送医院治疗。

6. 组织安排幼儿健康检查,及时进行健康分析,做好评价记录,对血色素低、体弱幼儿、肥胖幼儿做好矫治工作。

7. 合理安排幼儿食谱,保证两周不一样,每月做好营养分析,每周提前向家长公布幼儿食谱。

8. 负责医疗器械、药品的购进和安全存放。每月检查一次，不得使用过期药品，同时保证医务室药品的妥善管理，各类药品分别存放。

9. 每周和后勤副园长、年级组长、安全员等对全园进行安全检查，特别是大型玩具，发现隐患安排人员抢修。每天巡视幼儿户外活动情况，发现不安全因素和安全事故及时处理。

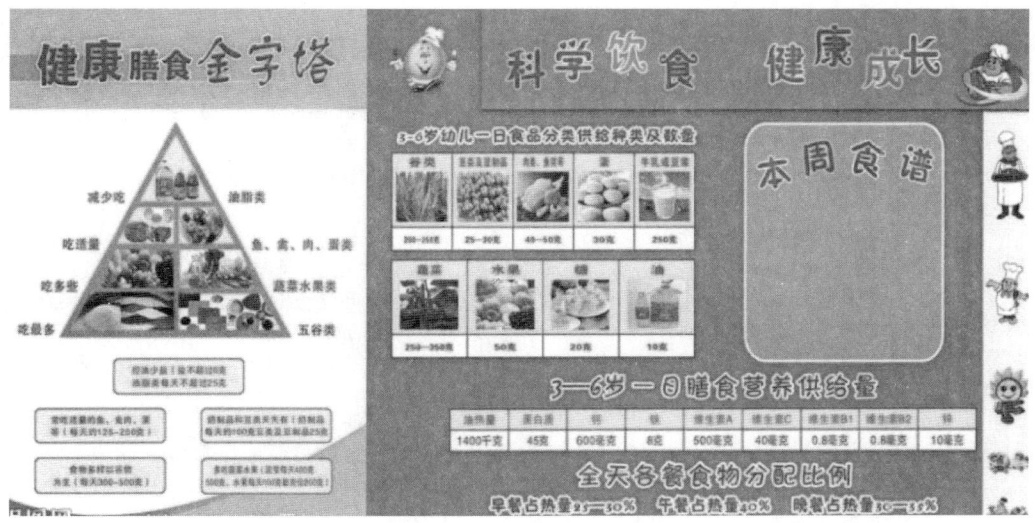

图 4-5　幼儿饮食营养知识

案例分享

幼儿园食谱记录分析表[①]

项目	星期一	星期二	星期三	星期四	星期五
早餐	西红柿鸡蛋 手擀面	南瓜饼 八宝粥	豆沙包 大枣百合薏米粥	花卷 豇豆粥	肉油饼 辣汤
食谱 午餐	米饭 茄子炖肉片 芹菜银芽香干 圆骨蛋花汤	米饭 茄汁鸡柳 醋灌藕条 面筋汤	米饭 红烧排骨 干煸土豆条 西红柿蛋花汤	米饭 菜花鸡块 凉拌黄瓜 海带肉丝汤	米饭 牛肉炖胡萝卜 菠菜炒豆皮 虾皮白菜汤
水果	苹果	西瓜	梨	香蕉	小西红柿
午点	青菜鸡蛋饼 南瓜大米粥	菜卷馍 小米粥	鸡汁豆脑 鹌鹑蛋	掉渣饼 黑豆钱粥	奶香面包 银耳百合粥
加奶	鲜奶	鲜奶	酸奶	鲜奶	酸奶

---

① 此表见《学生教育习见手册》第 29 页。

(续表)

分析与建议	幼儿正处于身体和大脑的发育期，充足、合理的营养对他们尤其重要。配餐上合理地应用了平衡膳食的知识，根据幼儿生理、心理特点，努力在食物的色、香、味、形上下功夫，粗粮细做，搭配合理，从而引起幼儿最佳食欲，使幼儿愉快进餐，吸收均衡营养，健康茁壮成长。 早餐的分析： 由以上食谱可以看出在早餐安排上，一周的食材种类丰富，营养素也很均衡。总的来说，早餐搭配很好，满足幼儿对营养的需要。因为早餐提供的能量应占一天总能量的30%左右，不仅关系到幼儿的健康，还关系到幼儿的生活学习。 1. 幼儿的营养早餐要注意多样化，尽量选择易于消化的食品。一般幼儿食欲都较差，注意经常变换营养早餐的品种，以增强幼儿食欲。 2. 早餐搭配应该包括谷物、动物性食品、奶类和蔬菜水果四个部分。既要保证三大营养素均衡，又要确保供应足够的维生素和矿物质，量的多少应参考推荐摄入量的标准。 3. 适宜作为早餐的食品有：全麦面包、燕麦粥、豆沙包、花卷、菜包、鲜肉包、鸡蛋饼、煮鸡蛋、八宝粥、豆浆、菜粥等。 午餐、午点的分析： 由食谱可以看出午餐安排上不仅需要荤素搭配，还应讲究足量、均衡，具体分析如下： 1. 在食物量上要相比早餐有所增多，因为午餐要达到一天能量供给的40%，但是多也要多出质量，同早餐一样要注意三大营养素的均衡，增加咀嚼性的食物。 2. 食物安排上也要尽量多变，在种类和烹饪方法上要经常变动，选用当季蔬菜，并确保新鲜，午点多安排水果做点心。 3. 适宜作为午餐的菜品有： 荤菜类：土豆肉丝、花菜肉丝、番茄炒鸡蛋、鸡烧土豆丁、木耳肉丝、蘑菇炒鸡蛋、木耳炒蛋、肉沫茄子、豆皮肉丝、肉末蒸蛋、胡萝卜烧肉、香菇肉丝、爆炒猪肝等； 炖菜类：排骨炖黄豆、牛肉炖胡萝卜、鸡炖冬瓜等； 素菜类：韭菜炒豆皮、芹菜豆干、蘑菇白菜、菠菜炒豆皮等； 汤类：西红柿蛋汤、紫菜蛋汤、猪肝汤、三鲜汤等。 4. 适合作为午点的食品有：芝麻糖、花生酥、强化钙饼干、酸奶、苹果、橘子、小西红柿、梨、香蕉、牛奶等。 建议及说明： 1. 食物量要依据不同年龄段、不同性别的参考摄入量来供给。 2. 要注意优质蛋白的摄入量，比如4～6岁幼儿，每日要摄入45～55克蛋白质，要经常吃奶制品、鸡蛋、鱼、大豆及动物内脏等。膳食中优质蛋白质与一般蛋白质保持一定的比例，一般不低于30%。 3. 膳食中三种宏量营养素需要保持一定的比例平衡，比如蛋白质占10%～15%，脂肪占20%～30%，糖类占55%～65%，注意矿物质及维生素之间的平衡，避免营养过剩及营养缺乏现象。 4. 让幼儿合理膳食的同时也要让幼儿适量运动，并且让他们保持愉悦心情，养成良好的生活习惯，要有耐心地敦促幼儿进食并适当地进行饮食干预，让他们养成良好的饮食习惯，不挑食、不厌食。

（二）班级性工作职责

1. 每天配制消毒药水，并督促检查指导保育员的消毒工作及清洁卫生工作，建立检查记录，定期公布。指导好饮食卫生和检查饮食用具的消毒工作。

2. 指导各班做好防暑和防寒工作。

3. 定期向各班教师进行安全知识教育及急救知识教育，避免幼儿发生触电、烫伤、砸伤、摔伤等事故。

（三）其他工作职责

1. 全面了解幼儿的生长发育情况，期末向家长汇报。向全体工作人员及家长宣传幼儿保健常识、安全常识，指导安全工作。

2. 对家长工作热情，配合班主任做好《家园联系手册》《离园手册》等中健康状况登记工作。每学期开展一次幼儿保健家长讲座，丰富卫生保健宣传栏内容。

二、保健医生的常规工作

易于学生在保育实习中观察到的行为，主要包括晨检、户外体育活动和离园活动等方面，这几个环节中保健医生的常规工作如下：

（一）晨检工作常规

1. 抚摸幼儿额头、颈部和手心有无发热，腮腺是否肿大。

2. 检查幼儿的精神面貌和卫生情况，有无流涕、流泪、结膜充血，身上有无皮痒、咽部是否充血、体表有无伤痕、指甲是否过长等。

3. 询问幼儿在家的饮食、睡眠、大小便等有无异常，有无传染病接触史。

4. 传染病流行季节，应重点检查幼儿有无传染病接触史及早期症状和体征，并测查体温。晨检中发现幼儿有传染病或其他疾病表现时，应立即通知家长带到医院检查、治疗。

5. 在晨检基础上，向健康状况不同的幼儿发放不同的晨检牌，由幼儿或家长带回班级，交给保教人员。

6. 做好晨检记录工作。

资料链接

晨检方法"一摸，二看，三问，四查"

一摸，摸摸是否发烧，摸腮腺是否肿大；

二看，看脸色，看皮肤，看眼神，看咽喉；

三问，问幼儿在家吃饭情况、睡眠情况、大小便有无异常；

四查，检查幼儿是否携带不安全物品。

（二）户外体育活动工作常规

1. 参与不同年龄班户外体育活动内容的设计，并提出较为合理科学的建议。

2. 观察幼儿户外活动情况，测量幼儿运动量及活动强度、密度，及时指导班级保教人员调整活动，对体弱或有疾病的幼儿予以特殊照顾和指导。

3. 为班级保教人员进行户外体育活动的安全防护，意外伤害、意外事故处理等培训与指导。

（三）离园活动工作常规

1. 在幼儿离园前，与各班级教师、保育员沟通全日健康观察中身体不适的幼儿情况，特殊情况有必要向幼儿家长进行重点、扼要、客观的汇报，并保留好相关资料，做好相关记录。

2. 检查各班级卫生、消毒情况，做好记录。

第四节　保育员行为观察与实践

从幼儿园的实际工作可以看出，一名合格的幼儿园教师，既要具备保育员的素质，又要具备教师的素质。保育工作是幼儿园的重要任务，保育员的实习也是保育实习过程中不可缺少的重要环节。实习生可以通过保育员的实习了解幼儿园的工作，了解幼儿园的教育教学，为实习教师工作打下基础。

保育员的日常工作包括：环境卫生、幼儿生活管理、卫生消毒工作、进餐管理、安全工作、配合教育活动等。保育员的日常工作对幼儿来说，是非常重要的环节，直接关系到幼儿的健康成长，哪一个环节都不能忽视。作为保育员，要以幼儿身心和谐发展为出发点，严格按保育员的工作常规去做。另外，保育员的日常工作比较烦琐，涉及幼儿生活的方方面面，时常有一些意外发生，如有时会遇到幼儿呕吐、遗尿等现象，不论遇到什么样的情况，都要做到细心、耐心、精心、用心，同时还要具有爱心，努力把工作的每一个环节做好。

保育员的主要职责：

（1）负责本班活动室、设备、环境的清洁卫生工作，做好消毒工作；

（2）在保健医生和本班教师的指导下，严格执行幼儿园安全、卫生保健制度；

（3）在教师的指导下，管理好幼儿生活，并配合本班教师组织教育活动。

一、环境卫生工作

环境卫生包括活动室、盥洗室、功能室等场所的卫生保洁、开窗通风。

（一）活动室卫生是保育员每天重要任务之一

活动室是幼儿每天生活活动的主要场所，其卫生状况直接影响幼儿健康和幼儿园的教育工作。要做到室内环境无积灰、无污垢，定期打扫走廊和擦玻璃窗，保持活动室玻璃窗明亮、走廊清洁；室内物品要摆放有序；保育员要管理好室内的设备和自己的工作用具，如抹布、拖把、扫帚等物，要按固定地点安放，不随意乱放。卫生状况的好坏是衡量实习保育员工作质量的标志。因此，一定要重视活动室卫生工作，做到清洁整齐。

（二）盥洗室卫生包括洗漱间和厕所卫生

能够做到地面清洁干燥，防止幼儿滑倒，及时清理污物。每天擦洗或冲洗便池和厕坑,保持厕所清洁无尿垢、无臭味、无垃圾堆放等。

（三）要根据具体情况开窗通风,保持空气新鲜

幼儿园是集体机构,幼儿多,生活空间有限,活动室、盥洗室的氧气在幼儿的呼吸下很快减少,再加上皮肤、器官等发出不同的气味,使空气变得污浊。另外幼儿上幼儿园后,交叉感染概率大大增加,幼儿园要做好消毒工作,所以一定要注意开窗通风。开窗通风的时间:在早晨教师到园后,要开窗通风,使空气流通。根据季节和天气的不同,确定换气方式与次数,温暖天气和夏季一般宜实行全天通风的方式;冬季为一般每半日通风一次,每次10～15分钟,需要注意的是,幼儿午睡时间应避免空气对流。经常开窗通风可保持室内空气新鲜流通,幼儿正处于生长发育最为旺盛的时期,大脑对氧气的需要量很大,氧气能促进人体新陈代谢,对幼儿整个身体的生长发育都是有利的。因此,保证幼儿生活空间的空气质量十分重要。

二、生活卫生工作

幼儿生活管理包括晨、午、晚检,进餐,饮水,盥洗,如厕,睡眠等。幼儿生活管理是保育员一日工作中必不可少的环节,直接关系到幼儿的一日生活活动的质量。

资料链接

饮水是幼儿在幼儿园的一个重要环节。保育员要为幼儿准备温度适宜的温开水,做到随时供应,掌握幼儿饮水量,年龄不同对水的需要量也有所不同:

小班幼儿每天每千克体重应摄取100～140 ml的水;

中、大班幼儿每天每千克体重应摄取90～110 ml的水。

控制幼儿剧烈运动后的饮水量。幼儿在剧烈运动后不应喝大量的水,可少量饮水,以便湿润干渴的嗓子。

三、卫生消毒工作

卫生消毒工作包括:配制消毒液、日常消毒、毛巾水杯消毒、玩具消毒、图书消毒、厕所便器消毒、清洁用具消毒、地面消毒、被褥消毒、传染病消毒等。幼儿园是集体场所,一日生活中的消毒工作显得尤其重要。在实习保育员工作时要了解需要消毒的物品,掌握基本的消毒方法,如擦拭、浸泡、冲洗、日晒、蒸汽消毒等,针对不同物品选择合适的消毒方法及科学的消毒时间等。

（一）配制消毒液

1. 按照保健医生的要求,准备水盆或水桶及量杯。
2. 根据配制比例或要求,配制所需要的消毒液。
3. 将消毒液搅拌均匀。

> **资料链接**
>
> ### 幼儿园常用的消毒方法
>
> 1. 物理消毒法
>
> （1）日晒法是利用紫外线进行消毒灭菌。如流感、百日咳、流脑、麻疹等病原体，在阳光直射下会很快死掉。一般附着于衣物、被褥、书籍、玩具等物品表面的病原体，在阳光下暴晒3~6小时可将其杀死。
>
> （2）煮沸法是最简便有效的方法。将需要消毒的物品全部浸入水中，消毒时间的长短按消毒物品及目的的不同来灵活掌握，水开后煮15~20分钟。取出后妥善保管，防止污染。采用煮沸法消毒的物品应该是耐热、耐潮湿的物品，如毛巾、金属器具和餐具等。
>
> （3）紫外线辐射消毒法。可直接照射物品的表面进行消毒，也可用于空气消毒。在无人的情况下，每次运用紫外线灯对病原体污染的房间进行消毒，需照射2小时。消毒后要开窗通风，驱散残留臭氧方可进入室内。
>
> （4）蒸汽消毒法是一种经济、可靠、快速、安全的灭菌方法。可用于各种耐热物品的消毒，将耐热物品放入蒸汽消毒柜，蒸40分钟后方能起到灭菌的效果。
>
> 2. 化学消毒法
>
> 药品消毒法是利用一些安全的消毒剂进行消毒。常用的消毒剂有：来苏水、漂白粉、过氧乙酸、84消毒液、含氯消毒剂（消毒片）等。
>
> 84消毒液：配制比例为1∶500或1∶200（传染病流行期），即1份消毒液兑水500 ml或200 ml。兑水配制时水温要低于30 ℃，另外，浓度在1∶200时要戴薄手套操作，以免损伤皮肤。进口的东西尽量不用化学消毒剂进行消毒，如餐具、茶杯。

（二）班级消毒工作

表4-2　幼儿园班级每日消毒工作说明

物品名称	消毒方法	消毒要求
活动室、寝室	紫外线灯或臭氧消毒灯照射，经常开窗通风	每周消毒一次 呼吸道疾病流行时每天一次
地面、门窗、椅子	含有效氯的消毒液擦洗	每天一次
便器	含有效氯的消毒液浸泡	小便器每天一次消毒 大便器用后随时消毒
拖把	含有效氯的消毒液洗泡	每天消毒一次
厕所	清水冲洗或消毒液清洗	清水随时冲刷 含氯消毒液每天1~2次冲洗
玩具	消毒液洗泡，不宜洗的日光曝晒或消毒柜消毒	每周清洗消毒一次 发生传染病时每天消毒一次

(续表)

物品名称	消毒方法	消毒要求
图书	阳光暴晒	经常放在阳光下暴晒3~6小时
茶杯、擦手毛巾、餐具、餐巾	消毒柜消毒 蒸汽法:水开后30分钟 煮沸法:水盖过物品,水开后15分钟 毛巾、餐巾也可消毒液浸泡5~10分钟	茶杯和擦手毛巾每天清洗消毒一次,餐具和餐巾是每餐消毒;喝豆浆或牛奶后茶杯要消毒一次,餐具最好不用消毒液浸泡消毒
餐桌	消毒液擦、抹,清水擦拭	第一遍是用5%的84消毒液浸泡过的抹布进行擦拭,注意要擦拭彻底,不仅桌面、桌腿要擦,而且幼儿经常触摸的桌边也要擦拭;第二遍和第三遍是用清水抹布擦拭
被褥	日光曝晒或消毒灯照射	每两周一次 传染病期间每周两次
枕套、床单	一般清洗	每月一次
席子、枕套	热水擦洗或含氯消毒液擦洗	每天一次(夏季)
茶杯箱、毛巾架	含氯消毒液擦洗	每周一次
厨房用具	按食品卫生要求	每天餐前高温消毒一次
环境卫生	清扫、湿抹	每天小扫,每周大扫
病儿呕吐物及剩余食物	倒入含有效氯的消毒液搅拌	倾倒
手	肥皂流水清洗	饭前或便后肥皂洗手

摘自:王长倩,王华军.幼儿园保教实习指导[M].南京:江苏教育出版社,2013:29,部分内容有改动。

四、进餐管理工作

(一)餐前准备工作

1. 保育员自身的准备工作,其中包括清洁双手、一件干净的工作服、两块抹布、配好的消毒液及清水。

2. 餐前清洁卫生,主要是指餐桌的清洁卫生。

3. 分发餐具、食物。按座位次序发放,保证一人一碗一盘,勺子或筷子应放在盘子上,并摆放整齐。

4. 协助部分幼儿做好小便、洗手准备。组织幼儿在座位上等待进餐。

(二)组织幼儿进餐

1. 进餐包括早餐、午餐和午睡后的点心。组织幼儿进餐应做到以下几点:

(1)创设安静、愉快的进餐环境。

（2）照顾幼儿进餐，根据幼儿食量，及时为幼儿添加饭菜，让幼儿吃饱、吃好。

（3）掌握好身体不适幼儿及病愈后幼儿食量。

（4）主食与菜、汤分开食用，不能把汤和饭菜盛在一个碗里。

（5）教授幼儿正确使用餐具和进餐的姿势。

（6）培养幼儿良好的进餐习惯，如：不挑食，不浪费粮食，保持桌面和衣服干净；专心吃饭，细嚼慢咽，咀嚼和喝汤不出声；正确使用餐具，不用手抓；餐具相互碰撞不应发出过大的响声，不敲碗筷；夹菜时不挑挑拣拣；餐桌上应礼让，不应独占好吃的食物。

（7）关照吃饭慢的幼儿。

（8）补餐、加点时要为幼儿准备餐盘和餐巾纸，必要时将较大的水果切片。鼓励幼儿自己取用，吃点心过程中不玩耍。

2. 组织餐后活动。

（1）指导幼儿餐后漱口、擦嘴。

（2）提醒所有幼儿进餐结束后及时将碗筷送至指定位置，同时收拾餐桌，清扫地面，清洗餐巾和漱口杯并进行消毒。

> 学生可利用《学生教育见习手册》"幼儿进餐观察记录分析法"对本班幼儿进餐情况进行观察记录。

资料链接

分发餐具的正确方法：碗摆放在对着椅子的位置，盘子放在碗的前面，勺子或筷子放在盘子上；分发勺子和筷子时，手应抓捏在勺柄或筷子的尾端，摆放整齐。

照顾肥胖儿进餐：对班内的肥胖儿，保育员应在保证幼儿生长发育所需膳食营养平衡的基础上，控制脂肪和糖的摄入量。应注意做到：

（1）限制进食量。在满足幼儿基本营养及发育的前提下，适当限制肥胖儿的食量。当肥胖儿要求添饭时，应多给蔬菜，适当增加一些瘦肉，尽量少添加米、面等主食。

（2）控制进食速度。在进餐过程中，应不断提醒肥胖儿放慢咀嚼和吞咽速度，要求细嚼慢咽，嚼碎后再下咽。

（3）家园配合。与家长沟通，使肥胖儿在园内和在家庭都能按照科学的原则调整膳食，限制甜食、零食、高热量和高脂肪食物的摄入，并做到持之以恒。

五、安全工作

安全工作是幼儿园的一项重要工作。幼儿缺乏知识，生活经验少，安全意识差，自我保护能力低，再加上活泼好动、好奇心强的特点，常常不自觉地接触危险事物，做危险动作，很容易出现意外，加强安全措施是预防日常生活中潜在危险的有力保障。幼儿园

的安全工作包括：

1. 检查和消除不安全因素。协助教师做好安全检查工作，发现异常，马上处理，以消除事故隐患。

2. 幼儿室内活动安全护理。活动室布局安全合理，检查投放玩具的安全性。提醒幼儿多喝水、讲卫生，便后检查幼儿的衣裤是否系好。注意教室内空气的流通。

3. 幼儿户外活动安全护理。活动前提醒幼儿喝水、小便。活动时提醒幼儿及时脱去衣服。活动后做好放松动作，并提醒喝水。

4. 幼儿意外损伤和急救。简单处理幼儿意外损伤，遇意外事故，立即报告并协助处理。

六、配合教育活动

在幼儿园一日活动中，保育和教育是相互渗透、相互联系、不可分离的。因此，保育员配合教育活动就显得尤为重要。保育员应及时、适时、周到、适当地配合教师进行教育活动，以保证教育活动顺利进行。

1. 了解本班的教育目标，根据目标的要求帮助教师做好物质材料的准备，如：材料领取、废旧材料收集，必要时进行简单教玩具制作、场地布置、材料摆放、有关设备设施的安全检查等，要保证数量充足，并检查有无损坏。

2. 与教师共同做好活动前的精神准备，根据目标协助教师启发幼儿思考将要进行的活动，协助教师稳定幼儿情绪和注意力，照顾个别幼儿和体弱幼儿，与教师共同创设一个和谐、宽松的活动氛围。

3. 在参与幼儿活动时，要善于观察幼儿的活动情况，把握好介入活动的时机，做出适时、适当的指导。

4. 需要时协助教师组织好教育活动，及时处理教育活动中发生的特殊情况，以保证教育活动的顺利进行。

5. 活动后的整理工作。保育员要和幼儿、教师一起共同对活动场地、设备、材料进行收拾和整理，并检查是否有缺损。及时对幼儿作品进行归类、保存。还要做好活动场地的清洁卫生等工作。

除此以外，保育员还要做好游戏活动、体育活动等工作的协助配合，在一日生活中真正地体现保教结合的原则。

思考与实践

1. 每个季节都会有传染性疾病出现，请你谈谈幼儿园疾病防控事宜。
2. 假如幼儿在园所发生了意外事故，你会如何处理并做好家园沟通工作。
3. 保教实习期间，请结合保育员工作思考幼儿园一日活动的注意事项。

第五章 幼儿园集体教育活动

现实问题

不同年龄段幼儿在五大领域发展特点是怎样的？通过幼儿园学习，应当达到怎样的水平？开展集体教学活动时可以选用哪些适合幼儿的教学方法？教师需要厘清"教谁——教育对象的知识，教什么——教学内容的知识，怎么教——教学方法的知识"。

作为未来的幼儿园教师，应理解幼儿的学习方式和特点，知道幼儿学习是以直接经验为基础，明确集体教育活动应与幼儿游戏和日常活动相互渗透，这样才能有效组织与实施幼儿园集体教育活动。

第一节 主题活动的设计与实施

一、主题活动的含义

幼儿生活的世界是以具体的事物为主，幼儿所接触的事物包含多个学科领域，他们需要对事物有一个较为全面、整体、生活化的认知。在大多数情况下，开展主题活动与多个学科相关，涉及的范围和学科领域很广泛，体现了《幼儿园教育指导纲要试行（试行）》《3—6岁儿童学习与发展指南》中提出的教育内容相互渗透、整合的思想。

幼儿园主题活动是幼儿在一定时间内围绕一个中心话题进行自主观察、探索周围现象与事物，并自由地表达与表现，教师适时、适宜、适度地予以支持、引导的活动。幼儿园课程中的主题不只是中心话题，还包括中心话题所蕴含的或与中心话题相关的各种问题、现象及事件。因此，主题的名称不能代表整个主题的内容。同时，主题活动是一种围绕某个中心形成的教育内容的组织结构，将健康、语言、社会、科学、艺术等领域的教育内容有机地整合在一起，还包含一系列相关的游戏活动、生活活动和其他活动等,实现综合性的教育目标,促进幼儿全面和谐发展。

二、主题活动设计的程序

(一)选择与确定主题

主题是主题活动的核心。选择合理的活动主题是主题活动设计的起点。日常生活中很多事物都是潜在的幼儿园活动主题。通过分析归纳整理,发现幼儿园主题活动有四个基本来源。

1. 学科或领域

即主题是以一定的学科或领域为基础设计的,主题名称往往是该学科(领域)中幼儿关注的话题,如"夏天的水果""我们做朋友""神奇的圆""有趣的水"等。这些主题与特定的学科(领域)有关,以某一个领域的内容为主,围绕一个核心,把这个学科(领域)中与核心相关的内容组织在一起,但在主题设计和实施过程中,又不仅限于该学科(领域)。

2. 幼儿自身生活、重大事件、社会生活

社会是幼儿生活的大环境,引导幼儿关注发生在身边的或是通过媒体信息了解社会中的重大事件、热点问题,选择对幼儿发展有价值、有意义的事件和问题,成为幼儿园主题活动。幼儿园课程应追随幼儿所需的生活经验,结合社会生活环境、社会事件等,引导幼儿了解自身生活,观察周围的社会环境,自觉遵守社会行为规范,初步养成服务社会的意识和对社会负责任的态度。

通过观察发现幼儿的生活有趣而丰富,他们对身边的事物有无尽的兴趣和话题,有提不完的问题,也有各种朦朦胧胧的感悟。作为主题来源的社会生活事件,不只是社会生活中的重大事件,如"我为灾区献爱心""祖国的生日"等,更主要的是与幼儿有关的或幼儿感兴趣的事件,如"交通事故发生了""我要上小学"等。这些主题既是生活中的重大事件,又是引起幼儿关注的、涉及幼儿学习的多个领域的知识,能激发幼儿多种情感。

3. 过程、原理或变化规律

日常生活里,有很多普遍的规律和原理,有很多类似的进程,可以从理性上讨论,也可以从感性上把握。幼儿园课程主要是从感性上发现不同事物发展共同的过程、规律。事物共同的过程、规律能把相关的事物和活动串联起来,构成一组关联活动,如主题"奇妙的转动""有趣的昆虫""我的五种感觉"等。

4. 文学作品

文学作品作为主题的来源不同于领域作为主题的来源。语言或艺术中的文学作品主要是让幼儿欣赏或了解作品中的词句。文学作品具有课程整合的功能,因为文学作品本身就涉及艺术和语言两个领域,文学作品尤其是故事、寓言等,其内容往往与科学、社会等领域紧密相关。如果将文学作品作为主题来源,就可以进一步扩大文学作品的整合功能。如《好饿的毛毛虫》中,毛毛虫、水果、星期等概念都是有开发价值的话题。

综上，在选择主题的过程中，还要考虑到幼儿的兴趣、需要、已有经验、心理水平，文件、政策中幼儿园课程目标的要求，以及现有可以利用的教育资源、主题的教育价值性和可行性等因素。

（二）命名主题

在确定主题后，还要给主题取一个简单、生动、明确体现差异性的名称，如小班主题活动"小宝宝学本领"、中班主题活动"身体的秘密"、大班主题活动"我自己"。主题名称要避免过于成人化的倾向，用幼儿熟悉、喜欢、易于记忆的、容易引发幼儿探索与体验的名称，还要能体现活动的主要内容和对幼儿发展的预期定位。

（三）确定主题目标

主题目标是主题活动开展的导向和归宿，对于活动的开展起着至关重要的作用。它统领主题活动探索的方向，有助于教师清晰地选择、合理地设计与主题相匹配的各种活动，形成基本活动框架，有助于教师在开展主题的过程中灵活调整活动内容、活动形式和活动方法，使主题活动朝着有效、有序、多元的方向发展，更好地满足幼儿的需要。在设计单元主题目标时，着重考虑以下三方面内容：

1. 分析主题的潜在价值

结合《纲要》《指南》中提出的幼儿发展的一般性目标，分析主题的教育价值和对幼儿的发展价值，如"我爱动物朋友"，就能分析出若干对于幼儿发展的价值。

（1）语言方面

能大胆地用完整的语言表述对常见动物的了解；欣赏与动物相关的文学作品，理解其表达的内容，并能大胆地说出自己的想法。

（2）艺术方面

能用绘画、建构、手工、废旧材料制作等方法表现动物的基本特征和生活场景；用歌声、肢体动作表现对动物的了解和喜爱。

（3）科学方面

学习运用比较观察的方法，有目的地感知常见动物的特征；能按照动物的某一特征分类，并能正确命名；尝试运用参观、咨询等方法收集有关动物的信息。

（4）情感方面

愿意用多种方式表达自己对动物的喜爱；有兴趣了解常见动物和人们生活的关系。

2. 联系主题的基本方案

主题活动本身灵活开放，在设计之初就可能有多套活动方案。在制定主题目标时，要联系基本上确定的活动方案，思考和挖掘活动主题内容对于幼儿的发展价值，制定时要将幼儿当前发展需要和未来的发展统一起来，尊重幼儿身心发展的规律和学习特点，在幼儿已有经验的基础上，根据"最近发展区"确定幼儿的发展目标。

3. 确保幼儿的全面发展

主题目标的制定要尽量涵盖不同领域的学习任务，可以稍有侧重，但要尽量满足幼儿在主题活动中实现身心的全面发展。既关注幼儿在主题活动中认知、情感、能力的发展变化，又突出幼儿在不同领域中获得的核心经验。

例如，中班"秋叶飘飘"主题活动目标：

（1）感知秋天的季节特征，发现自然界的变化。

（2）了解秋季是人们收获的季节，感知收获的意义，体验收获的喜悦。

（3）感受秋天的色彩美，能用自己的"语言"表达对秋天的感觉。

（4）欣赏自然界、故事、诗歌和艺术作品中所表现的秋天美丽景色，萌发热爱大自然的情感。

再如，大班"温暖的港湾"主题活动目标：

（1）了解家庭成员之间的关系，知道自己的家庭住址，未经大人允许不给陌生人开门。

（2）知道幼儿园是一个大家庭，每个幼儿都是其中的一分子，在幼儿园的生活中，能够做自己力所能及的事，不怕困难，有初步的责任感。

（3）了解家乡的风景名胜，感受家乡的美，萌发对家乡的热爱之情。

（4）乐于在同伴面前讲述自己关于家的想法，并能认真倾听同伴的意见，讲述流畅、完整。

（5）学会按一定顺序进行观察的方法，在观察中能用数字、图画或其他符号记录家乡天气的变化。

（6）能够用正确的姿势歌唱，并大胆在集体前进行表演，在绘画家时能用对比色、类比色等配色方法。

资料链接

主题活动目标的撰写要求

参照《纲要》和《指南》中目标与建议；

结合预设的活动内容，将主题活动的目标体现在各领域中；

结合幼儿的兴趣、经验及心理发展水平和年龄特征；

一般涉及幼儿的认知、能力、情感等目标；

各条目标紧密围绕主题，之间没有交叉重复；

目标表述清晰，用语准确。

（三）制定主题网

主题网就是由许多与主题相关的知识经验或概念，经过归纳整理，建立起某种关系和联系，以网状的形式表现出来。主题网都有共同的特点：一是它们围绕一个中心，也就是主题的核心。一是某一个知识点，如"神秘的天空"，围绕天空各种有趣的知识；可能是一种活动，如"快乐的六一"，主题的核心就是如何过六一；甚至是一种感情，如"亲亲抱抱"，主题核心是让幼儿和老师、其他幼儿及幼儿园教职工建立亲近感。二是线索的辐射性，课程展开线索均是从核心出发，向四周辐射，基本趋势是与核心渐趋远离，从主题核心中，教师们按照幼儿的心理发展和需要设计了很多条线索。如在"生日列车"主题中，根据这个核心，又分出"我长大了""生日是什么""我从哪里来""谢谢好妈妈"几个话题。三是线索的稠密与核心的性质相关，不同性质的核心可能产生不同数量的线索。四是线索的纵深度或延续度不只受其核心的影响，也受学习者和教学者经验的影响，如在主题"运动总动员"中预设的线索是"我们爱运动""运动好处多""我们开运动会了"，但是进行了"我们爱运动"后，幼儿对运动项目以及运动时用到的运动工具和运动服装更有兴趣，并且当时正逢南京举办青奥会，所以幼儿对青奥会也很有兴趣，那么后面的话题就改为了"各种各样的运动""好看的运动服装""青奥会我来了"。主题网络之间最主要的差别在于网络的覆盖范围和不同线索间的关联程度，其中网络覆盖范围的差别是关键。

主题网的展开方式是多样化的。主题网的展开方式的选择取决于网络核心和设计者所依从的相关理论。综观目前的主题网络，主要有以下几种展开方式：

> 学生可利用《学生教育实习手册》"幼儿园主题活动网络图"记录幼儿园主题活动开展脉络。

1. 要素展开式

要素展开式即对网络的核心进行要素分析，它将主题内最有关的要素逐层分解，分解为若干个相互独立的子主题（要素），子主题再分解为若干个次子主题（次要素），每一个子主题或次主题都是构成主题内核的一个要素，按照一定的角度找到核心中所蕴含的要素加以确定，如"水"的主题网，其核心中包括表现、特征、功能、原因、影响等。

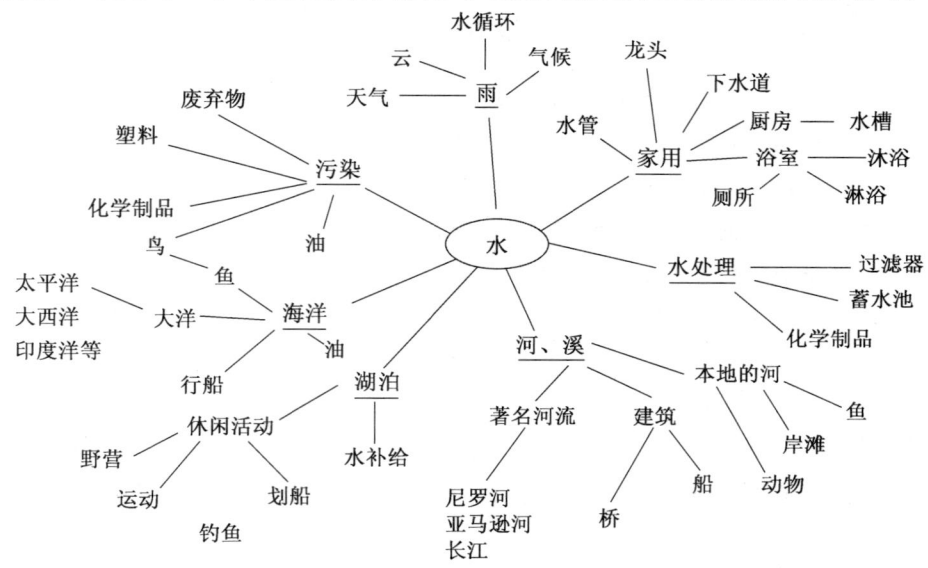

图 5-1 主题"水"的网络图

再如"我有六个宝"作为主题网的核心,可以通过"眼睛看,耳朵听""鼻子闻,嘴巴尝""小手小脚真能干"这三个要素加以展开。这三个要素又可以进一步展开和具体化,直到细微的可以操作的层面。在具体开展主题活动时,教师可以再结合幼儿兴趣和表现继续增减要素和内容,最后通过"我有六个宝"的主题网络建构,形成一个关于五官和手脚的丰富又相互联系的经验网络,同时激发幼儿的兴趣。

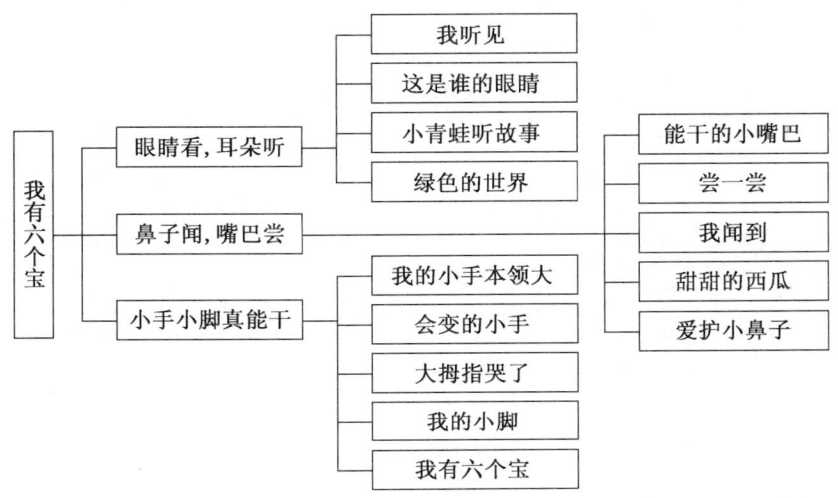

图5-2 要素展开式图例——"我有六个宝"主题脉络

2. 活动展开式

活动展开式就是对主题网络的核心所包含的一些重大活动按照一定的逻辑进行排序,将这些重大活动作为主题网络展开的线索。如,先干什么,再干什么,然后干什么,最后干什么;或者按照活动的重要程度展开,最重要的是干什么,其次应该干什么等。而每一个重要的活动又可以细化为一些更加具体的活动,如"小小兵"主题。围绕"小小兵"这一主题核心,可以展开的活动主要有四个:问题与调查、了解军营生活、表现与制作、学做小小兵。调查什么、调查几次取决于幼儿关于解放军的问题;幼儿在调查完后,带领幼儿去参观军营,让他们进一步了解关于解放军的事情;然后幼儿凭借对解放军的了解,通过手工、绘画等多种方式表达表现;最后幼儿用实际行动向解放军学习(见图5-3)。

在这样的主题网络线索之下,可以细化出很多具体的活动。依据一定的活动开展的逻辑顺序,问题与调查总是在最前面,实际了解也总在用各种方式表现之前。当然在实际了解的过程中,也会有后续的问题需要进一步调查了解。

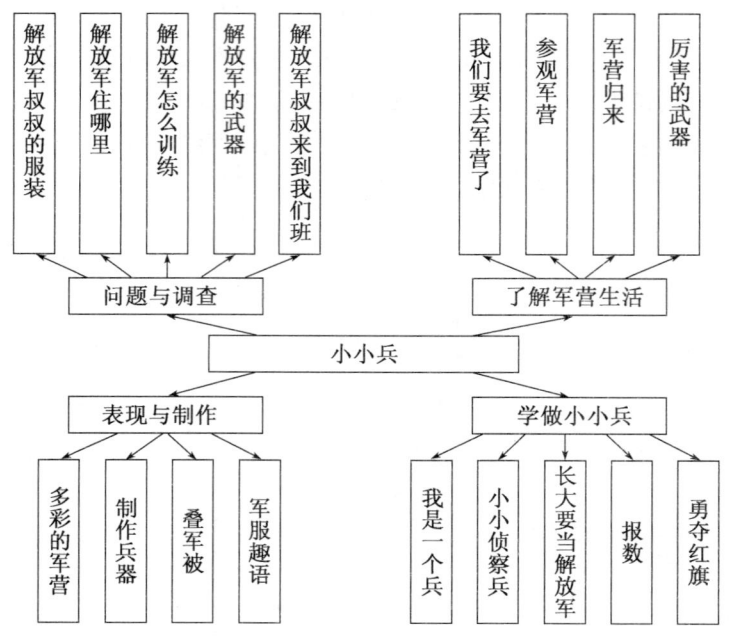

图 5-3 活动展开式图例——"小小兵"主题脉络

3. 问题探究式

问题探究式即以问题所蕴含的一些重大问题为线索加以展开和分析的一种方式。在教师的支持、帮助和引导下，幼儿围绕某个共同感兴趣的问题进行深入探究，在合作研究的过程中发现知识、理解意义、建构认识。幼儿可以进行讨论、调查、模拟，还可以进行各种创造性的活动。在这种网络展开方式中，所有的问题均是针对核心的，且所有的问题均是关键问题，有些问题延伸的是答案，有些问题延伸的还是问题，如主题"多姿多彩的秋天"。

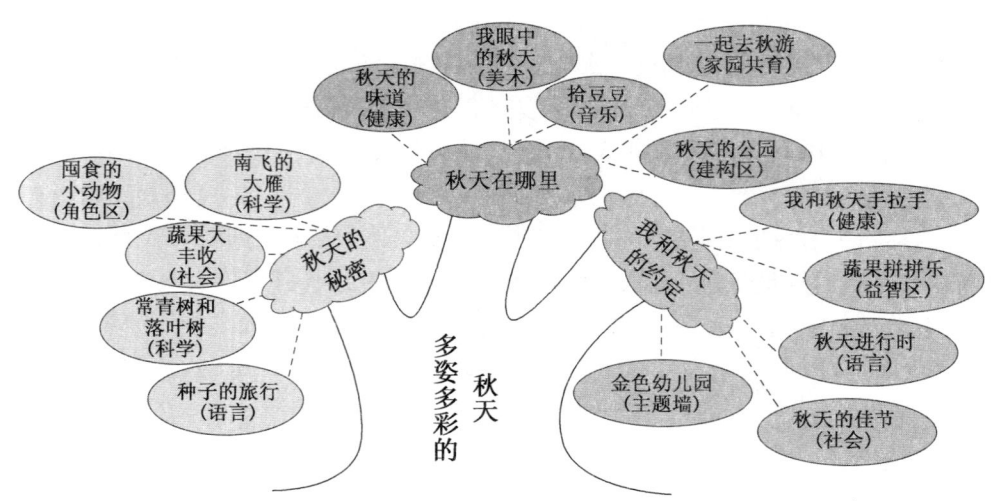

图 5-4 问题探究式图例——"多姿多彩的秋天"主题脉络

由图5-4可见,幼儿围绕"多姿多彩的秋天"的主题,就"秋天在哪里""秋天的秘密""我和秋天的约定"几个问题展开了一系列探究活动,这些活动是从幼儿对于主题的兴趣出发,与幼儿当下的发展目标相联系。主题可以通过讨论、阅读、调查、练习、分析、总结、计划、实践等活动逐步推进,走向深入,最后形成探究式主题活动网络。

4. 情境分析式

情境分析式就是根据主题网络核心可能涉及的一些关键情境来展开主题。这类网络是以特定的空间和空间中蕴含的关系为线索的。情境安排可以按照时间的先后顺序,也可以按照其重要程度,有时还要关注不同情境间的逻辑关系。在一个情境中,有很多具体的事物、关系和活动,这就是情境进一步展开的线索,如主题"春天里的活动"。

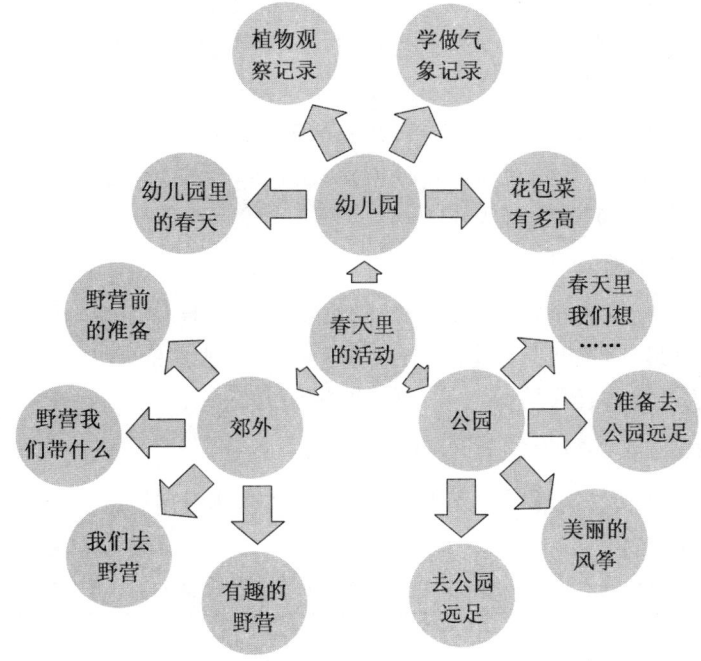

图5-5 情境分析式图例——"春天里的活动"主题脉络

从图5-5中可以发现,该主题可以在三个情境中展开,而这三个情境与"春天里的活动"联系在一起,各自会有哪些事物、哪些关系、哪些活动产生呢?这些问题一方面受"春天的活动"本身的制约,另一方面受幼儿的经验兴趣及活动地点等方面制约。如在公园情境中,可以让幼儿挖野菜、去公园远足、制作风筝并在公园放风筝等,这些都是以公园为具体情境展开的。而在郊外的情境中,可以让幼儿了解如何在郊外野营,野营需要做哪些准备,野营中如何采摘桑葚,如何采茶。同一个情境可以产生丰富的活动内容。有些课程网络的基本线索就是几个相对独立又相互关联的情境。

以上主题网的展开方式的划分是相对的。有些主题网因为涉及的内容较广,显得有些粗疏,如"神秘的天空";有些主题网的核心较小,因此展开比较细微,如"图形碰碰乐"。其实，在主题内容的不同层次均可采用不同的网络展开方式。如果在一个较高的层次上采用网络的展开方式，那么这个网络的每一个线索都可以成为较低层次上的网络核心，如"种子的秘密"。有时，较高层次的主题网的某一个或两个线索需要进一步细化或形成新的下位网络。

（四）拟定活动纲要

在主题网络基本框架确定之后，就要开始拟定组成主题活动的具体活动名称和目标了。教师或课程团队制订一个主题计划，罗列子主题下面的具体活动名称、组织的形式、涉及领域及活动目标（根据课程需要和幼儿园的要求制定）等。如主题"春天来了"，里面不同形式的若干活动支撑起整个主题活动主体，可保证主题目标的顺利实现。

主题网络下面的具体活动设计要考虑生活化、兴趣性、适宜性、幼儿主体性和家园合作等因素。同时，还要选择课程的不同类型，尽可能兼顾每个年龄段幼儿五大领域的核心经验。在课程实施上，要选择不同的途径来实现课程目标。如有的课程内容需要通过区域活动来完成，有的课程内容需要在生活中渗透，有的需要集体教学的形式来完成，还有的需要家园合作共同开展。要根据课程目标和课程内容的特点实施不同的课程，保证主题教育活动实施的有效性。

（五）设计具体活动方案

主题下每个活动都要撰写出明确的活动方案。方案具体可行，确保活动目标的顺利实现，层次推进最终促进子主题目标、主题目标的达成。活动方案具体包括活动名称、活动目标、活动准备、活动过程、活动延伸、家园联系等。

（六）检核评估

主题活动设计完成后，可以预先做一个检核评估，并根据评估结果来修订主题活动内容（见表5-1）。

表5-1 主题活动评价表

主题名称		班级		
项目	评估指标		是	否
主题的选择	1. 是否符合幼儿的兴趣与需要			
	2. 是否包含多方面的教育价值			
	3. 是否涉及多个学习领域			
	4. 是否具有可行性			
主题目标	1. 主题目标是否符合幼儿园教育目标和课程总目标			
	2. 目标是否符合幼儿的发展水平			
	3. 目标是否包含认知、情感态度、动作技能三大教育目标领域			
	4. 主题目标与具体活动的目标是否一致			

(续表)

项目	评估指标	是	否
主题内容	1. 内容与目标之间是否对应		
	2. 内容是否符合幼儿的发展程度		
	3. 内容是否符合幼儿的发展与需求		
	4. 内容是否包含主要的课程领域		
	5. 内容是否兼顾动态的和静态的活动		
	6. 内容是否注意到地方性与季节性		
	7. 内容是否注意到文化的传承与介绍		
	8. 内容是否含有潜在的歧视性倾向(性别、种族、阶层等)		
活动方法	1. 采用的教学方法是否能够反省内容的性质		
	2. 教学方法是否符合幼儿的学习方式和特点		
	3. 活动流程的转化是否适宜		
	4. 教育与资源的使用是否适宜		
	5. 对活动过程中可能出现的问题是否有所准备		

三、主题活动设计的注意事项

（一）防止"拼盘"现象

主题活动强调事物的整体性和综合性，但这种整体和综合绝不是简单的集体教学活动（五大领域内容）以及家园合作、游戏、区域活动、日常生活等的简单"拼盘"或"杂烩"。它是一个有机整体，这个有机体以幼儿的核心经验为切入点，主题设计与实施从幼儿原有的经验出发，围绕核心点逐步拓展，形成新的整合经验。在实际的教育活动设计中切勿"拼盘"，为了一个主题涵盖所有领域的学习，添加大量与主题无关的内容。

（二）处理好主题计划与幼儿经验建构之间的关系

主题设计者通常借助主题为幼儿提供一个较为系统的学习框架，幼儿跟随着这个框架建构经验。这种做法符合目标性原则，但是也容易把设计者的注意力过多地引向教育活动的外部建设，而忽略了幼儿学习的主动性和建构性，造成活动的控制性和教师引导性明显增强。主题活动一定要体现开放性和生成性的特点，给幼儿与教师留有生成的课程空间，便于教师和幼儿在互动中根据现有资源、幼儿兴趣点和经验发展成新的活动。

（三）巧妙控制主题活动的容量

一方面，不要追求过多的活动。由于主题网络发散、开放的特点，有的教师根据主题线索设计了大量的活动。这些活动为幼儿提供了发展的可能，但也会导致目标重复

和教育资源浪费的情况。另一方面,还要注意避免教育空缺。教师要把握住不同年龄段幼儿的一般发展规律和所必须掌握的核心经验,切忌在主题活动中出现教育盲区,影响幼儿的全面发展。

第二节 各领域学习与发展核心经验

"核心经验"最初来自著名的认知发展课程——高瞻(HICH SCOPE)课程,主要描述学前儿童社会、认知、身体和情感的发展状况,强调幼儿主动获取学习经验,是幼儿发展必不可少的要素。核心经验是指儿童掌握和理解某一学科领域的一些至关重要的概念、能力和技能,它聚焦于某一方面的基础和中心的概念、技能;既能够与其他核心经验建立横向联系,又能够与后期学习的同类核心经验建立纵向联系;同时,适应幼儿发展特点和现有经验,是幼儿在所处年龄段所应该具有的、必要的经验。核心经验表现为一系列可观察的行为和经历,可作为幼儿园课程目标制定的重要依据,也是了解和衡量幼儿发展水平和制定幼儿园教育质量评价工具的重要指标。

一、学前儿童健康领域学习与发展核心经验的基本框架内容

《指南》指出:幼儿身心健康的标志是发育良好的身体、愉快的情绪、强健的体质、协调的动作、良好的生活习惯和基本生活能力,身心健康也是其他领域学习与发展的基础。幼儿园教育阶段是幼儿身体发育和机能发展极为迅速的时期,也是形成安全感和乐观态度的重要阶段,教师应当帮助和指导幼儿学会健康的生活方式,以期达到幼儿在身体、心理和社会适应等方面良好的健康状态。

将幼儿在健康领域学习与发展的核心经验划分为身心状况、动作发展、生活习惯和生活能力三个维度(见表5-2)。

(一)身心状况

包括幼儿身体和心理两方面的发展状况,这是正确健康观念的重要体现。其中,根据幼儿体态发育、情绪表现和适应能力三个方面提出了幼儿园教育阶段需要学习和发展的核心经验。

1. 健康的体态

幼儿身体健康的要素是合理的营养、适度的锻炼、充分的睡眠和有效的疾病预防,每一个要素既有成人的任务,也有幼儿应具备的核心经验和能力。要使幼儿具有健康的体态,成人要为幼儿提供营养丰富、健康的饮食;保证幼儿有充足的睡眠,使幼儿的身高和体重相适宜。

2. 安定愉快的情绪

对于幼儿来说,情绪的安定与愉快是维护身心健康,促使其产生社会适应行为并逐

渐形成良好个性的重要条件。《指南》中提出"情绪安定""保持愉快的情绪""恰当表达情绪"和"调节情绪"这四个核心经验的意义在于奠定幼儿心理健康的基础。因为幼儿期的积极情绪体验有助于他们形成良好的情绪反应模式和习惯。

3. 一定的适应能力

适应能力是幼儿在社会生存中不可缺少的一种能力，包括两方面：一方面是幼儿的自然适应能力；另一方面是幼儿的社会适应能力。《指南》根据幼儿的年龄特点，从幼儿对天气冷热及其变化的适应、对日常交通工具的适应、对新环境和集体生活的适应等方面进行了阐述。

（二）动作发展

动作发展是幼儿的基本活动能力，是幼儿在日常生活和社会实践中所必需的身体运动技能，包括身体粗大动作发展和手部精细动作发展。粗大动作发展的核心经验主要是幼儿在不同年龄阶段基本动作发展的过程体现，如行走、奔跑、跳跃、投掷和钻爬等；精细动作发展的核心经验主要是幼儿在不同年龄阶段手部动作发展的过程体现，如用勺吃饭、用笔绘画或写字、用剪刀剪东西等。幼儿动作发展是身体机能发展状况的重要表现，同时也与幼儿心理发展具有内在联系。幼儿期是身体动作发展的重要时期。幼儿身体动作的发展是适应社会生活必备的基本能力。

1. 粗大动作

粗大动作发展包含了促使幼儿"具有一定的平衡能力，动作协调、灵敏"和"具有一定的力量和耐力"学习和发展的核心经验。

身体素质是幼儿有效活动的一种能力。如平衡能力、协调能力和灵敏性反映了神经系统对肌肉活动的控制和调节能力；力量、耐力则体现了肌肉组织和心肺系统的功能状况。具体来说，平衡能力是完成各种身体动作的前提，发展幼儿的平衡有助于幼儿身体保持在平稳、安全的状态下进行各种活动，它是幼儿实现自我保护的最基本能力。身体运动多种多样，无论是走、跑，还是攀爬、拍球等活动，都需要身体很多部位快速、准确的反应和有效的配合，这与协调能力和灵敏性直接关联。力量是身体运动的基础，没有肌肉力量，幼儿就无法站立、行走，更无法做跑、跳、攀登、搬运等动作。耐力体现了心肺和肌肉等方面的综合状况，幼儿心肺功能逐渐增长，肌肉耐力不断提高，就能较轻松地开展各种身体活动。由此可见，平衡能力、协调能力、灵敏性、力量和耐力都是最基本的身体素质。

2. 精细动作发展

精细动作是指手指的随意动作，主要包括手眼协调、手指屈伸和指尖动作等局部活动。精细动作能力是指个体主要凭借手和手指等部位的小肌肉或小肌肉群的运动，在感知觉、注意等多方面心理活动的配合下完成特定任务的能力。手部精细动作发展，是由整体到分化、由不随意到随意、由不准确到准确的一个连续发展过程。手的动作发展对于个体适应社会生活以及实现自身发展具有重要的意义。

(三) 生活习惯与能力

包括与幼儿健康成长密切关联的生活与卫生习惯、生活自理能力、安全和自我保护能力。良好的生活与卫生习惯是维护和促进幼儿自身健康的重要保证。生活自理能力、安全和自我保护能力也是幼儿适应社会生活必备的重要能力。幼儿需要从学习生活开始,为今后的独立生活打下基础。

1. 生活与卫生习惯

幼儿生活与卫生习惯的核心经验包括饮食、睡眠、盥洗、作息等日常生活习惯及个人的生活卫生习惯和公共卫生习惯。教师要有意识地以适当的方式帮助幼儿形成良好的生活与卫生习惯,使其受益终生。

2. 生活自理能力

生活自理能力就是自我服务,自己照顾自己,是一个人应该具备的最基本的生活技能。幼儿生活自理能力主要指日常生活自理能力,即掌握生活自理的技能,提高动手能力;感受自己的成长,树立自立意识;养成自己的事情自己做的好习惯,积累自理生活经验。

3. 安全和自我保护能力

安全和自我保护能力,是指个体保护自己免受伤害的能力,包括生理上的伤害(如饥饿、寒冷、流血等)和心理上的伤害(如自卑、怯懦等)。自我保护能力是一个人在社会保存个体生命的最基本的能力之一,为了保证幼儿的身心健康和安全,使幼儿顺利成长,教师应该加强对幼儿的自我保护教育,培养和提高幼儿的自我保护能力。

表 5-2 健康领域各年龄班幼儿核心经验

能力类型		各年龄班幼儿核心经验		
		3~4 岁	4~5 岁	5~6 岁
身心状态	体态正常	1. 有食欲地进餐 2. 喜欢尝试不同的食物 3. 愿意睡午觉 4. 能在提醒下自然站直、坐直	1. 食欲旺盛地进餐 2. 懂得睡眠的意义,睡眠良好 3. 可初步形成并保持坐、站、走的姿势 4. 懂得体检的意义并积极配合	1. 食欲旺盛、科学地进餐,喜欢尝试不同的食物 2. 懂得睡眠的意义,睡眠良好 3. 主动保持正确的坐、站、走的姿势 4. 懂得体检的意义并积极配合
	情绪安定愉快	1. 与父母分离时能克服情绪困扰 2. 能经常保持愉快心情 3. 不愉快时能听从成人建议让自己平静下来	1. 保持情绪愉快,愿意分享高兴的事 2. 不高兴时能较快缓解 3. 愿意与亲近的人分享自己的不快以寻求安慰	1. 经常保持愉快的情绪 2. 会化解自己的不快 3. 能恰当表达自己的情绪,不乱发脾气 4. 能根据需要转换情绪和注意力

(续表)

能力类型		各年龄班幼儿核心经验		
		3～4岁	4～5岁	5～6岁
动作发展	适应能力	1. 能在较热或较冷的户外环境中活动 2. 冬天不穿过厚的衣服 3. 换新环境时情绪能较快稳定 4. 能较快适应幼儿园生活	1. 坚持在较冷或较热环境中进行户外活动 2. 有春捂秋冻的经验，冬天不穿过厚的衣服 3. 愿意随父母一起外出旅游，愿意到不同环境中玩 4. 喜欢玩秋千、摇椅等大型玩具，适应轻微的摆动、颠簸和旋转 5. 换新环境时较少出现身体不适的情况 6. 能较快适应人际关系的变化，如换新老师能尽快适应等	1. 能在较热或较冷环境中较长时间活动 2. 有春捂秋冻的经验，冬天不穿过厚的衣服 3. 天气变化时较少感冒 4. 能适应车、船等交通工具造成的轻微颠簸 5. 愿意随父母一起外出旅游，适应良好 6. 能较快融入新的人际环境，如换了新的幼儿园或班级能较快适应
	平衡能力	1. 喜欢走直线等，能在低矮物体上走一段距离，保持身体平衡运动 2. 能双脚灵活交替上下楼梯 3. 能双脚连续往前跳 4. 运动时会躲避他人 5. 能双手向上抛球	1. 能在低矮物体上直线走一段距离 2. 能以匍匐、膝盖悬空等方式钻爬 3. 能助跑后跳跃障碍物 4. 能追逐跑、躲闪跑 5. 能连续自抛自接球	1. 能在斜坡、荡桥和有一定间隔的物体上较平稳地行走 2. 能以手脚并用的方式安全地爬攀登架（网） 3. 能连续跳绳 4. 会躲避飞来之物 5. 连续拍球
	力量耐力	1. 能在成人的帮助下尝试悬垂运动 2. 能尝试单手投掷沙包 3. 会单脚跳 4. 可以快跑 5. 能行走1千米左右（中途可适当停歇） 6. 喜欢运动	1. 能够双手悬垂时间达到5秒钟左右 2. 能单手投掷沙包4米左右 3. 能单脚连续向前跳 4. 能快跑20米左右 5. 能连续行走1.5千米（中途可适当停歇）	1. 能双手悬垂更长时间达到20秒左右 2. 能单手投掷沙包5米左右 3. 能单脚连续向前跳 4. 能快跑25米左右 5. 能连续行走1.5千米以上（中途可适当停歇）
	手的动作	1. 喜欢用笔涂涂画画 2. 能自己用勺子熟练吃饭 3. 会使用剪刀剪直线，边线基本吻合 4. 尝试穿脱衣服 5. 练习扣扣子	1. 能画画、折纸 2. 自己用筷子吃饭 3. 能沿轮廓剪出直线构成的简单图形，边线基本吻合	1. 能根据需要画出图形，线条基本平滑 2. 能用筷子熟练吃饭 3. 能沿轮廓剪出由曲线构成的简单图形，边线吻合且平滑 4. 会使用简单的劳动工具和用具

(续表)

能力类型		各年龄班幼儿核心经验		
		3~4岁	4~5岁	5~6岁
生活习惯与能力	生活与卫生习惯	1. 能在提醒下按时睡觉和起床，能坚持午睡 2. 吃饭细嚼慢咽但不磨蹭 3. 在引导下不偏食、挑食，喜欢吃新鲜食物 4. 愿意喝白开水，少喝饮料 5. 不用脏手揉眼睛，不长时间看电视 6. 可以在提醒下每天早晚刷牙，饭前便后洗手 7. 喜欢参加体育活动	1. 能按时起卧，坚持午睡 2. 不偏食、挑食，不暴饮暴食，喜欢吃新鲜食物 3. 常喝白开水，不贪喝饮料 4. 知道保护眼睛的方法 5. 每天早晚正确刷牙，饭前便后洗手，方法基本正确 6. 喜欢参加体育活动	1. 有按时起卧的习惯 2. 不偏食、挑食，不暴饮暴食，喜欢吃新鲜的食物 3. 主动喝白开水，少喝饮料 4. 主动保护眼睛，不在光线过强或过暗的地方看书，连续看电视不超过30分钟 5. 早晚主动并正确地刷牙，饭前便后洗手，方法基本正确 6. 主动参加体育活动
	生活自理能力	1. 能在帮助下穿脱衣服或鞋袜 2. 能将玩具和图书放回原处	1. 能自己穿脱衣服、鞋袜、扣纽扣 2. 能整理自己的物品	1. 能自己根据气温增减衣服 2. 会自己系鞋带 3. 按类别整理物品
	安全和自我保护能力	1. 能与陌生人保持距离，不吃他们给的东西，不跟他们走 2. 能在成人提醒下不做危险的事情 3. 能记得自己的名字、家庭住址和家长的电话和名字 4. 走失或遇到危险时知道呼救或者找警察	1. 在公共场所不远离父母的视线单独活动 2. 认识常见的安全标志 3. 遵守基本的安全规则 4. 运动时会主动躲避危险 5. 知道简单的求助方式	1. 不主动给陌生人开门 2. 自觉遵守交通规则和安全规则 3. 运动时能注意安全，不给他人造成危险 4. 知道地震、火灾、煤气中毒等灾害的逃生和自我保护方法

二、学前儿童语言领域学习与发展核心经验的基本框架内容

学前儿童语言领域学习与发展的核心经验，是指在学前阶段儿童成长发展过程中，应当形成获得的最为重要的语言经验。学前儿童语言学习与发展核心经验可以由三个主要部分组成：早期口头语言交流与运用经验、早期书面语言学习与运用经验和早期文学语言学习与运用经验(见表5-3)。

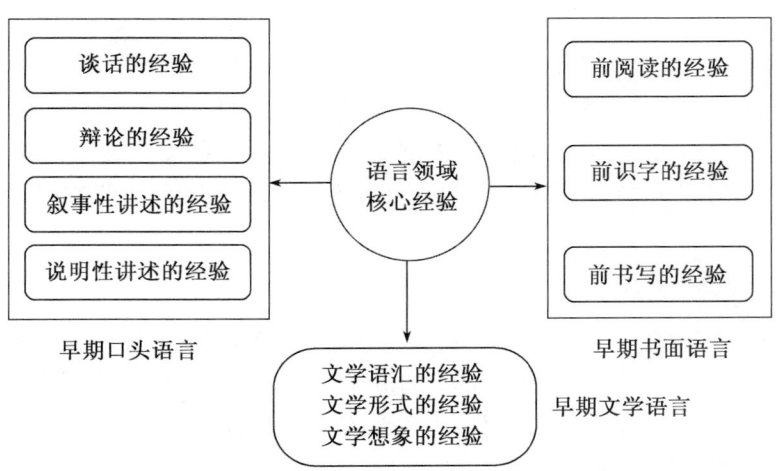

图 5-6 学前儿童语言学习与发展核心经验框架

（一）早期口头语言学习与运用经验

3~6岁幼儿处于语言发展的关键期，口语交流能力的培养是幼儿语言学习的重中之重。幼儿需要学习不断倾听、理解交流者的语言，并且在不同的社会交往情境中通过语言来表达自己的想法。可以说，3~6岁间口语交流经验为儿童的语言符号系统的建立奠定了重要基础，同时也为幼儿成长为成功的社会交流者做好充分的准备。那么，3~6岁幼儿的口语交流能力究竟有哪些核心经验呢？

1. 谈话经验

谈话是指两个或两个以上的人就某一主题进行的交谈。谈话是人们最常使用的语言运用形式，也是幼儿交流能力发展的重要途径。就一个完整的谈话过程而言，包含着谈话的传递、谈话的导向和谈话的推进等语言要素，每一个过程中又涉及若干个谈话的要素，其中较为关键的是谈话的发起、谈话中的应答与轮流、谈话主题的深入与转换、谈话的总结与结束等语言要素，这些语言要素都是幼儿在口头语言发展过程中要逐渐学习和获得的。在学前阶段，幼儿应当形成获得运用口头语言进行日常谈话交流的经验，即学习使用恰当的语句谈话；能够注意倾听并轮流对话；掌握交谈过程结构；采用策略达成交往。

2. 辩论经验

辩论是运用语言交流表达不同意见的一种经验。在日常生活交流中，人们往往对某一问题会产生不同的观点意见，如何恰当地交流、表达自己的想法，也是幼儿需要逐渐学习获得的经验。幼儿可以学习运用语言解释己见；能够坚持个人的想法；尝试用不同的方式证明自己的观点；并逐步学习运用策略说服对方。

3. 叙事性讲述经验

这是一种脱离语境进行有组织表达的语言能力。叙说者需要由记忆系统启动与叙

说主题相关的知识,选择适当的词语表达概念,选择适当的句子表达判断,也需要考虑所叙说内容的合理组织(如有条不紊地叙说内容,交代清楚角色、事件背景或前因后果等),考虑听者的注意力与感受等。叙事性讲述的核心经验是指幼儿在发展叙事性讲述语言能力过程中所需要学习并获得的最重要的经验,主要指幼儿在学前阶段逐渐使用丰富多样的词句讲述,能够逐步学习有条理地组织讲述内容,同时能够感知独白语言的语境。

4. 说明性讲述经验

说明性讲述是独立讲述的一种类型,是用简单明了、规范准确的独白语言,说明与解释事物的形状、特征、功用或操作过程的讲述形式。说明性讲述较少使用生动形象的形容词,不需要丰富的感情色彩,而是从客观的角度表述明白事物状态,交代清楚它的特点、来源或操作过程。幼儿说明性讲述学习的核心经验,主要包括以独白语言的形式进行说明性讲述,使用规范准确、简洁明了的说明性词句,以及理解说明性讲述的内容组织方式等。

(二)早期书面语言学习与运用经验

在着重关注幼儿口语交流能力学习与发展的同时,也不能忽略幼儿的早期书面语言准备经验。社会和经济发展迅速的今天,人的阅读能力被视为当今社会获得成功的基础,3~8岁是幼儿学习早期阅读和书写的关键期,教育者要切实把握这个发展的时机,在培养幼儿口语交流能力的同时,帮助幼儿做好书面语言学习准备。

1. 前阅读

阅读是从书面语言材料中获取信息、建构意义的过程。幼儿的阅读不同于成人的阅读,其中最大的区别体现在阅读材料和阅读对象上。幼儿主要以阅读图画书为主,并遵循着"从图画到文字"的规律逐渐增加阅读的经验。幼儿前阅读的经验,重点在于通过学习阅读图画书,建立热爱阅读的行为习惯;逐渐学习观察理解图画书内容,感知图画和文字、口头语言与书面语言的关系,并逐步形成一定的阅读策略。

2. 前识字

前识字的核心经验是指幼儿在接受小学教育之前,获得的有关符号和文字在功能、形式和规则上的意识,并在有目的、有意义的情景中初步习得符号与文字的经验。需要特别指出的是,学前阶段不以幼儿识字、认字为目的,早期书面语言准备的经验重在激发幼儿对符号和文字的兴趣,发展幼儿的文字意识。前识字的核心经验包括三个范畴,一是获得符号和文字功能的意识;二是发展符号和文字形式的意识;三是形成符号和文字规则的意识。

3. 前书写

前书写是幼儿读写学习的一部分。主要指幼儿在未接受正式的书写教育之前,根据环境中习得的书面语言知识,通过涂鸦、图画、像字而非字的符号、接近正确的字等形式进行的书写。早期的前书写经验对幼儿整体的语言发展具有非常重要的作用,幼儿应当在前书写过程中获得与汉字的纸笔互动的体验,建立书写行为习惯,感知理解汉字结构,并且能够形成创意书写表达的经验。

(三)文学语言学习与运用的经验

文学语言是早期语言学习的一种特别的经验储备。幼儿喜欢聆听学习各种儿童诗歌、童话故事和散文,这种通过口头语言方式输入传递的语言信息,却带有凝聚书面语言特质的高质量语言的价值,对于幼儿语言发展具有非常重要的意义。幼儿在儿童文学作品学习过程中,主要获得哪些重要的文学语言经验呢?

1. 文学语汇

文学语汇是指文学作品中所运用的全部的语词总和,包括词汇、语言句式以及修辞方式。语汇是幼儿语言的内容,也是幼儿语言的材料。借助语汇,幼儿了解文学作品的内容、形式和主题,同时语汇还是幼儿运用文学语言表达内心世界的重要材料。学习文学作品是幼儿扩展词汇的重要途径。文学词汇的学习要求幼儿理解、掌握作品中出现的新词汇以及描述人物或事件发展的关键性词汇的含义,并尝试在仿编和讲述中运用。

2. 文学形式

文学作品的形式指作品内容赖以显现的文学的体裁、结构和表现手段等。幼儿在经常接触学习文学作品过程中,感知并获得儿童诗歌、故事、散文等作品的形式,理解儿童诗歌、散文和故事的结构基本特征;感受儿童诗歌的不同节奏韵律;了解散文语言形式;理解故事的情节发展过程;尝试按照诗歌、散文和故事结构进行仿编。

3. 文学想象

文学想象是幼儿学习依据语言以无意想象和再造想象为主进行文学想象的经验。文学作品是以想象为基础的作品,想象是文学作品的基础和灵魂。幼儿在阅读文学作品时,会自然地跟随作者的描写、抒情、叙述形成相应的画面印象;在欣赏诗歌和散文时,会形成优美的景色、动人的情形;在理解故事时,会形成作品所描写的人物形象,会形成对情节的生动再现。由于每个人生活经验的不同,所想象的情形也会有差异,一个有着良好作品理解和欣赏能力的幼儿,必须具备良好的通过语言理解并进行文学想象的能力。学习通过口头语言或者图画画面想象理解文学作品内容;想象儿童诗歌或者散文的画面意境;调动个人生活经验想象理解故事的情节发展与主要人物特征;尝试用自己的经验想象和编构故事,并尝试创意仿编儿童诗歌。

表 5-3　语言领域各年龄班幼儿核心经验

能力类型		各年龄班幼儿核心经验		
		3～4 岁	4～5 岁	5～6 岁
口头语言	谈话经验	1. 基本会说本民族或本地区的语言 2. 能听懂日常会话 3. 别人对自己说话时，能注意听并做出回应 4. 愿意在熟悉的人面前说话，能大方地与人打招呼 5. 愿意表达自己的需要和想法，必要时能配以手势动作 6. 与别人讲话时知道眼睛要看着对方 7. 说话自然，声音大小适中 8. 能在成人的提醒下，使用恰当的礼貌用语	1. 在群体中能有意识地听与自己有关的信息 2. 能结合情境感受到不同语气、语调所表达的不同意思 3. 方言地区和少数民族地区幼儿能基本听懂普通话 4. 愿意与他人交谈，喜欢谈论自己感兴趣的话题 5. 会说本民族或本地区的语言，基本会说普通话。少数民族聚居地区幼儿会用普通话进行日常会话 6. 当别人对自己讲话时，能回应 7. 能根据场合调节自己说话声音的大小 8. 能主动使用礼貌用语，不说脏话、粗话	1. 在集体中能注意听教师或其他人讲话 2. 当听不懂或有疑问时，能主动提问 3. 能结合情境理解一些表示因果、假设等结构相对复杂的句子 4. 愿意与他人讨论问题，敢于在众人面前说话 5. 会说本民族或本地区的语言和普通话，发音正确清晰。少数民族聚居地区幼儿基本会说普通话 6. 当别人讲话时，能积极主动地回应 7. 能根据谈话对象和需要，调整说话的语气 8. 懂得按次序轮流讲话，不随意打断别人 9. 能依据所处情境使用恰当的语言，如在别人难过时会用恰当的语言表示安慰
	辩论经验	1. 能理解讨论的话题并对此有自己的判断 2. 能认真倾听别人的发言，知道别人的观点和自己不一样 3. 不使用哭、闹等方式反驳与自己不同的观点 4. 尝试使用各种方法解释自己的观点	1. 有坚持自己观点的态度倾向 2. 能尝试找出不同的理由来解释证明自己的观点 3. 开始比较熟练地运用各种辩论方法 4. 交流时不随意插话、抢话，能仔细倾听并明白别人的观点	1. 能在有质疑、有反驳的情况下，多角度地坚持自己的观点，并阐述理由 2. 能有意识地运用和积累各种辩论方法，产生敏锐辩说的效果 3. 能尊重别人的不同观点 4. 学习按照一定的规则进行辩论 5. 语气不蛮横，能使用文明用语发表不同意见

(续表)

能力类型		各年龄班幼儿核心经验		
		3~4岁	4~5岁	5~6岁
	叙述性讲述经验	1. 能在讲述中说出事件中相关的人、事、物名称 2. 能使用常见的动词讲述人、事、物之间的简单关系 3. 围绕主题讲述一些相关的内容，可能包含一两个行动事件 4. 知道在集体面前讲述与日常谈话有所不同并愿意在集体面前讲话	1. 能在讲述中运用一些生活中习得的形象语句 2. 能在讲述中使用几种不同的句式 3. 能围绕主题讲述几个相关事件 4. 会使用常用连接词表明事件发生的顺序，讲述比较连贯 5. 能借助凭借物围绕叙事主题进行简单构思并在集体面前讲述 6. 讲述时借助简单表情、动作进行形象表现	1. 运用较丰富的词句，如用不同的词句讲述相近的意思 2. 能描述一些细节让讲述更生动 3. 能围绕主题讲述清楚几个事件及其之间的关系 4. 能重点详细地描述印象最深刻的事件 5. 能借助凭借物围绕叙事主题进行较完整的构思并在集体面前讲述 6. 讲述时会表达自己的一些观点和评价以增强叙事的情感色彩
	说明性讲述经验	1. 能使用事物的规范名称，而非口语化的、不规则的名称 2. 能讲述直观的事物特征，如事物的外形特征 3. 愿意在熟悉的人面前独自讲述自己熟悉或喜欢的事物	1. 能用准确恰当的词汇讲述直观的事物特征或现象 2. 学习用简单句概括事物的特征 3. 能按照一定的顺序讲述事物的特征 4. 讲述顺序根据对象不同有所差异 5. 能够大致听懂成人布置的简单任务、讲解规则等说明性讲述内容 6. 能在集体面前独立讲述，但内容尚需成人指导与辅助	1. 能准确运用名词、形容词、方位词等词汇讲述事物特征 2. 感知说明性语言与日常用语、叙事性语言的差别，体会其简洁明了的语句特点 3. 能根据讲述要求或讲述对象特点分主次讲述 4. 在倾听他人说明性讲述时注意倾听其讲述的方法，如举例、分类、下定义、打比方、列数字或列图表等 5. 能独立构思讲述内容，语言比较规范、准确，并在集体面前讲述
书面语言	前阅读	1. 知道怎样拿书，掌握基本的图画书翻阅规则 2. 愿意与成人一起阅读图画书，在空余时间会积极、主动地选择翻阅图画书 3. 不撕书，不乱扔书 4. 能清晰、准确指认画面上的物体，并描述单个画面上的故事情节 5. 通过阅读封面，初步了解图画书中主角的动作和	1. 知道书名，指出故事开始和结束的页面 2. 能熟练按照规则翻阅图画书，能迅速找到成人提出的页面，阅读时能指认图画书中的物体 3. 经常阅读自己喜欢或与成人共读过的图画书，并能专注阅读 4. 在成人提示下能根据图画书封面或标记初步学习	1. 熟悉图画书结构，了解环衬、扉页的作用 2. 能熟练跟随成人朗读翻阅图画书，认真观察图画书的画面和文字信息 3. 喜欢阅读不同类型、题材的图画书，养成每天阅读的习惯，并能较长时间专注阅读 4. 具有初步独立阅读的能力，愿意跟别人分享

(续表)

能力类型	各年龄班幼儿核心经验		
	3～4岁	4～5岁	5～6岁
	表情 6. 通过阅读封面，猜测图画书中的主角或主要人物，并根据人物动作猜想故事情节 7. 在成人提示下做出与图画书主角相应的动作和表情 8. 能用口头语言叙述图画内容，但叙述的内容情节性不强，缺乏逻辑性，不同画面之间未形成联系 9. 在成人提示下，会在生活情境中想起图画书中主角的行为，并简单叙述，但不能用图画书中主角的行为调节自己的行为 10. 阅读完一本图画书后，会表达自己是否喜欢所阅读的图画书	整理图画书 5. 能主动观察书中主角或主要人物的动作以及行动路径和方向，了解主角的行为 6. 能描述单个页面上较为丰富的情节，并能将前后画面故事情节串联起来 7. 能较准确理解图画书的关键词 8. 能在成人提示下猜想图画书后面的情节，并能根据主角或主要人物的动作、表情等验证文字传递的信息或自己的猜想 9. 产生与主角或主要人物相应的情绪，表现出移情反应 10. 能较为连贯地使用书中的语句叙述故事情节 11. 会在阅读后做出与图画书中主角或主要人物相似的行为 12. 能采用图画或图文方式，仿编、续编图画书 13. 阅读后，会表达自己是否喜欢所阅读的图画书并初步说明原因	5. 能细致观察画面中主角或主要人物的状态，包括动作、表情、姿态等，理解主角的心理状态，如情绪、想法等 6. 能有意识地观察画面中的细节，并将细节与主要情节联系起来，通过对图画书画面布局、构图、视角、笔触、色彩等的感知进一步理解图画书内容 7. 能根据图画书结构做出合理预期 8. 能准确解释图画书主角或主要人物出现的行为、状态的原因 9. 较为完整、清晰地使用图画书中的词语、语句叙述图画书内容 10. 能评价图画书中主要人物的人格特质、道德品质等方面，并阐述理由 11. 会初步思考图画书传递的主旨和含义，表达对作者意图的认同或质疑，并说明理由
前识字	1. 能关注生活中常见的符号和标识 2. 意识到特定符号和标识有特殊意义 3. 阅读图画书时关注封面标题 4. 能区分文字、线描画、图画等 5. 能根据文字大小判断文字所表征的事物 6. 知道文字之间有间隔，会数汉字、会点数汉字 7. 能读出自己名字，并初步辨认周围环境中的符号和文字	1. 知道成人读图画书时读的是文字 2. 知道文字能表达图画的意思（如封面上的文字是书名） 3. 知道不同地方的标识表达的是不同意义 4. 开始能找到不同汉字中的相同部首 5. 知道从左到右、从上到下的阅读方式 6. 开始能根据成人的朗读点指所看到的文字 7. 能根据情境线索、图画书画面猜测文字的意义	1. 在阅读中经常关注文字 2. 会主动向成人询问符号或文字表示的意义 3. 在环境布置、区域活动、绘画活动中能有意识地使用符号或文字进行标记 4. 能按照汉字正字法规则摆放汉字部首 5. 能找出不同汉字之间相同的部首 6. 在生活和阅读中积极再认已习得的文字 7. 能通过一定的线索猜测字词的含义

(续表)

能力类型		各年龄班幼儿核心经验		
		3～4岁	4～5岁	5～6岁
文学语言	前书写	1. 能使用随意涂鸦和线条书写 2. 感知汉字特点，并区别于图画 3. 模仿成人书写，借助画图来表达想法	1. 有初步的纸笔书写经验 2. 理解汉字"一字一音"的特点 3. 使用图画、符号、文字等形式，表达比较复杂的意思	1. 能书写一些简单的汉字字形 2. 理解汉字之间的间隔，逐步统一字的大小 3. 利用汉字"同音""形似"等特点进行书写，能表达更复杂的内容
	文学语汇	1. 喜欢聆听儿歌，感知使用不同词汇构造出不同的语音效果 2. 借助已有的生活经验内容理解作品中相关词汇的意思 3. 通过聆听的方式，形成对词汇排列的初步印象 4. 乐意模仿或学说儿歌、童谣中生动有趣的词句 5. 尝试使用文学作品中表示人或物及动作的词汇（如名词、动词等）进行讲述 6. 喜欢倾听或诵读运用不同修辞方式的文学作品	1. 愿意大声朗读有汉语押韵规则的儿歌和诗歌 2. 根据上下文理解新词 3. 初步运用习得的修饰性词汇进行表达 4. 感知零星语言词汇材料组成简单句子的方式 5. 了解不同作品中词序排列组合构成的不同句型 6. 能运用基本正确的语句讲故事或日常表达 7. 理解文学作品运用比喻、拟人、夸张等修辞方式语句所表现的内容 8. 能借助经验和想象，仿编个别具有比喻、拟人或夸张手法的语句	1. 初步理解人物特征、情节发展的关键性词汇的含义 2. 愿意运用不同词汇仿编 3. 感知不同风格、不同体裁作品中词汇变化所带来的语境效果 4. 运用文学作品中简单的语句形式进行创编和创意表达 5. 根据作品使用的修辞方式，仿编出运用比喻、拟人、夸张或反复的段落 6. 尝试运用作品中学习的语句描述人、物或景
	文学形式	1. 感知儿歌的韵律特征等 2. 跟读 3. 知道故事中的主要人物 4. 理解故事的起始与结尾 5. 了解散文中所描绘的人、事、物或景	1. 知道诗歌的形式 2. 初步认识句式组成 3. 初步理解故事中人物的对话和动作，能模仿人物对话和动作讲述故事 4. 感知故事情节发展的主要脉络，理解故事起始、发展、高潮和结尾 5. 知道散文描绘画面的内容与意境	1. 感知不同形式的儿童诗歌 2. 借助动作或口头语言表现诗歌的节奏和韵律 3. 尝试运用文学语言根据重复句式仿编诗歌 4. 运用书面语言和句式表达故事中的人物特征 5. 感受有关童话故事幻想、拟人的表现特点 6. 能初步概括故事主要情节 7. 预测故事发展，或续编、创编故事 8. 理解不同情景画面之间的联系与线索结构 9. 能用口语、动作或绘画等形式仿编散文的语句或段落

(续表)

能力类型	各年龄班幼儿核心经验		
	3～4 岁	4～5 岁	5～6 岁
文学想象	1. 能跟随成人讲述或朗读，形成对作品的想象（如地点、天气、物品等） 2. 根据成人讲述或朗读，形成对作品中人物动作、表情的想象，在成人要求下做出相应的动作、表情等 3. 理解文学作品的结构 4. 根据自己的经验和想象，替换作品中的单个要素（如角色、动作、对象），初步仿编文学作品	1. 倾听文学作品后，能形成作品中典型人物的想象 2. 理解故事发生线索和前因后果，复述文学作品主要情节 3. 结合已有经验，表达对作品的初步感受 4. 通过替换文学作品中的多个要素，完整仿编文学作品片段 5. 能续编文学作品的一个情节，续编内容与已有故事情节有关联，且合理、有逻辑	1. 能较完整地回忆文学作品的主要内容和情节 2. 能初步理解文学作品的主题含义或意境，较深刻地理解作者的基本态度 3. 结合生活经验阐述自己的看法 4. 能依据主题创编一个新的文学作品，情节完整，内容、结构、主题合理、有逻辑 5. 初步使用书面化语言表现创编的情节和作品 6. 在创编的情节中表现出初步的创造性 7. 能用表演等方式展示创编作品

三、学前儿童社会领域学习与发展核心经验的基本框架内容

《指南》指出，幼儿社会领域的学习与发展过程是其社会性不断完善并奠定健全人格基础的过程。幼儿社会性发展，是幼儿在社会生活中所获得的在社会性方面的成长与变化，是幼儿全面发展不可缺少的重要方面。社会性发展水平直接影响着幼儿的成功和幸福，在社会性发展的过程中幼儿不断学习如何看待自己、对待他人，在了解社会文化的基础上提高自身适应社会生活的能力。幼儿社会领域的学习与发展分为"人际交往"与"社会适应"两个方面，人际交往涵盖了自我意识形成和认知他人两个方面；社会适应即幼儿与社会环境建立起和谐关系的过程，对幼儿的学习发展具有重要意义（见表5-4）。

把握好从自我、他人、社会文化三个维度归纳出的幼儿园社会领域核心经验，设计科学、适宜、可操作性强的社会领域教育内容，是有效开展幼儿园社会教育活动的前提，也是完善幼儿园社会领域课程建设的重点。

指向自我：帮助幼儿自我意识形成，包括对自我的基本认识与定位、有关自我的情绪和情感、围绕自我的某些行为等。

指向他人：帮助幼儿认知他人，包括对他人的基本认识、自我和他人之间人际情感联结和人际互动行为与规范。

指向社会文化：帮助幼儿了解社会文化，包括个体对生活环境文化的认识，涉及各种社会机构与职业角色、所处地域文化的核心经验与知识，以及民俗、节日、习惯等方面的认知与继承。

(一)自我意识

帮助幼儿自我意识形成的社会领域教育内容是以自我为核心,具体体现在对身体的了解与控制、对自己情绪的调节与辨识、对个人物品的整理以及学习品质与自我评价等几个方面。

1. 认识自己与客体

人类从婴儿时期就开始对自己的身体进行探索,当对自己的身体结构有了基本了解后才能正确认识自己与他人的主要特征,继而知道如何照顾和控制自己的身体,具有初步的自我服务意识与能力、身体保护能力和动作协调能力。

2. 对日常物品的整理与收纳

进入集体生活后,幼儿不但要管好个人物品也要关注到集体物品的管理。幼儿要在一日活动中对自己以及集体的生活、学习、游戏物品进行分类,按要求收纳、摆放。这不但能提升幼儿对物品的管理能力,对培养幼儿秩序感、自我服务能力以及集体意识都起到了积极的促进作用。

3. 对自己情绪的调节与辨识

对自己情绪的调节能力就是通常所说的要让幼儿做情绪的主人。首先是能够充分地表达自己的情绪,不压制情绪;然后是要善于克制自己的情绪,要善于把握表达情绪的分寸。同时,能够关注他人情绪变化,在与同伴交往中学会聆听别人的谈话,欣赏别人的优点,正确对待生活中的得失等。这不但有利于幼儿身心健康发展,还有助于提高幼儿的人际交往能力与解决问题的能力,帮助幼儿形成良好的心理品质。

4. 养成良好学习品质

幼儿在活动过程中表现出的积极态度和良好行为倾向是终身学习与发展所必需的宝贵品质。要充分尊重和保护幼儿的好奇心和学习兴趣,帮助幼儿逐步养成积极主动、认真专注、不怕困难、敢于探究和尝试、乐于想象和创造等良好学习品质。忽视幼儿学习品质培养,单纯追求知识技能学习的做法是短视而有害的。

5. 具有一定自我评价能力

自我评价是自我意识的一种表现,幼儿由于受到年龄发展水平的影响,自我意识发展水平较低,还不能对自己进行独立、客观的评价。在幼儿园,幼儿往往根据教师的评价来评价自己和别人,正因为如此,教师对幼儿的评价就要更准确,教师要引导幼儿从多角度看待问题、思考问题,避免对人和事物的评价出现绝对化倾向,形成自高、自大、或自卑、自闭等人格特点。针对不同年龄段幼儿,教师应采取不同的教育手段,帮助幼儿建立自我评价体系。

(二)认知他人

幼儿很早就有强烈的寻找伙伴、进行交往活动的倾向。交往为幼儿提供了与同伴协作、共同完成任务的条件与机会,帮助幼儿学会理解他人,学会辨别是非;在交往中,

幼儿的对话、游戏、竞争都是平等的,他们有充分表达情感的机会,能够获得愉快的情绪体验,同情心和责任感也能得到发展;交往还能帮助幼儿逐步学习、掌握社会道德规范和人际交往规范,从而提高幼儿的社会适应能力。

1. 掌握社交礼仪

幼儿社交礼仪的核心经验是在家庭中获得的,包括尊敬长辈、关心他人,这些美好的情感会延伸到幼儿的社会行为中。如在公共场所主动同年长的人打招呼问好,给老人让座等,因此成人的一举一动都对身边的幼儿产生着潜移默化的影响。进入幼儿园后,幼儿在教师的帮助下将获得更多社会礼仪核心经验,包括文明用语的使用、真诚地表达歉意、乐于助人等。通过对以上核心经验的掌握,帮助幼儿慢慢克服以自我为中心的心理特点,从享受"被宠爱"到学会"爱别人"。

2. 了解身边的人际环境

幼儿最初接触的人际环境来源于家庭,社会交往对象就是自己的家人与长辈。了解家庭成员的角色、分工以及认识亲戚关系是重要的人际环境核心经验。当幼儿走出自己的家庭来到另一个家庭,将感受新的人际环境,自己由主人变成客人,角色的转换将重新规范幼儿的行为,如进门先敲门、见到主人要问好、不乱动主人的物品、离开时要道别等,而主人对幼儿的种种款待也让幼儿学会了如何招待来自己家做客的人。这些现象表明,成人在幼儿获得相关核心经验的过程中起到了重要作用。

3. 爱护身边的物质环境

爱护环境、爱惜物品是幼儿成为未来公民的基本素养。这一核心经验的习得仍需成人的帮助与引导。

4. 友好相处

与他人相处是个体情感体验不可缺少的途径,幼儿在与同伴相处的过程中将获得信息、寻找安慰,同时养成良好习惯,形成良好的个性与道德品质。

5. 乐于分享

分享行为的发展是幼儿社会行为发展的一个重要方面。独生子女家庭中,幼儿没有同龄伙伴,加之家长的保护、迁就,导致分享机会相对缺失。进入幼儿园后的集体生活,幼儿与同伴交往中出现的第一个矛盾就是独占、争抢玩具。矛盾升级将引发幼儿的攻击性行为,这种行为不仅影响幼儿自身的健康发展,而且还会影响幼儿之间的交往和感情。幼儿分享行为的发展,是幼儿建立良好的伙伴关系、形成健康个性的基础。

6. 善于合作

对于幼儿来说,在游戏、学习、生活中,能主动配合、分工合作,协商解决问题,协调关系,从而确保活动顺利进行,同时每个人都从相互配合中实现了目标,这就是合作。

幼儿在3~4岁年龄阶段的游戏属于平行游戏,合作愿望表现不明显。进入4~5岁阶段,幼儿能够做到在活动时愿意接受同伴的意见和建议,这是合作意识的前提。到了5~6岁阶段,幼儿能与同伴分工合作,遇到困难时共同解决,一起克服。合作是幼儿未来发展、适应社会、立足社会不可或缺的重要素质。因此,从小培养幼儿的合作意识和合作能力是十分重要的。

(三)了解社会文化

幼儿社会文化教育是培养幼儿对本民族文化的好奇心、观察的兴趣、积极的情感和自信心,让幼儿领悟不同文化的特色,并利用各种创造性活动表现社会文化。幼儿期是其社会认知、社会情感、社会技能发展的关键期。因此,应抓住这一最佳教育时机。

1. 了解常见的社会服务机构

游乐场、餐厅、医院、邮局、公共交通等社会服务机构与幼儿生活息息相关,了解它们的属性,知道工作人员的劳动辛苦也是幼儿需要掌握的社会领域核心经验内容之一。

2. 遵守社会规则

幼儿规则意识的建立最初来源于游戏,在幼儿园活动中,教师利用游戏这一幼儿喜欢的活动形式为载体从身体发展、积极合作、安全意识等方面制定相应的游戏规则,引导幼儿自觉遵守。在游戏过程中幼儿感受到遵守规则的重要性,这也为日后他们步入社会遵守社会规则打下良好基础。

3. 培养社会情感

伴随着幼儿对社会的认知不断深入,幼儿的社会情感逐渐产生,在与不同的人、不同的事物接触与互动中产生不同的体验与感受。培养积极的社会情感是幼儿参与社会活动、乐于与他人交往的基础。

4. 社会归属感

归属感是幼儿社会性发展中的重要情感,对于幼儿的心理健康、亲社会行为和人际交往有着十分深远的影响。归属感的产生需要幼儿对自己所生长的社会环境有所感知。幼儿归属感包括:对于家庭、社区、班级、幼儿园、家乡、国家与民族的认知,以及对于这些群体的认同与自豪感。

表5-4 社会领域各年龄班幼儿核心经验

能力类型			各年龄班幼儿核心经验		
			3~4岁	4~5岁	5~6岁
自我意识	自我发展	认识自己与客体	1. 能够了解自己身体的外部特征 2. 性别意识开始建立,逐渐通过性别和外形等特征初步比较自己与他人 3. 能感受身体的基本需要并及时表达 4. 开始学习生活自理技能,萌发自我服务意识	1. 能够关注自己的身高、体重,了解自己的兴趣、爱好 2. 能寻找适宜的时间采用恰当的方式表达自己的生理或心理需要 3. 自我服务与自我保护能力有所提升	1. 开始对自己身体与外貌变化的原因感到好奇并积极探索,如视力变化、换牙、生病时的体温等 2. 当发现自己身体出现异常时能准确表达自己的身体状况及发生原因 3. 能采用适宜的方式照顾和保护自己

(续表)

能力类型		各年龄班幼儿核心经验		
		3～4 岁	4～5 岁	5～6 岁
情绪情感	对日常物品的整理与收纳	1. 能在成人的提醒下将自己的物品放在指定的位置 2. 使用过的材料放回原处，喜欢承担整理游戏材料的任务 3. 初步建立责任意识	1. 能主动将个人物品放在固定的位置 2. 有意识地将用过的材料进行初步归类收纳并了解其基本规则和要求 3. 能主动承担集体物品整理任务 4. 初步建立集体意识	1. 已经具备物品分类收纳能力，能适时培养其秩序感和物品使用规则的意识 2. 能积极与同伴合作，共同完成物品的归纳与整理 3. 建立明确的责任意识
	对自己情绪的调节与辨识	1. 会用表情、动作表达自己的正负面情绪 2. 知道自己情绪产生的原因 3. 尝试自己处理负面情绪	1. 能够辨识自己常出现的复杂情绪，知道情绪出现的原因 2. 能用语言准确表达自己的情绪 3. 在成人提醒下采取等待或改变想法的方法调节自己情绪	1. 在辨识自己复杂情绪的基础上，以符合社会文化的方式来表达自己的情绪 2. 知道自己为什么在同一事件中会产生多种情绪，并能主动运用多种策略调节自己情绪
	养成良好学习品质	1. 能够短暂地专注做一件事，在成人鼓励下有目的地摆弄与探索材料 2. 有独立从事简单活动的意愿，主动适应活动环境的转换 3. 遇到困难会适时求助	1. 能对感兴趣的事物提出自己的问题 2. 能运用多种资料持续专注完成某项工作 3. 乐于独立完成任务或从事活动	1. 能够对感兴趣的事物积极探索 2. 在遇到问题时能持续专注地做一件事情 3. 会主动寻求多种材料开展活动
	具有一定自我评价能力	对自我的评价多依赖成人，初步建立是非观念和自我评价意识	1. 能在与同伴的比较中进行简单的自我评价 2. 在对比评价中修正自我行为，逐渐形成自我评价意识	1. 自我评价意识已经形成，常常会对他人对自己的评价提出质疑 2. 学会评价他人
认知他人	掌握社交礼仪	学会使用礼貌用语	1. 学会自我介绍、介绍他人、参与活动等基本礼仪 2. 能尊敬长辈，学会接待客人、拜访做客等家庭礼仪	1. 学会公共场所礼仪 2. 学会节日礼仪
	了解身边的人际环境	知道家庭成员的角色和地位	懂得做客与做客的人物关系与礼仪规范	懂得尊重他人
	爱护身边的物质环境	在成人提醒下爱护玩具和其他生活用品	1. 具备一定的生活经验 2. 在成人提醒下养成爱惜粮食、水、电等自然资源的习惯	能爱护自然环境、保护环境

(续表)

能力类型			各年龄班幼儿核心经验		
			3~4岁	4~5岁	5~6岁
了解社会文化	同伴	友好相处	1. 愿意和同伴共同游戏 2. 想加入同伴游戏时能友好地提出请求	1. 知道自己和同伴的不同 2. 有经常一起玩的伙伴 3. 会运用自我介绍、交换玩具的办法简单地加入同伴游戏	1. 乐于主动结交新朋友，并想办法吸引同伴加入自己的游戏 2. 游戏时能倾听接受他人意见，不接受时能礼貌地阐述理由
		乐于分享	1. 能够在成人指导下不争抢、不独霸玩具 2. 当与伙伴发生冲突时能听从成人劝解	1. 对大家都喜欢的物品能轮流分享 2. 能在他人的帮助下和平解决纠纷	—
		善于合作	能在成人的引导下，与同伴合作	具有一定的合作能力和分工策略	具有强烈的合作意识，合作策略多样化
	社会认知	了解常见的社会服务机构	能在社会实践中初步感受到餐厅、医院、游乐场等公共场所为自己提供服务的区别	开始了解父母、亲人的职业并体会父母工作的辛苦	1. 会有意识观察不同服务机构与相关职业的属性 2. 尊重为大家服务的人 3. 尊重别人的劳动成果
		遵守社会规则	1. 开始了解班级生活中的基本规则 2. 了解一日生活中主要环节的要求 3. 理解日常生活中教师发出的规则性信号	1. 熟悉幼儿园各种集体规则 2. 开始了解简单的公共规则并自觉遵守	1. 完全理解规则的意义 2. 了解基本的社会规则
		培养社会情感	喜欢上幼儿园	1. 能主动参加集体活动 2. 愿意与家人一起参加社区群体活动	1. 积极参加集体活动并能感受到活动带来的快乐 2. 向往小学生活
	社会归属感	家庭成员	1. 熟悉幼儿园环境 2. 了解家庭成员及与自己的关系，知道自己是家庭成员之一 3. 了解我国主要传统节日名称及庆祝方式	1. 初步形成集体意识 2. 愿意为集体做力所能及的事情 3. 爱父母，亲近信赖长辈 4. 知道当地的代表性景观，萌发爱家乡的情感 5. 能积极参与民间传统节日庆祝	1. 了解自己的幼儿园 2. 建立初步集体荣誉感和责任感 3. 了解当地人文风俗，热爱家乡

(续表)

维度		各年龄班幼儿核心经验		
		3～4岁	4～5岁	5～6岁
	集体生活	喜欢上幼儿园,并逐步适应幼儿园的集体生活	遵守集体生活中的基本规则	热爱集体,具有初步的集体荣誉感和责任感
	家国情怀	喜欢自己的家和幼儿园	了解家乡著名的设施、景观,喜欢参与活动,萌发爱家乡的情感	1. 知道中国是一个多民族国家,有兴趣了解各种民族风情,热爱祖国 2. 简单了解其他国家的典型文化特征,感知人类文化的多样性和差异性

四、学前儿童科学领域学习与发展核心经验的基本框架内容

(一)科学

《指南》提出科学领域的核心是激发探究兴趣,体验探究过程,发展初步的探究能力。幼儿在对自然事物的探究和运用科学解决实际生活问题的过程中,初步尝试归类、排序、判断、推理,获得丰富的感性经验,充分发展形象思维,逐步发展逻辑思维能力,为其他领域的深入学习奠定基础。

1. 科学情感

幼儿园教育阶段的科学教育意味着幼儿能够对观察到的事物进行记录和评价,积极主动地接受已经证实的结论。科学活动可以满足幼儿的好奇心,培养幼儿尊重自然的科学态度,科学是对真理的追求,是幼儿探索世界的过程。

2. 探究能力

科学活动围绕着观察、思考、表达和设计制作四个维度开展,幼儿的探究能力始于观察,使幼儿对周边事物的变化具有敏锐的察觉能力,这是科学探究的开端;科学思考是指幼儿对科学现象以及原理进行思考,将感性认识上升到理性认识,将知识内化;表达和设计制作能够反映出幼儿对科学知识的掌握情况。

(1)观察实验能力

观察是一种有目的、有计划、比较持久的知觉活动,同时也是一种基本的科学方法,它是指运用感官直接获取第一手资料的方法。对幼儿来说,观察是一种重要的科学探究技能,因为幼儿的逻辑推理能力十分有限,他们获取科学知识的途径则更多地依赖直接的观察。

(2)科学思考能力

科学思考贯穿于幼儿学习科学的过程之中,它能够改进幼儿的思维能力,在科学思

考中对获取的信息进一步加工,帮助幼儿更好地理解科学知识,并且科学思考可以维护幼儿的好奇心,培养幼儿善于思考的学习习惯。

（3）表达交流能力

表达交流是指幼儿通过多种方式,将形成的想法和探究的结果进行表征、论述,将科学过程和结论进行总结、传递、分享的过程。表达和交流具有丰富的形式,除了口头语言表达,还可以采用绘画或书面等方式。

（4）设计制作能力

设计是一种有计划的、创造性的心智活动,是满足人类需求的计划与构想。设计制作能够提高幼儿探究科学的能力,加深幼儿对科学现象的记忆和理解,除此之外,还可以培养幼儿动脑思考和动手操作的技能。

3．科学概念

科学概念围绕三个维度展开——生命科学、物质科学以及地球空间科学,这三个维度都与幼儿生活息息相关,幼儿能够在生活中获得比较丰富的直接经验,有利于开展科学活动。

（1）生命科学

每个幼儿都会有一个疑问——我是从哪里来的？这是幼儿对生命开始产生兴趣的表现,幼儿通过对生命科学概念的梳理,能够产生对生命的敬畏、对自然的感激。

① 了解生命的种类和基本特征

幼儿最初对生物的认识都是基于观察,并且了解到生物的基本特征。

② 知道生物的简单行为和需求

生物的生长发育都离不开水、阳光和空气,缺一不可,幼儿需要通过日常的观察了解基本科学知识。

（2）物质科学

我们生活的实际就是一个物质世界,各种材料组成了我们的生活,钢筋水泥建成了我们住的房子,铁皮零件组成了我们乘坐的汽车,木头塑料制成了我们用的桌椅,电和信号能让我们使用网络,这一切的一切都离不开物质,物质科学蕴涵着大量的物理知识。

① 物体与材料的特性

水有三种形态：液态、气态和固态,分别对应的是水、水蒸气和冰;土壤可以是松散的、泥泞的、坚硬的;岩石有大块的,也有小块的,有密度高的,也有密度低的;海水有蓝色的,也有绿色的,这些都是物体材料的特性。在日常生活中,幼儿常常会发现这些同样的物体材料却具有不一样的特性,这就是需要幼儿探究和了解的。

② 物体的位置和运动

幼儿喜欢骑着小车四处玩耍,但是这些物体是没有生命体征的,是在外力的驱动下才能够运动的。让幼儿感知运动的方式有很多种,如有陆地上运动(动物走路)、水里运动(鱼儿游动)、空中运动(小鸟飞行),物体的位置也会发生变化,如风吹动了树叶,水冲

走了泥沙等。

③ 声光电磁等物理现象

生活中有关声光电磁的物理现象随处可见,不同物质中声音的传播速度不一样、物体有影子、磁铁的作用,这些都是生活中常见的现象,幼儿需要了解。

（3）地球与空间科学

① 地球物质特性

地球表面70%都被海水覆盖,其余30%是陆地,是人们学习生活的地方,教师应围绕地球的土壤、空气、水以及自然现象等设计教育活动。

② 天气与气候

天气的变化是最直接的自然现象,太阳起落、四季更迭,幼儿能亲身感受天气和气候的变化,通过日常观察记录,了解天气变化。

③ 地球与太阳、月亮之间的关系

太阳和月亮是幼儿能够直接感知到的两颗星球。白天阳光照射在身体上暖暖的,晚上月亮出来了有时圆有时弯。幼儿对月亮和太阳充满好奇,太阳真的有九个吗？月亮上住着玉兔和嫦娥吗？可以通过日常观察、记录太阳和月亮,观察他们的关系和变化。

表 5-5　科学领域各年龄班幼儿核心经验

能力类型		各年龄班幼儿核心经验		
		3~4 岁	4~5 岁	5~6 岁
科学情感	好奇心、求知欲	科学思维的萌芽在幼儿期的表现是从对身边事物的好奇开始,正是这些常见的事物和现象激发了幼儿对科学现象探究的情感,促使他们在寻找答案的路上走进科学、喜欢科学		
	自主探究	科学态度方面的目标是"亲近自然,喜欢探究",对于幼儿来讲,身边的事物和现象蕴含许多秘密,如为什么开水会冒热气？为什么天上能下雨还能下雪？只有当幼儿具备发问的能力,才能够鼓励幼儿更好地自主探究,激发幼儿自主探究知识的欲望		
	乐于交流	喜欢与老师和同伴分享自己的科学发现以及探究成果,能够运用科学术语表述科学现象,具备基本的科学素养		
	关爱生命	知道自然界的生物种类繁多,了解和人类生活息息相关的自然现象,珍爱生命,保护动物,保护生态环境		
	科学精神	知道科学家的存在,懂得尊重科学家,了解他们为人类创造的价值,并且能够理解科学精神,实事求是,发扬务实求真的科学态度		
	科学成果	早期的科学探究能够帮助幼儿学习用探究的方式思考和解决问题,在幼儿期认识到科学的重要性,并且能在未来的学习和生活中利用科学创造价值		

(续表)

能力类型		各年龄班幼儿核心经验		
		3～4 岁	4～5 岁	5～6 岁
探究能力	观察实验能力	1. 能够发现事物的明显特征(如认识葡萄颜色、形状等明显的外部特征) 2. 学习运用多种感官感知事物的特征(如运用视觉、听觉、嗅觉、味觉、触觉等多种感官感知番茄的特征) 3. 观察现象的发生和事物的变化(如观察盐放入水中的变化) 4. 在动作的尝试中进行探究(如尝试让报纸发出声音) 5. 关注动作产生的结果(如意识到撕纸会发出声音) 6. 通过观察和触摸,使用简单工具收集信息(如使用放大镜观察事物的细节)	1. 有顺序地观察事物特征(如有序地观察玫瑰花的各个部分及特征) 2. 比较各个观察对象的不同和相同(如观察各种瓜,并发现其相同之处) 3. 运用简单工具,收集更多细节性信息(如使用放大镜观察蚂蚁) 4. 在实验过程中发现物体之间的联系(如磁铁的磁性)	1. 学习观察事物的运动和变化(如观察蚕宝宝的生长变化) 2. 对事物进行长期系统的观察(如学习观察并记录蚕身体的变化) 3. 探寻观察对象的变化规律 4. 学习运用标准化工具(温度计、秤等)收集信息 5. 在成年人帮助下,制定简单的调查计划并实施
	科学思考能力	1. 对观察到的事物和现象积极思考 2. 根据成人引导,尝试对观察结果提出问题(如兔子除了胡萝卜还喜欢吃什么)	1. 根据观察结果提出问题,并大胆猜测答案(如根据经验猜测陀螺旋转速度快慢的原因) 2. 比较、概括事物和现象,发现事物的不同和相同之处(如观察昆虫,说出其相同之处) 3. 根据已经获得的资料进行推断,得出结论(如物体的沉浮)	1. 根据观察到的现象,结合已有经验合理推断(如植物开花结果的过程) 2. 根据经验或逻辑推断,对现象进行解释和预测(如"潜水艇"沉浮的原理) 3. 用一定的方法验证自己的猜测
	表达交流能力	1. 描述物体的外部特征(如描述苹果的颜色、形状、大小等外部特征) 2. 用描述性词汇讨论和分享观察经验(如雪是白色的、冷的等) 3. 提取已有经验描述、比较、表达其观察经验(如旅行见闻) 4. 运用语言大胆讲述自己的发现(如苹果的形状、口味、颜色等)	1. 客观描述发现的事实或事物特征 2. 概括性地描述一类事物的特征(如白兔、黑兔的特征是一样的) 3. 简单、直观地解释某一现象(如水遇冷凝结成冰) 4. 运用完整的语言讲述、交流自己的发现(如沙尘暴产生的原因) 5. 用图画或其他符号记录观察过程	1. 描述事物前后的变化(如讲述蚕的生长过程) 2. 用叙述性语言来传达信息、提出问题和提供解释 3. 对事物和现象进行更多的概括(如苹果、香蕉、橙子等都是水果) 4. 用准确、有效的语言表达和交流自己在科学活动中的做法、想法和发现 5. 用数字、图画、图表或其他符号记录 6. 在探究中学习与他人合作与交流 7. 倾听、理解和评价他人的观点

(续表)

能力类型		各年龄班幼儿核心经验		
		3~4 岁	4~5 岁	5~6 岁
	设计制作能力	1. 探索结构性材料(如雪花片、积木等)的玩法 2. 尝试使用简单的工具 3. 能根据目的选择和使用不同的工具和材料	1. 利用各种材料,有目的地建构 2. 安全地使用简单工具 3. 学习制作简单的物品	1. 按照顺序制作物品 2. 正确、适当地使用简单的工具和技术 3. 选择合适的工具和材料进行建构活动 4. 根据已有材料,选择适当的工具、技术设计制作
生命科学	生物特征	1. 辨别各种动植物的基本、外显特征(如颜色、大小和形状) 2. 知道生物是由不同的部分组成的(如植物有根、茎、叶等) 3. 认识人体的外部特征及各部分作用(如嘴巴吃东西,耳朵听声音)	1. 辨别和比较动植物的特征(除了颜色、大小和形状之外的特征) 2. 知道生物不同的组成部分对其有不同的作用(如大象的长鼻子有多种用途) 3. 开始理解植物也是生物,而一些会动的东西不是生物(如汽车是没有生命的)	1. 理解生物结构和功能之间的关系(如植物根的作用) 2. 开始理解人体内部结构(如跑动的时候心脏跳动得更快,大脑是用来思考的,肌肉帮助自己运动) 3. 比较两种及以上生物的相同点、不同点 4. 能区分生物和非生物
	生物需求	知道生物有各种需要	1. 开始理解所有动物需要食物、水和居所 2. 知道植物需要水、光线和土壤 3. 了解动植物的需求需要得到满足,否则就会死去	1. 知道有些需求对所有的动植物都是基本需求 2. 理解各种动植物满足其基本需要的不同方法 3. 初步了解人对环境的需要(如食物、空气和水)
	生物的简单行为	知道生物有各种各样的行为(如觅食行为、自我保护行为等)	1. 知道生物的行为具有差异性 2. 知道生物依赖自己的行为去获取基本的需求 3. 了解植物不能像动物那样到处移动,但是能对周围环境做出反应(如植物生长的向光性)	1. 知道动物的运动与其所处的环境和自身的特征相关(如蚯蚓能在泥土中钻来钻去) 2. 初步了解生命体个体的行为会受到内部提示(如饥饿)和外部提示(如环境的变化)的影响
	生物的生命周期	1. 知道动物和植物都会不断变化(如兔子会长大) 2. 能将生物的特征与年龄建立联系(如老爷爷的头发是花白的,有皱纹)	1. 感知并描述部分生命周期 2. 发现动物和植物都经历了出生、生长、发育、繁殖和死亡的过程 3. 体会自己曾经是婴儿,将会长大	1. 感知不同生命体的周期长短和细节是不同的 2. 根据观察,感知和描述植物与动物的生命周期 3. 通过观察和比较,发现动物、植物和它们的亲代是非常相像的 4. 初步了解自己家庭成员,知道人生命周期的现象

(续表)

能力类型		各年龄班幼儿核心经验		
		3~4岁	4~5岁	5~6岁
	生物的多样性	1. 感知周围动植物是多种多样的 2. 开始理解在相似的环境中,可以找到相似的生物(如根据已有的经验或观察,知道池塘里有青蛙、鱼或者水草等) 3. 对生物进行基本的比较(如哪个更高、更快等)	1. 感知和体会自然界中的生物是多种多样、千差万别的 2. 观察生物之间的相同点、不同点 3. 尝试对同一物种或不同物种进行概括(如大多数植物有绿叶,燕子、海鸥和鹦鹉都是鸟)	1. 根据生物的相似性和差异性将其分类 2. 感受不同植物和动物的多样性和变化(如不同植物的叶子形状不同) 3. 观察和了解同一种生物也具有细微的差别(如同一棵树也没有两片完全相同的树叶)
	生物与环境的相互作用	1. 发现动植物需要环境中的水、空气和光才能得以生存 2. 感受动植物与人们的生活是相关的	1. 体会生物要依赖其他生物和非生物来满足自身的需求 2. 开始思考生物、生物的需要及其生活环境之间的关系	1. 感知和体会生物会引起它们所生存环境的变化(如植树可以改善沙尘环境) 2. 体会环境的性质对生物行为模式的影响 3. 初步感知动物的生存离不开植物 4. 运用个人对生命需要的理解,为动植物设计生存环境(如种植物) 5. 初步感知和理解动植物的外形特征、习性与生存环境是相互适应的 6. 感知和体验人类的生存依赖于自然环境和人为环境
物质科学	物体与材料的特性	1. 感知物体和材料具有软硬、光滑和粗糙等特性 2. 在操作中发现液体会流动 3. 感知液体的颜色、味道不同 4. 尝试将不同的液体进行混合	1. 根据物体的特性区分物体 2. 发现物体的性质会影响其运动(如圆的球会滚动) 3. 发现材料的性质会发生改变(如将红色和黄色颜料混合变成橘色) 4. 了解物体的特性是可以测量的 5. 认识到液体总是向下流淌 6. 感知和体验材料具有溶解、传热等性质或用途	1. 感知物体的结构与功能之间存在的关系 2. 发现材料的特性可以通过某种途径进行改变(如加热、冷冻、混合、折弯) 3. 发现不同材料的特性通过不同的方式可以改变 4. 发现材料有不同的存在状态:固态、液态和气态(如水的三态变化) 5. 使用简单的工具测量和比较物体的性质(如大小、重量、温度等)

(续表)

能力类型		各年龄班幼儿核心经验		
		3～4岁	4～5岁	5～6岁
物体的位置和运动		1. 感知没有生命的物体自己不会动，需要被推、拉、扔或其他动作作用于它才会动 2. 初步感知和体会推、拉等动作可以改变物体的位置和运动状况 3. 感知不同的物体放在水里，会产生不同的结果	1. 发现物体的形态或位置会发生变化 2. 尝试采用不同的方式让物体运动 3. 感知和体会物体的运动可以被阻止 4. 发现物体在不同光滑程度的平面上运动速度不同	1. 感知物体有多种运动方式（如直线运动、圆周运动等） 2. 发现物体的运动方式是可以被改变的 3. 发现影响物体运动的因素有很多种 4. 感知物体的运动状态会随着外界条件的改变而发生变化（如改变斜坡，球滚得更远） 5. 探索各种机械，发现机械的作用 6. 进一步探索各种力的现象（如浮力、摩擦力、弹力等）
声光电磁热等物理现象		1. 感知自然界各种不同的声音 2. 体验不同声音代表不同意义 3. 感知不同物体会发出不同的声音 4. 感知光有明暗（亮度） 5. 发现光有不同的来源 6. 发现光能够产生影子 7. 感知磁铁能够吸铁 8. 感知物体有的热，有的冷	1. 感知声音的不同特性，可以是高亢的或者低沉的 2. 探索各种能让物体发出声音的方法 3. 感知声音可以通过物体传播 4. 感知静电现象 5. 探索光和影子的关系 6. 感知磁铁之间具有相互作用 7. 感知热可以通过多种方式产生（如燃烧、摩擦）	1. 发现声音的特征（如音量、音调）与声音来源有关 2. 感知噪音产生的原因及危害 3. 感知光的亮度取决于光源及其距离 4. 发现影子的大小和形状与物体和光源的位置有关 5. 体验光对生活的重要性 6. 感知简单的电路 7. 感知电器在日常生活中的用途 8. 感知磁铁可以互相吸引或排斥，也吸引或排斥其他材料 9. 知道热可以在物体之间相互传递

(续表)

能力类型		各年龄班幼儿核心经验		
		3~4岁	4~5岁	5~6岁
地球与空间科学	地球物质特性	1. 知道地球上有很多物质,包括岩石、土壤、水分、大气等 2. 认识到我们周围有空气,空气是看不见、摸不着的 3. 了解沙、石、土、水的基本特征(如土壤的颜色、软硬等)	1. 能够描述沙、石、土、水、空气的类型和特点(如水是透明的、可以流动的) 2. 知道地球物质具有不同的用途(如石头可以用来建造房子)	1. 理解沙、石、土、水具有不同的种类,不同种类的特性存在差异(如岩石的形状、软硬、纹理不同) 2. 初步理解地球物质对于人和动物生存的重要性(如水和空气对生命的意义)
	天气与气候	1. 感知各种天气现象(如阴、雨、晴) 2. 感知和体会天气会变化 3. 体验常见天气、气温的变化(如下雪天寒冷、晴天温暖) 4. 学习使用常见的表示天气的词汇(如雨、雪、晴)	1. 感知各种天气现象及其特点(如不同天气时云的形态) 2. 了解四季的名称 3. 感知各个季节的典型特征(如秋天叶子落了) 4. 体验和发现周围的环境在每个季节的变化 5. 感知和体验不同季节有特色的天气状况(如春天的风、夏天的雨、冬天的雪等) 6. 发现季节对动物、植物和人的影响	1. 感知每天天气都会变化 2. 感知天气随着季节变化 3. 体验四季变化的周期性 4. 知道天气可以通过相关测定的量表示(如温度、风速、风向等) 5. 初步体会和了解不同季节与动物、植物的关系 6. 初步感知和理解季节变化与人类生活的关系
	地球与太阳、月亮之间的关系	1. 知道人类生活在地球上 2. 认识到太阳和月亮存在于天空中 3. 知道太阳和月亮的位置是不断变化的 4. 知道和使用与天空特征有关的词汇(如太阳、月亮、星星、云)	1. 知道地球的物质提供了人类使用的多种资源 2. 知道太阳和月亮每天都在运动 3. 了解月亮是不断变化的(如月亮有时是圆的,有时是弯的)	1. 初步了解地球表面在不断变化(如风化和侵蚀的影响) 2. 知道地球的变化会影响人类的生活 3. 了解空气污染对人类的危害(如雾霾) 4. 知道要节约用水,保护水源清洁 5. 初步了解自然灾害对人类生活的影响(如地震) 6. 通过观察知道太阳和月亮的基本运动模式 7. 知道太阳提供了保持地球温度所需的光和热

(二) 数学

数学,作为幼儿发展的重要学科领域,在幼儿园课程和教育活动中具有重要意义和价值。数学是一门与数字、图形打交道的学科,它用抽象的数字和图形代替各种不同

的事物,从认识世界的角度看,数学可以帮助幼儿正确认识现实世界。生活中处处都能见到数学的影子,如公交车线路标号、电话号码、球体、三角板等,幼儿园数学领域就是要探究这些生活中的集合、数量关系以及空间图形的构造。

1. 集合与模式

集合与模式是幼儿数学领域中最基本的两个概念,了解集合与模式会为幼儿数字概念的形成提高感性的基础。我们习惯于把具有相同属性的事物全体称为"集合"。如把橘子、苹果、香蕉等归在一起,称为"水果的集合";把桌子、椅子、柜子等归在一起,称为"家具的集合"。集合的归类是以事物所具有的相同属性为条件的。集合中的每一个对象叫作集合的元素。

模式的重复性是指由相同单元或者按照同一规律发展的单元组成,如"红色黄色黑色红色黄色黑色"等,模式的学习有助于幼儿发展逻辑思维。

2. 数与量

数与量是幼儿数学概念建构的主体部分,它们包含感知数字以及数字的标识方法,基数、序数的意义,数量的"大小"与"多少"比较,连续量的比较与排序。

3. 图形与时间、空间

图形与时间、空间包含几何图形的特征、分解与组合,时间以及空间方位与测量三个方面。几何图形作为整个数学概念结构中的一个重要方面,包括常见的平面图形和立体图形的识别、命名、建构、比较和区分等,并对其进行分类和组合。空间测量包括长度量、面积量、体积量的测量。测量就是把一个暂时未知的量同另一个已知量做比较,将其等量地换算为若干个单位量的和。

表 5-6 数学部分各年龄班幼儿核心经验

能力维度		各年龄班幼儿核心经验		
		3~4 岁	4~5 岁	5~6 岁
集合与模式	集合的分类与对应	1. 在动作的基础上,理解"1"和"许多"之间的关系,即 1 个、1 个××合起来是"许多","许多"可以分成 1 个、1 个×× 2. 根据标记将相同的物体集中在一起,进行简单分类 3. 按物体的一种外部特征(颜色、形状、大小、高矮、长短等)简单分类 4. 根据物体的特点、关系寻找相关物体,将相关物体匹配 5. 用一一对应的方法做等量集合	1. 按物体的外部特征(性质、功能、用途等)进行分类 2. 按物体间的数量关系进行分类 3. 初步学习对物体进行多重角度分类	学习对物体进行多重角度分类、层级分类以及同时按物体的两种以上特征进行分类

(续表)

能力维度		各年龄班幼儿核心经验		
		3~4 岁	4~5 岁	5~6 岁
	简单重复性模式	能在 ABAB 的规律之下，推断出下一个单元	能在已知的符号、图形的基础上，推断出下一个单元	能识别、复制、扩展和创造模式
数与量	数、计数及数的表征	1. 唱数 20 以内的数字 2. 学习手口一致点数 5 以内的物体，并说出总数 3. 通过直接感知说出 3 以内物体的数量 4. 用点子等非正式方法标示 5 以内的数量	1. 进行 50 以内的唱数 2. 用点数的方法对 10 以内数量的物体进行准确计数 3. 将数字与相应数量的集合匹配 4. 认识 10 以内数字，并理解数字的抽象意义	1. 唱数 100 以内的数字 2. 学习运用接数、按群计数、目测数群等多种计数方法计数 3. 借助百数表初步感知 100 以内数的系统，初步理解数系统的排列规律
	基数、序数的意义	1. 感知 5 以内数量，学习给 5 以内的点卡匹配等量的实物 2. 按实物范例的数目或指定数目取出相应 5 以内数量的物体 3. 根据数量属性将数量为 5 以内的集合分类	1. 感知 10 以内数量，发现物体数量不会因其排列方式的改变而变化 2. 根据数量属性将数量为 10 以内的集合分类	能区分基数与序数
	数量的"大小"与"多少"的比较	能用一一对应的方法比较 5 以内数量的多少	能用计数的方法比较 10 以内数量的多少	能比较不相邻的 2 个数或 3 个数的大小关系
	连续量的比较与排序	按大小、长短等差异对 5 个以内物体进行排序	按大小、长短、高矮、粗细差异对 7 个以内物体进行排序	按大小、长短、高矮、粗细、厚薄、宽窄差异对 10 个以内物体进行"正向排序"和"逆向排序"
	数量的分合	—	进行 5 以内数量的分解与组合，体验一个量可以分成两个部分量，两个部分量合起来就是原来的总量	1. 进行 10 以内数的分解与组合，理解分合中的互换、互补关系 2. 体验数量的多种分合方法 3. 能对一定数量的物体进行等分，如二等分和四等分

(续表)

能力维度		各年龄班幼儿核心经验		
		3～4岁	4～5岁	5～6岁
图形与时间、空间	几何图形的特征、分解与组合	1. 探索物体较明显的形状特征，并用自己的语言描述 2. 借助分割线的提示进行简单的图形组合	1. 感知和发现常见几何图形的基本特征，并进行分类 2. 认识并命名立体图形上的平面图形，如三角形、长方形、正方形、梯形、圆形、椭圆形等 3. 认识平面图形（如三角形）的各种变式 4. 不用借助分割线的提示，进行简单的几何图形组合与分解	1. 认识并命名球体、长方体、正方体、圆柱体，认识长方体、正方体的面 2. 理解图形的对称性并学习等分图形 3. 用图形及图形组合进行较为复杂的组合与分解，理解其中的组合替代关系
	时间	1. 认识和区分早、中、晚 2. 认识白天和黑夜	认识和区分昨天、今天和明天	1. 学会看日历 2. 认识时钟
	空间方位	用上下、前后、里外等方位词描述物体的位置	用上下、前后、里外、中间、旁边等方位词描述物体的位置和运动方向	1. 学习辨别自己和他人的左右 2. 学习用符号表示物体在二维空间中的位置和运动方向
	空间视觉化	尝试运用平移、旋转进行图形拼搭	1. 有意识地运用平移、旋转和翻转进行图形拼搭 2. 探索图形、常见物品中简单的镜像对称关系	1. 进行图形拼搭时，有意识地预期旋转和翻转的结果 2. 理解简单示意图中的空间关系 3. 理解并重现观察三维物体的不同视角
	长度测量	—	用首尾相接摆放单位量的方式，进行长度的自然测量	1. 重复使用一个单位量进行长度的自然测量 2. 理解测量同一长度时，单位长度的长短和所需单位数量之间的相反关系
	面积和体积测量	—	通过用单位面积（方块）覆盖的方式，体验面积和面积测量的意义	通过用单位体积（立方块）填充的方式，体验体积和体积测量的意义

五、学前儿童艺术领域学习与发展核心经验的基本框架内容

艺术领域从感受与欣赏、表现与创造两个方面,强调让幼儿学会发现、感受自然界与生活中美的事物,让幼儿欣赏多种艺术形式和作品,萌发对美的感受和体验;鼓励和支持幼儿自发的艺术表现和创造,培养初步的艺术表现能力与创造能力。艺术领域教育的核心价值是培养幼儿的创造意识与创造能力,培养幼儿对审美对象的感知能力、想象能力及审美感受能力(见表5-7)。

（一）美术

美术学习与发展的核心经验就是感知美、表现美、创造美。美术教育核心经验划分为美术工具、美术语言、美术感知、美术表达四个维度。

1. 美术工具

美术工具是指在进行美术创作时所使用的器具与材料。中国文化博大精深,艺术传承由古至今,仅绘画用的纸和笔就有许多种类,美术工具更是数不胜数。

尝试使用不同美术工具和材料大胆表现。幼儿绘画工具可谓别具一格,除了纸笔、颜料等专门工具,幼儿比成年人更具想象力;墙壁也能够成为涂鸦的画卷;树枝也可以成为绘画的笔。美术操作材料包罗万象,可以是纽扣、包装盒、石头、树叶、羽毛等。

2. 美术语言

美术语言是指造型艺术的基本构成因素,如点、线、形状、色彩、结构、空间、材质、肌理等,以及将造型元素组合成一件完整的作品的基本原理,包括多样统一、比例、对称、平衡、对比、和谐等。

运用线条、形体、色彩等要素初步表现美。绘画是运用线条、形体和色彩等艺术语言,通过造型、色彩和构图等艺术手段,表达作者审美感受的艺术形式。幼儿绘画作品主要来自对美好事物的观察与感受,幼儿的绘画技能也不只是简单重复的训练,而是幼儿主动运用美术语言表达自己感受到的美。

3. 美术感知

美术感知是指善于观察和发现,能发现和欣赏身边美好的事物,并能把这些美好的体会运用到美术创作中。

感受自然界、生活中与艺术作品中的形式美和内容美。人对美的感受是与生俱来的,幼儿对美的感受将随着年龄的增长、能力的提高而不断提升。幼儿只有感知真实事物,并由此积累感知经验,才有助于幼儿进行艺术表现,从而提高表现能力。

4. 美术表达

美术活动对幼儿而言绝非简单的技法训练,而是一种情感、情绪的表达。幼儿运用绘画符号传递自己对世界的美好认知与感受。

教师应支持、尊重幼儿自主的表达与表现,对幼儿的自由涂鸦、绘画要给予认同。

创设让幼儿自主表达与表现的机会和条件,要提供空间、时间、材料和艺术品,让幼儿有机会自发模仿与创作。营造宽松的心理环境,使幼儿敢于表达表现。对幼儿个性化的绘画表达方式,我们要支持、鼓励,对幼儿的作品不轻易给予否定的评价。幼儿通过艺术表现自我,才能体现出幼儿园艺术教育的核心价值。

表 5-7 美术部分各年龄班幼儿核心经验

能力类型	各年龄班幼儿核心经验		
	3～4 岁	4～5 岁	5～6 岁
美术工具	1. 能使用纸笔进行涂鸦,满足对色彩变化的好奇 2. 能尝试使用剪刀,感受纸张形状的改变 3. 使用胶棒粘贴,改变画面结构	1. 能利用彩泥塑造常见物品(如泥工板、分泥刀、塑性模具等) 2. 能初步利用生活中低结构材料进行简单的拼搭与制作	1. 能使用多种工具、材料和不同的表现手法表达自己的感受和想法 2. 使用多种多样的低结构材料(如生活用品包装、植物枝干、果实、种子等)进行创作
美术感知	喜欢欣赏和观察花草树木、日月星辰等美好的自然景象	1. 在欣赏自然界和生活中美的事物时关注其色彩、形态等特征 2. 能专心欣赏自己喜欢的艺术作品	乐于收集、分享美的事物
美术表达	1. 经常涂涂画画、粘粘贴贴,并乐在其中 2. 能用简单的线条和色彩大体画出自己想画的人或事物	1. 经常用绘画、捏泥、手工制作等多种方式表现自己的所见所想 2. 欣赏作品时会产生相应的联想和情绪反映	1. 能用自己制作的美术作品布置环境、美化生活 2. 愿意分享交流对艺术作品和美的感受

(二)音乐

音乐在发展幼儿审美能力、表现能力、创造力及想象力等方面发挥着极大的作用。幼儿园音乐教育是通过音乐实践促进幼儿音乐能力发展,幼儿音乐领域的核心经验是指幼儿园音乐教育活动中带给幼儿的最基本、最核心的学习经验,包括歌唱、韵律、奏乐、欣赏四个维度(见表 5-8)。

1. 歌唱活动

幼儿歌唱能力的发展主要包括歌词、音域、节奏、音准、呼吸、情感体验与表达、独立性、合作性以及创造性等几个方面。理想的歌唱活动能促进这些方面的发展,使幼儿能够舒适地、有理解力地和有感情地歌唱。

(1)感知旋律要素

音乐旋律是指能够准确演唱歌曲,包括唱准歌词、唱准节奏、唱准音准。歌唱活动可以使幼儿直接体验节奏、音高、速度、力度等音乐要素的特点,真切感受歌曲的情感意境,从而达到培养幼儿音乐素养、感受音乐美的目的。

(2) 理解歌曲内容

理解歌曲内容就是帮助幼儿体验、理解歌曲情绪,包括知道歌曲名称、理解歌词大意。可以用故事引入、诗歌诵读等方法帮助幼儿感知、理解、记忆歌词。

(3) 掌握歌唱知识

歌唱知识包括歌唱的呼吸、姿势;幼儿在歌唱活动中,运用自然的声音歌唱,并逐渐形成正确合作歌唱的意识和技能。

(4) 体验歌唱形式

歌曲有多种演唱形式,如齐唱、对唱、接唱、领唱、伴唱、轮唱等。在幼儿园音乐活动中,根据幼儿年龄特点选择不同演唱形式,可以帮助幼儿体验与同伴合作唱歌的快乐。

2. 韵律活动

所有伴随着音乐进行表达的艺术活动统称韵律活动。主要包括韵律及其韵律组合、舞蹈、音乐游戏、歌表演等。

(1) 根据节拍身体有节奏地做动作

能够做出拍手、点头等基本动作;通过观察生活,做出动物、人物、生活等模仿动作,在此基础上,能够做出带有表演性质的简单舞蹈动作。

(2) 随音乐句子与段落变化做出相应动作

随着幼儿对音乐感知的不断提升,对音乐情绪、段落、速度、力度、音色有了初步的认识,并能随着这种变化用身体动作表现音乐的性质。幼儿能跟随音乐节奏做动作;根据音乐作品的情绪、风格、结构等做动作。

(3) 运用动作创造性地表达音乐感受

能够根据音乐作品的主题,形象地创编动作;能够用动作表现音乐作品的情绪、情感以及自己的心理体验。

3. 奏乐活动

节奏是组成音乐的核心要素之一,是音乐生命力的源泉,而节奏感是音乐能力的重要组成部分。奏乐的学习不但能培养幼儿的节奏感、听辨能力、创造能力,还能发展幼儿与他人的合作能力。

幼儿在熟练掌握歌曲或乐曲旋律后,加入乐器演奏将有效提升幼儿节奏感与音乐表现力。了解打击乐器的演奏方法和音色特点是使用打击乐器表演的基础。

(1) 了解打击乐器的演奏方法和音色特点

知道打击乐器的名称,了解打击乐器的音色特点;掌握打击乐器的演奏方式,能用自然协调的动作演奏。

(2) 根据作品简单配器

根据音乐作品选配乐器及合适的节奏型,确定演奏方式。幼儿通常在成人的指导下进行搭配,积累一定相关经验后才能独立设计简单配器,并用简单图形、符号记录设计配器方案。

(3) 理解指挥手势语汇

知道准备、开始、结束等手势语汇;知道指挥手势是如何表现打击乐器演奏中节奏、音色、力度等方面的变化;能够进行简单指挥,使动作与音乐协调一致。

4. 音乐欣赏

音乐欣赏是幼儿园音乐教学的基础,是幼儿感知、理解音乐,体验音乐情感的一种重要教育实践活动。

(1) 感知音乐要素

音乐的要素有音乐的速度、力度、旋律和曲式结构等。教师为幼儿选择的欣赏曲目中各要素的表现与转换要清晰明显,便于幼儿赏析。

(2) 体验音乐风格

体验不同区域、民族特色的音乐;感受不同音乐体裁的乐曲。

(3) 感受音乐意境

在反复欣赏乐曲的基础上,理解音乐的内容并能运用多种形式简单描述、表达情绪情感,展开音乐想象。

表 5-8 音乐部分各年龄班幼儿核心经验

能力维度		各年龄班幼儿核心经验		
		3~4岁	4~5岁	5~6岁
歌唱活动	旋律要素	1. 喜欢参加歌唱活动 2. 能够模唱一些短小、简单的歌曲 3. 能边唱边做模仿动作 4. 能听前奏整齐地开始,基本合拍	1. 喜欢演唱自己熟悉的歌曲 2. 音调和节奏基本准确 3. 能接前奏、间奏,与集体声音和谐一致	1. 能积极地参与歌唱活动 2. 唱歌时声音自然、好听 3. 音调、节奏基本准确
	歌曲内容	1. 能完整地说出歌曲的名称 2. 尝试把歌词唱清楚 3. 逐步感受理解歌曲内容,表达出基本情绪 4. 尝试为熟悉、短小、工整的歌曲替换某一乐句歌词	在理解歌曲内容的基础上,通过即兴哼唱、即兴表演或给熟悉的歌曲续编歌词来表达对音乐的理解与心情	1. 能准确理解歌曲内容 2. 能运用速度、力度、音色等表现手段表达情感 3. 基本独立地即兴编、即兴唱
	歌唱知识	站姿、坐姿正确,用自然的声音演唱歌曲	掌握自然的发声方法,能保持正确的歌唱姿势	1. 能用自然、美好的声音歌唱,保持正确的唱歌姿势 2. 能较自如地控制、调节自己的歌声
	歌唱形式	能运用模唱、跟唱、齐唱等形式演唱	1. 能自然地接唱和对唱 2. 能较自如地运用不同的速度、力度、音色变化演唱	1. 敢于大胆地独唱、领唱 2. 继续学习齐唱以及简单的两声部轮唱、合唱 3. 能较恰当地表现歌曲情感

(续表)

能力维度		各年龄班幼儿核心经验		
		3～4岁	4～5岁	5～6岁
韵律活动	节奏动作	能随音乐合拍地做简单的模仿动作（如模仿动物），由非移位逐渐到移位，由上肢动作逐渐到上、下肢协同动作	能随音乐合拍较协调地做模仿动作或由基本动作组成的简单律动	1. 能随音乐合拍、有韵律感地做动作 2. 能尝试按自己想象自由地做模仿动作、律动及简单的舞蹈动作
	动作变化	1. 能感受音乐的基本节奏与旋律的显著变化并随之变换动作 2. 能用上肢、下肢等简单的身体动作表现音乐情感和内容	能随音乐的变化改变动作的力度、速度、节拍、难度等，有节奏地自由动作	能较准确地随音乐的变化改变动作的力度、速度、节拍、节奏型、难度等
	创造性表达	1. 能随音乐进行游戏 2. 能自己想出简单的动作，并进行创造性表现 3. 尝试根据歌词或音乐仿编动作	1. 能感知、记忆音乐，随音乐的变化而变化动作 2. 能为熟悉的歌曲、乐曲自由创编动作	1. 尝试为歌曲或音乐配上动作 2. 喜欢自发跟随音乐进行简单的自由舞蹈 3. 根据对音乐的理解，尝试创编动作，抒发情感
奏乐活动	演奏方法	1. 喜欢玩弄打击乐器 2. 知道打击乐器 3. 探索、发现2～3种简单易掌握的打击乐器的方法 4. 感受手铃、串铃、碰铃、木鱼等打击乐器的音色，喜欢参与集体演奏活动	1. 能自由探索和尝试打击乐器(铃鼓、圆舞板、鼓、沙球、蛙鸣筒等)的演奏方法 2. 能为歌曲或乐曲选择合适的节奏型和音色	1. 积极参与节奏活动 2. 能运用多种打击乐器（三角铁、双响筒、钹、锣等）演奏较复杂的乐曲，声音和谐、好听
	作品配器	1. 能随熟悉的音乐有节奏地演奏 2. 能参加2～3种乐器的齐奏 3. 养成正确使用、轻拿轻放乐器的习惯	1. 能大胆使用乐器、利用节奏型表现对音乐的感受和对事物的认识 2. 养成正确使用、有序收放乐器的习惯	1. 能体会各种演奏方案中音色、音量、节奏型配置的表现规律 2. 尝试根据音乐性质、节拍、节奏特点配器，集体设计演奏方案 3. 养成正确使用乐器，爱护乐器的良好习惯
	手势语汇	1. 学习演奏打击乐器的基本规则 2. 能根据指挥的手势开始和结束演奏	1. 能对指挥的要求做出积极反应 2. 在集体中能保持与音乐、与他人协调一致	1. 能根据指挥的手势变换乐器轮流演奏 2. 能与同伴配合演奏乐曲

(续表)

能力维度		各年龄班幼儿核心经验		
		3~4岁	4~5岁	5~6岁
欣赏活动	音乐要素	1. 能在成人提示和示范下安静地倾听音乐 2. 能听辨音乐中差异明显的音区高低、力度强弱、速度快慢	1. 能安静、专心地倾听音乐，会边听边想 2. 能听辨音乐中差异比较明显的音区高低、力度强弱、速度快慢	1. 有倾听音乐的情趣和良好习惯 2. 能感受不同结构的音乐，并产生一定的联想（如三段体的音乐）
	音乐风格	1. 能够初步感知特点鲜明的歌曲 2. 理解基本内容和情绪 3. 能感知表现单一形象的简单乐曲	1. 喜欢欣赏不同性质的音乐，对其性质进行初步区分（摇篮曲、进行曲、舞曲等） 2. 体验二拍子乐（歌）曲的特点 3. 体验三拍子乐（歌）曲的特点	喜欢欣赏各种不同风格的音乐（如名曲、优秀儿童歌曲、古典音乐等），感受不同音乐的美感
	音乐意境	1. 能在短时间内集中注意地倾听或观看自己喜欢的音乐舞蹈表演 2. 喜欢用自己的体态、嗓音和动作参与欣赏活动，采用多种方式创造性表达	1. 能在一定时间内集中注意地倾听、观看音乐、舞蹈、戏剧表演 2. 愿意倾听音乐，并发现音乐主题（音乐形象、性质） 3. 能寻找回旋曲中重复的乐段 4. 喜欢用多种方式表现欣赏音乐的感受	1. 养成有情感参与地倾听音乐、观赏舞蹈表演的习惯 2. 能够大胆地运用多种音乐的、非音乐的表征方式（唱、舞蹈、演奏、语言、绘画、制作、构造、戏剧表演、角色游戏等）参与欣赏活动，表现自己的感受、体验、想象和创造

第三节 幼儿园集体教育活动实践

幼儿园集体教育活动是教师计划、设计和组织的专门活动。在教育实习中，实习生有效地设计与组织集体教学活动能力的实践能力是关键。首先，通过听评课可以了解幼儿园教师教学工作的组织及个人教学风格，取长补短；其次，可以通过亲自实践，清晰地了解自身在教学组织能力上的成功与不足，初步积累实践经验，不断反思，从而快速成长。

一、幼儿园集体教育活动方案设计

在设计教学活动时，我们经常这样思考：备教材——心中有书；备幼儿——目中有人；备教法——手中有法。那么，一个集体教学活动如何设计呢？可从以下几个环节入手：

（一）活动名称

无论是领域教学还是主题活动,其活动名称要简明清晰,突出整个活动的核心思想和本次活动的特点。同时还要符合幼儿特点,宜采用儿童化的语言进行描述,如中班健康活动"样样蔬菜都好吃"。

（二）设计意图

设计意图应说明该教育活动内容和产生背景,以及活动对幼儿发展的价值。设计意图要具体明确、针对性强,忌空摆《纲要》中的条目内容,导致"帽子"大而"身子"小,不配套。

（三）活动目标

活动目标是指活动中师幼预期达到的结果和标准,它是教师组织活动的方向,其实现程度是判断活动效果的直接依据。

> **资料链接**
>
> **具体活动目标设计注意要点**
>
> - 要符合幼儿的年龄特点;
> - 在表述中要遵循情感态度、认知和技能三个维度;
> - 具有可操作性,应简洁清晰,避免过于笼统、概括和抽象;
> - 表述主体要一致,宜从幼儿的角度表述;
> - 目标条目不宜过多,一般2~3条。
>
> 总之,目标的设计要做到心怀教育大目标,科学设定小目标,贴近幼儿新目标。

（四）活动内容

活动内容应为活动目标服务,具有一定的教育价值;既符合本年龄段幼儿发展的需要与兴趣,又有利于其长远发展;既贴近幼儿现实生活,应该是幼儿生活中的真实事物,或者是通过媒体等渠道,幼儿能感知到的事物,又能引发幼儿有效学习;既适合幼儿的现有水平,又具有一定的挑战性等。

实习生在设计教学活动时,应正确分析和理解教学活动内容,充分挖掘其教育价值;对教学内容处理得当,准确地把握教学内容的重点和难点。

（五）活动准备

知识经验准备主要有两个方面:

1. 教师相关知识经验准备。教师应提前了解和储备开展本次活动所需的相关知识和经验,分析班级幼儿已有的和缺乏的知识经验;教师要有应急心理准备等。

2. 幼儿相关知识经验准备。为了确保突破活动的重点和难点,要给幼儿以经验铺垫和知识准备。

物质准备包括本次活动所必需的材料(幼儿操作材料、教师操作材料)及材料呈现方式、电教设备等,还有活动情境的创设、墙饰布置、幼儿座位排列、垂吊物悬挂等空间环境布置。以上要以符合安全卫生要求为前提和基础。

（六）活动形式

根据活动目标和活动内容确定教学活动组织形式。从活动主体之间的关系,可分为师幼双边互动、师幼亲三边互动、同伴互动;从活动组织形式,可分为集体、小组、个别活动;从活动的场所,可分为室内、室外、园内、园外活动;从活动的预设,可分为幼儿自选、教师指定等。如"看图讲述活动"需要多数幼儿参与讲述,采用分组活动形式比较适宜;而"听故事"活动,采用全班集体活动形式比较适宜。

（七）活动过程

1. **各环节设计的重点**

【开始部分】

任务:集中注意力,稳定情绪,激发兴趣,导入主题。

要求:简单有趣,适合本班幼儿特点。

【基本部分】

任务:突破重难点,展开活动,逐渐实现活动目标,基本完成教学内容。

要求:由易到难,由简到繁,层层推进,逐步深入。

【结束部分】

任务:检验,讲评,小结。

要求:回应主题,简短有力,简洁明快。

活动过程设计各环节要有提纲,其中包括各环节设计目的、采用的教学方法。教师要始终思考"幼儿在活动中要获得什么""应该如何设计来促成幼儿的发展和目标的达成"。在设计中要体现教师做什么、引导幼儿做什么、怎么做,达到什么目的。每个环节要注意时间的分配,重点、难点部分时间要充分,并要预估幼儿在活动过程中可能出现的问题、状况及应对的策略,做到有的放矢。环节设计以小标题的形式呈现,环节清晰,分清层次,一般3～4个环节为宜。

2. **教学方法**

教学方法是教师完成教学任务所采用的方式和方法,既包括教师教的方法,也包括幼儿的学习方法。教学方法丰富多样,依据各种方法的特点有很多分类。通常分为三类,教师可灵活运用。

言语法:包括讲解、讲述、谈话、讨论、评价等。

直观法:包括示范、演示、范例、榜样、情境表演等。

实践法:包括感知(观察)、操作、游戏、练习、实验法、发现法、探究法等。

在教学过程中选择恰当的教学方法,以游戏为基本形式更符合幼儿的年龄特点。

3. 设置提问

在教学活动中，教师主要依靠提出问题来引导幼儿思考探索，因此，提问的设计非常重要。一般而言，提问应以开放性问题为主，设置多个开放性的问题，引导幼儿通过操作、体验、思索、交谈、大胆猜想、合作学习获得有益的经验。避免大、空、泛问题，无效问题，无所指问题，没有线索的问题，以及封闭式问题（封闭式问题即答案是唯一的，解题的思路和方法也是单一的），同时要避免将教师期待幼儿回答的问题预先写在活动设计中。提问的语言还必须具有科学性、准确性，以免造成幼儿误解。

提问要紧紧围绕活动目标和内容，明确、具体，依据活动中的关键点设计问题，同时符合班级幼儿年龄特点和实际水平。

提问要有层次性，要由浅入深，环环紧扣，层层递进；要针对幼儿的不同发展水平，准备难易不同的问题，提出不同的要求。活动过程中应适当地加以追问、质疑，体现问题的挑战性。同时要预知幼儿可能面临的困难和提出的问题，做好相应准备。

（八）活动延伸

根据具体活动情况，决定是否需要活动延伸。活动延伸可以包括重复强调和后续拓展两种类型，可说明向哪里延伸、做什么和怎么做，可巩固什么经验或让幼儿得到什么新经验等。切不可为延伸而做毫无意义的延伸。注意延伸的真实性和结果性，避免虚假延伸和无效延伸。否则，会潜移默化地对幼儿造成有始无终、说话不算数的影响。

> **资料链接**
>
> **延伸什么内容？往哪个范围延伸？**
>
> 1. 不一定局限于本领域，可以延伸到其他领域。
> 2. 不一定局限于集体教学活动，可以延伸到日常生活的各个环节。
> 3. 不一定局限于动态的活动过程，可以延伸到静态的环境创设。
> 4. 不一定局限于幼儿园，可以延伸到家庭。

案例分享

大班音乐活动"小熊过桥"

执教者：刘瑞琦

设计意图：

《小熊过桥》是一首 C 大调的歌曲。歌曲采用拟人化、叙事化的手法，运用活泼、跳跃的旋律，描述了小熊过桥时从害怕到勇敢的心理变化，故事内容生动有趣，幼儿易于接受。《纲要》中指出："幼儿园品德教育应以情感教育和培养良好行为习惯为主，注意

潜移默化的影响,并贯穿于幼儿生活及各项活动之中。"大班一些幼儿在遇到困难时会胆怯容易放弃,此歌曲给人以遇到困难不要害怕,要积极面对、勇敢前行的启示,符合幼儿期品德教育的需求。另外,活动中采用翻图游戏、图谱、过桥体验等游戏化的手段,让幼儿在愉快轻松的氛围中用语气、表情、动作等方式学会演唱与表演歌曲,促进了大班幼儿自主、探究、合作性学习。

活动目标:
1. 通过翻图游戏、图谱等方式,感受歌曲旋律特征,理解记忆歌词内容。
2. 能用不同的语气、表情、动作等对歌曲进行演唱与表演。
3. 感受勇敢面对困难的积极情感。

活动重难点:
1. 重点:通过翻图游戏、图谱等方式,理解记忆歌词。
2. 难点:用不同的语气、表情、动作表演歌曲。

活动准备:
1. 知识经验准备:幼儿已有2/4和3/4节奏的演唱经验。
2. 物质材料准备:"小熊过桥"课件、互动翻图游戏课件、幼儿操作图谱三组。
3. 环境创设准备:幼儿板凳呈半圆形摆放,黑板、钢琴位于一侧,三张桌子置于后方用于摆放图谱。

活动过程:

(一) 故事导入,引发好奇

故事:小熊今天出门的时候发现了一座很窄的小木桥,它轻轻地踩上去,发现小桥在摇。它走了几步可怎么也走不稳,也站不牢。它又走了几步到了桥上的时候心乱跳,着急地喊:"妈妈!妈妈!快快来!快把我抱过桥。"

1. 简单回顾故事内容,幼儿初步感受歌词。

小朋友们,小熊发现了什么?这座桥怎么了?小熊走到桥上的时候做了什么事情?

小结:小熊发现小木桥,摇摇摇,走不稳,站不牢,心乱跳,心里有点害怕。

2. 通过呼喊的方式,"妈妈!妈妈!快快来!"幼儿初步感受害怕的情绪。

(二) 借助翻图游戏寻找小熊,利用无意注意激发幼儿兴趣,学唱歌曲第一段

1. 营造游戏情境:小熊害怕过桥,它藏起来了。

小熊还是很害怕,不敢过桥,它现在躲到了这些石头、小花、小草后面,我们一起把它找出来,帮助它过桥吧。

2. 出示排列好的小草、石头、小花的图片,教师介绍游戏规则。

我们来玩"点兵点将找小熊"的游戏,我会边唱边点,第一段唱完,点到谁,谁就有机会去找小熊。请你们选择并翻转图片一张,看看小熊在不在后面。

3. 教师按节奏朗诵歌词内容,利用无意注意的方式,让幼儿对歌词有记忆印象。

4. 教师范唱歌曲,幼儿感受歌曲旋律及歌词特征。

5. 幼儿自由跟唱歌曲,教师启发幼儿用害怕的语气演唱歌曲。

小熊在桥上是什么样的心情?小熊害怕、紧张的时候声音是怎么样的?喊妈妈的时候呢?我们应该怎么唱?

6. 教师鼓励幼儿用不同的表情、动作演唱。

害怕的小熊是什么样子?它的表情是什么样?它的动作是什么样?

(三)借助摆放图谱,采用小组合作方式,学唱歌曲第二段

1. 教师启发幼儿大胆猜测小熊害怕后的事情,范唱歌曲后引导幼儿思考。

小熊后面又发生了事情?你们想一想。

刚才歌曲里唱了什么?和你们猜到的结果一样吗?

2. 幼儿自由分组操作摆图,了解歌词的内容及顺序。

要求:4个幼儿为一组,根据教师歌唱内容,幼儿一起将图片的顺序摆一摆,一个格子放一张图片。

注意:幼儿摆图期间,教师范唱歌曲2~3遍。

3. 小组派代表介绍图谱摆放顺序,说一说摆放的理由,教师鼓励幼儿用歌曲的话回答。

4. 教师演唱,请幼儿倾听歌曲,检查小组答案与歌词内容是否一致,并集体进行修正。

5. 幼儿根据图谱内容完整演唱歌曲第二段。

6. 教师鼓励幼儿用不同的语气、表情、动作演唱。

小熊过了桥,心情是什么样?它的表情是什么样?它的动作是什么样?我们要用什么样的声音演唱?

(四)通过椅子搭桥游戏,幼儿体验过"窄"桥的感受,完整演唱歌曲,活动结束

要求:幼儿利用座椅,自由拼搭小桥样式。

今天玩得开心吗?还可以用更多的方法建造出不同的桥,我们一起去户外玩玩吧。

活动延伸:

区域活动:美工区绘制《小熊过桥》连环画。

     表演区表演《小熊过桥》故事或者音乐剧。

家园联系:

亲子表演:和妈妈一起表演歌曲《小熊过桥》。

科学探索:与父母一起搜集和实验桥的基础知识。

活动评价:

1. 活动目标

活动目标从知识技能、过程方法和情感态度三个方面阐述,目标制定合理、清晰、操作性强,符合《指南》中大班年龄段"艺术欣赏时常常用表情、动作、语言等方式表达自己的理解"的目标内涵。

2. 活动内容与方法

活动内容选材符合《纲要》的要求和幼儿身心发展需求,活动过程遵循幼儿园音乐

教育原则,采用了示范法、游戏法、图谱法、表演法、探究式等教学方法。

3. 教师行为

在讲解、交流过程中,语言简明清晰,语速适中,活动具有游戏化的情境,语言充满趣味性和启发性;歌曲范唱熟练,节奏清晰,动作创编引导准确、到位;能有效抓住幼儿注意力,每个环节收放合理,主次分明,时间把握准确,各个环节衔接流畅;能主动为幼儿创设机会与条件,给予幼儿思考与表现的空间。

4. 幼儿状态

幼儿是活动的主体,整个活动中幼儿保持着一个较高的兴趣度与参与度;在活动动静变替、环环相扣、层层深入的设计中,幼儿基本掌握了歌曲的演唱与表演,感受与表现音乐的能力得到了锻炼。

5. 活动特色

活动设计有想法有创意,敢于打破传统歌唱活动中教师歌唱幼儿模仿的模式,运用游戏化的手段让幼儿在轻松愉快的氛围中学会歌唱,吸引了幼儿的好奇心;具有表演性质的语气、表情、动作的创编设计,激发了幼儿的创造性。活动中教师还善于抓住机会与幼儿进行归纳、反思等互动。

活动反思:

1. 借助游戏情境,促进幼儿主动探索与快乐学唱

游戏是幼儿的基本活动。活动中,我用游戏化的手段帮助幼儿了解歌曲旋律和歌词内容,突破活动重点。其一,营造"小熊害怕过桥,躲藏起来"的游戏情境,用互动翻图课件寻找小熊,幼儿在无意注意中倾听歌曲,形成听觉表象,为第一段学唱打下基础。其二,第二段的学习采用图谱排序,幼儿操作探索、合作学习、反思陈述,变被动接受为主动学习。其三,借由自主拼搭椅子过桥的情境,自然过渡结束。整个活动中,幼儿体验到和"玩"一样的感觉,快乐地投身于活动之中,在唱唱、跳跳、玩玩的过程中感受、理解音乐。

2. 创设适宜的师幼互动,鼓励幼儿的表达与表现

《指南》中指出,艺术是人类感受美、表现美和创造美的重要形式,也是表达自己对周围世界的认识和情绪态度的特有方式。活动中,我努力为幼儿创造机会和条件,让他们成为学习主体。活动难点在于启发、引导和鼓励幼儿用不同的语气、表情、动作学唱歌曲,这三种不同程度的表现方式,给予幼儿大胆表现的机会,活动过程循序渐进、层层深入,加深了幼儿对于歌曲形象、内容和情感的理解。

3. 渗透相关领域活动,关注幼儿学习品质的养成

在"点兵点将"的游戏环节,我范唱歌曲时并没有提出记忆歌词的要求,但幼儿在好奇心、好胜心驱使下认真倾听、理解歌词;在翻图找小熊时,幼儿敢于选择、猜测,清楚表述自己的想法,也渗透了序数概念,而后归纳出小花、小草后面藏有小熊,发展了逻辑推理能力;在摆图排序时,幼儿愿意将自己摆图的方法介绍给同伴,并能够接纳与自己不同的意见等,这是合作、分享的学习品质的体现。结束环节,利用"过桥"游戏锻炼了幼

儿的平衡能力,亲身参与增强了勇敢的情感体验。总之,这个活动中语言、科学、健康领域有机地渗透到音乐教育之中。

4. 注意个别差异,提高幼儿创造性表现水平

大班幼儿在艺术表现与创造方面存在差异。在活动中我适当给予幼儿指导,同时鼓励和引导能力稍弱的幼儿同样保持持久的活动积极性。

二、幼儿园集体教育活动的记录与评价

幼儿园集体教育活动听评课就是对照活动目标,对教师和幼儿的活动及由这些活动所引起的变化进行价值判断。实习生可通过详细记录集体教学过程(活动目标、活动准备、环节设计、师幼语言与行为等),全面分析、学习、反思幼儿园集体教学活动的设计与实施。

一个优质的集体教育活动的评价标准可从以下几个方面着手:

(一)活动目标与内容

1. 科学性:符合幼儿的年龄特征,适合幼儿实际;充分挖掘活动主题的教育价值,能结合主题选择幼儿感兴趣的内容。

2. 整合性:一次教学活动中有机渗透其他领域的目标和内容。

3. 准确性:重点突出,难点定位准确。

4. 明确性:活动目的具体、明确。

5. 差异性:能根据本班实际,提出不同层级的目标,提供不同难度的操作材料等。

6. 发展性:注重幼儿全面发展和良好行为习惯的培养。

(二)活动环境与材料

相宜性、启发性:环境创设和材料投放必须符合幼儿年龄特点、知识经验和认知水平;同时还能引起幼儿探究欲望,诱发幼儿利用环境中的信息和材料进行积极探索和思考。

开放性、多样性:环境的设计和材料的投放应有幼儿参与,体现高度的开放性;同时要根据活动需要准备充足、多样的材料。

(三)活动过程与方法

1. 活动组织有序,层次清晰,重点突出,时间安排合理。

2. 充分发挥幼儿的主动性、参与性和操作性。

3. 既面向全体,又注重个别差异,尊重幼儿发展的差异性。

4. 注意观察幼儿,并根据实际情况做出恰当的反馈。

5. 方法手段合理、恰当有效,能针对活动目标,确保幼儿的主体性,有较高的效益。

6. 对幼儿的提问都能给予有效的、积极的回应。

> **资料链接**
>
> 评活动方法的选择
>
> - 方法是否符合幼儿心理特征、认知特点、学习特点。
> - 方法是否符合领域性质和活动情境。
> - 方法是否落实、完成了活动目标。
> - 方法是否使活动内容自然呈现与整合。
>
> 评教师的提问
>
> - 提问是否丰富、恰当,解决教学重、难点。
> - 提问能否为幼儿新旧知识之间联系提供线索,帮助幼儿进行"联系"与"思考"。
> - 提问能否激活幼儿思维,引发师生讨论与交流,实现多边互动。

（四）幼儿表现

1. 情绪情感:愉快积极,主动参与活动与教师互动。
2. 认知经验:知识丰富,具有相关的认知经验。
3. 各种能力:思维活跃,表现一定的学习能力。
4. 学习习惯:喜欢与同伴互动,学习习惯良好。
5. 学习方式:多样适宜,个体差异得到满足。

（五）教师素质

1. 教态自然、亲切,既尊重幼儿,又严格要求。
2. 语言简练、规范、生动,富有感染力,易于幼儿理解。
3. 教具制作恰当、实用,演示操作准确熟练。
4. 能以丰富的身体动作、表情、语调来组织教学。
5. 有较强的沟通能力与教育机智。

（六）活动效果

1. 活动氛围活跃,师幼互动、幼幼互动好。
2. 幼儿的能力得到发展,目标达成度高。

第五章　幼儿园集体教育活动

案例分享

集体教育活动记录分析表①

活动班级	××幼儿园小一班	执教教师	×××	活动时间	××年6月12日
活动领域	科学领域	活动名称			送给爸爸的礼物
活动目标	1. 能根据局部特征联想整体，初步感知上、下、里、外等方位，提高观察力，体验猜测寻找的乐趣。 2. 在感受父爱的同时，学习观察、关心爸爸。					
活动准备	物质准备	照片、小贴片、装拼图的盒子。				
	经验准备	有一定的方位认知经验。				

活动内容与过程	即时评价
一、谈话导入，说说父亲节爸爸想要的礼物 （一）聊聊爸爸如何关心自己 1. 教师提问 爸爸在家里是怎样关心你、爱护你的？ 2. 幼儿思考回答 幼1：我爸爸爱我会给我买饼干。 幼2：爸爸给我买好玩的玩具。 幼3：我爸爸会带我去公园，还会把我举在脖子上。 3. 教师总结 爸爸都爱着你们，喜欢你们。爸爸喜欢你和妈妈可不一样，妈妈会亲亲、抱抱，爸爸会在节日里送上一份礼物，爸爸还会跟你一起做游戏，把你高高地举起，爸爸的力量好大呀！	从幼儿与爸爸日常生活细微处入手，充分调动幼儿原有经验。活动导入直接切入到"爸爸"这个主题上。同时，在说说、聊聊中，幼儿能回想起爸爸对自己的好，充分感受父爱，这一点直接推动第二条活动目标的实现。
（二）猜猜父亲节爸爸想要的礼物 1. 教师引导幼儿思考，爸爸想要什么礼物 每当过节的时候，或者宝宝生日的时候，爸爸会给我们送上一份礼物，送上蛋糕，让你们开开心心地过节、过生日。下个星期，爸爸也要过节了，爸爸的节日叫父亲节。爸爸在过节的时候有一个心愿，他希望能收到宝宝送他的一件礼物。猜猜看，爸爸可能想要什么礼物呢？ 2. 幼儿结合爸爸的爱好说说自己的想法 幼1：爸爸想要一条漂亮的手链。 幼2：爸爸想要一个很大很大的、五彩缤纷的蛋糕。 幼3：爸爸喜欢很大很大的领带。 3. 教师引导幼儿到心愿盒里寻找爸爸的心愿	小班幼儿对事物很好奇，教师通过心愿盒这个线索，调动起幼儿的好奇心，让幼儿自然而然地对学习活动感兴趣。
二、确定父亲节爸爸想要的礼物 （一）找心愿盒 1. 教师展示图片，引导幼儿寻找心愿盒 (1) 师生共同观察照片一，分析线索，邀请贴蓝色小花的幼儿去	找心愿盒的过程，正是考验幼儿解决问题能力的时机。幼儿眼睛里看到了线索，头脑中要迅速

---

① 此表见《学生教育见习手册》"集体教育活动记录分析表"。

(续表)

活动内容与过程	即时评价
教室寻找,并说出心愿盒的位置。 (2) 师生共同观察照片二,分析线索,邀请幼儿去教室寻找,并说出心愿盒的位置。 (3) 师生共同观察照片三,邀请贴蓝色心形幼儿去教室寻找,并说出心愿盒的位置。 (4) 幼儿观察照片四,自行寻找心愿盒。 2. 幼儿按图片线索找心愿盒 3. 师生交流找心愿盒的方法 幼1:我是在大鼓的上面找到的,大鼓是红色的,所以,我一下子就看到了。 幼2:我们在房子的外面找到的。 幼3:我在钢琴下面找到的。 幼4:我们在玩具橱里找到的。 (二)拼图确定礼物 1. 教师邀请有大大贴纸的幼儿打开盒子 2. 教师引导幼儿观察盒子里的物品,说说爸爸想要的礼物,是如何判断出来的 3. 幼儿拼图——小汽车 (1) 教师讲解拼图方法。 (2) 幼儿两组比赛拼图,教师随机指导。 三、教师小结 1. 教师邀请获胜的一组幼儿阐述拼图的过程,遇到了哪些困难,如何解决的 2. 幼儿讲解并展示 3. 幼儿利用废旧材料为爸爸准备礼物 教师将准备好的牙膏盒、饼干盒子等废旧材料放在美工区,邀请幼儿利用材料为爸爸准备父亲节礼物。 四、活动延伸 在美工区活动中用盒子制作一个小汽车。	联想、推测,积极地思考,并将自己的猜测付诸行动。幼儿在看、想、找的过程中,多感官参与,体验到了猜测寻找的乐趣。 数学活动未必是要单独为幼儿讲解一个知识点。在这个环节,教师通过让幼儿比大小,将数学中"比较"的理念渗透到环节之中,孩子潜移默化地运用了数学的思维解决面临的实际问题。 幼儿通过观察自己手上的拼板,从局部推测到整体,这一环节实现了目标第一条中的前部分。 这一环节对幼儿来说难度比较大。小班的幼儿要先学会方法,再进行操作,考察幼儿的数学应用能力。而幼儿的成功与否直接的决定因素在于教师的环节设计与组织。此环节教师的设计非常巧妙,一方面考虑小班幼儿的特点选择合适的内容,用底板上数字和小圆点与拼板上一一对应的方式让幼儿探索拼图,有一定的挑战性;另一方面,教师又有目的地给幼儿线索,让幼儿对一些方法有了基本了解后,再去尝试,这样在幼儿的能力范围之内实施课程,利于幼儿体验到成功的快乐。 小结时,教师有的放矢,将幼儿碰到的问题再次呈现,与幼儿共同分享解决问题的好办法。
存在问题 及疑惑	1. 希望老师在活动中对常规的要求不要那么频繁,给幼儿创设更加宽松的探索环境。 2. 建议老师在拼图比赛环节不要分输赢,重要的是幼儿参与游戏,获得成功体验。 3. 对于幼儿的合作问题,小班开展是否有些早,活动中合作能否有效促进每一个幼儿原有水平上的进步,值得商榷。

(续表)

分析与评价	1. 目标 "送给爸爸的礼物"这个活动充分考虑了小班幼儿的学习特点,以及幼儿的生活经验。教师在目标的制定和达成上都比较成功。在活动过程中,教师充分调动幼儿的原有经验,聊爸爸、看照片、找盒子、拼图等,每一个实施的环节都充分考虑了目标的指引性,保证了本次活动的有效性。 2. 价值 本次活动对幼儿和教师来说都具有一定的价值。幼儿在教师的支持鼓励下,一次次探索问题、解决问题,在表达、观察、思考、操作的过程中,提升了自己的语言能力、注意力、思维力等重要品质。而对于教师来说,整个活动的设计和实施本身就是一次挑战。教师在引导幼儿的过程中,将每一个教学环节都进行得很到位,对幼儿水平把握准确,对教学节奏控制得当,对教学过程组织与实施开展自如,这一系列过程对教师来说无疑是一次很好的提升机会。这样有效的教学,也能使幼儿和教师的关系更加融洽,在师幼互相学习过程中,幼儿和教师都将得到更长远的发展。 3. 环节 一方面在环节的设计上,教师通过"送给爸爸的礼物"这一线索,有意识地将每一个环节与目标之间进行匹配,将语言、科学、数学、社会等方面的内容通过各个环节,有效地整合到这次活动之中。另一方面,此次活动中环节衔接自然,架构清晰。如让幼儿先了解爸爸有一个心愿后,让幼儿来找心愿盒,找到心愿盒后还要经过拼图才能知道爸爸的心愿。每一个环节都与后边的环节有联系,前一个环节是后一个环节的铺垫,后一个环节是前一个环节的提升。在这当中,教师其实是为幼儿搭好了支架,每一个环节之间像一个脚手架,幼儿在教师的引领之下,一步步地解决问题。环节之间的有效架构与实施是本次活动成功的基础。 4. 互动 互动主要体现在三个方面,一是师幼互动,二是生生互动,三是幼儿与材料的互动。一方面,教师积极地引导幼儿,回应幼儿,在教师和幼儿的一来一往中,幼儿解决了面临的各种问题,如教师与幼儿聊聊爸爸如何关心自己时,教师将幼儿的语言更加准确、细致地描述出来,替幼儿说出他们想说的话,让幼儿产生共鸣,真切地体验到了爸爸的爱。另一方面,活动中生生互动表现明显。如教师提供机会让幼儿三个一组去寻找心愿盒,又让幼儿六个一组去拼拼图,通过这样"有意"地撮合,幼儿之间合作努力,共同解决了问题。活动中幼儿与材料互动效果也比较明显,每一环节中,教师都为幼儿精心提供材料,如照片、礼物盒、拼图板和底板,幼儿充分利用了这些材料,在与材料的积极互动中,获得了有益的经验。

三、幼儿园集体教育活动试教

(一) 试教的必要性

实习生往往认为,活动方案做得这么详细,指导教师也审定了,实施中就不会有什么问题了。其实,方案与实际的教育过程有很大的出入。在设计活动方案时,我们对幼儿的情况做了全面的调查,对主题活动的内容深入钻研并做出取舍,对活动环节的设想周到详尽。尽管如此,这个方案还是主观意志的产物,实践才是检验真理的唯一标准。在实施过程中,各活动环节的衔接、语言的过渡、如何演示教具等,在设计方案中不可能一一注明,即使注明,实施过程中还有不少预想不到的问题和偶然情况,会使活动过程出现"困境""卡壳"。对于这类问题,"初出茅庐"的实习生会手足无措,产生十分被动的

局面,甚至导致教育活动的全盘失败。因此,试教就是在正式的教育活动之前尽可能地发现这些问题并及时给予纠正。

对指导教师来说,督促实习生试教也是实习指导中必不可少的一环。通过试教,指导教师可以及时发现活动设计方案中没有暴露的问题,进一步检验方案的可行性,还可以发现实习生在理解幼儿园课程、应变能力和实施教育活动过程中体现出来的教师素养等方面的问题及时给予纠正和指导。

试教是对幼儿负责任的表现。幼儿弱小、稚嫩,对教育敏感,可塑性强,教育活动不成功,对他们来说是一种伤害。从这个意义上说,教育是不允许失败的,也是不允许试验的,因为幼儿所受到的消极影响再没有补救的机会。当然,从教育者的角度来说,只能"尽可能"地去做。试教,就是这种"尽可能"的一部分。

(二)试教的形式及应注意的问题

事实证明,实习中的试教很有必要。那么,试教有哪些形式?该如何实施?实习生在试教中应注意些什么呢?

试教不外乎三种形式:一是一人试教,多人听讲,即执教的实习生为师,实习同伴作幼儿;二是一人试教,一人听讲,即实习指导教师做幼儿;三是利用微格教学设备试教,回放录像自己反思,或与同伴、指导教师一起分析。当然这几种形式也不是截然分开的。实习指导教师在试教时对实习生的指导也可采用两种方法:一是边听边导,发现问题随时指出,随时纠正,关键处、主要问题反复强调;二是听完再导,对出现的问题边听边记录,结束后一并指正。听完后再指导,易于把握全局,肯定优点,指出问题,找出更多的方法。

在试教前,实习生必须精心准备设计方案,把方案提早一周交给指导教师审阅,根据指导教师意见对方案进行必要的修改,再与指导教师约定试教时间。正式试教前,实习生还要准备好活动时所需要的材料。试教后,应及时向指导教师及实习同伴征求意见,然后根据反馈的信息(主要是指导教师的意见)再次修改方案。如有必要,还可再进行试教。最后确定的活动方案须经指导教师同意后方可正式施教。[①]

试教之后,实习生的集体教学活动的设计与实施能取得较好的效果,更有利于实习生的反思与成长。

资料链接

幼儿园集体教育活动中教师常规

1. 组织集体教学活动前,一定要预先设计教学活动,提供满足每个幼儿活动需要的活动材料,根据活动内容设置便于幼儿活动与交流的空间位置。

2. 活动前要熟知活动内容和活动环节,做到儿歌能熟练背诵,故事能脱稿讲述,

[①] 步社民.幼儿园教育实习指导[M].北京:高等教育出版社,2010:40-41.

歌曲能熟练弹唱,实验活动事先实验等。

3. 活动前要向配班教师和保育员交代清楚活动的主要内容,交代清楚需要他们配合的工作。

4. 根据活动目标、内容,采取不同的活动形式(集体、分组、个别),促进每一位幼儿在原有水平上得到发展。

5. 组织活动中要精神饱满,服饰自然得体;语言规范、精练、富有童趣;知识、概念准确,无知识性错误;动作示范准确、到位。提问要体现具体性、针对性、启发性和有效性,避免无所指、大而空的提问。

6. 应具有驾驭集体教学活动的能力,能很好地对活动进行组织管理和调控,突出活动重点和难点,把握活动节奏,合理安排各环节时间,并能根据实际情况采取适宜的教学策略。为使各活动环节衔接自然,要准备好环节间的过渡性语言,使各环节转换不露痕迹,活动具有整体感。

7. 应尊重幼儿,关注全班幼儿的发展水平及个别幼儿的特殊需求,对幼儿在活动中表现出的兴趣、需要、投入程度及遇到的具体问题给予积极的回应和支持。关注幼儿在活动中的表现与反应,敏感地察觉幼儿的需要并及时应答。

8. 善于发现教学中的问题和幼儿生成的问题,灵活调整活动目标和内容,改进教学方法。

9. 在活动中和活动结束后,能根据实际需要开展适宜的、有意义的评价,注重过程中、情境中对幼儿学习行为的评价,同时引导中、大班幼儿学习自我评价与同伴评价。在这一过程中,避免对个别幼儿的物质评价,以及无实际意义和影响活动进行的评价。

10. 重视幼儿良好学习习惯的培养,培养幼儿良好的倾听、表达、轮流、协商、合作、分享和守规则等行为习惯;重视培养幼儿良好的坐姿、站姿,看书、握笔、举手的正确姿势,以及整理学具的习惯,指导幼儿正确使用和收拾各种学习用具、材料。

四、说课

(一)说课的含义

广泛来说,说课就是教师以教育理论、教学大纲、教材为依据,针对某一课题(活动)的自身特点,结合教育对象的实际情况,面对同行,用口头表述该课题(活动)教学的具体设想、设计及其理论依据,说课就是全面阐述教学设计的过程。再简单地讲就是要说清教什么、怎么教、为什么这样教。

说课的目的就是要通过"说课"这一简易、速成的形式或手段在短时间内集思广益,检验和提高教师的教学能力、教研能力,从而优化活动过程,提高活动效率。

(二)说课的意义

1. 说课能有效提高教学质量与效率

教师通过说课,可以进一步明确教学的重点、难点,理清教学的思路。这样就可以克服教学中重点不突出、方法不恰当、训练不到位等问题,提高课堂教学的质量与效率。

2. 说课有利于提高教师的自身素质

说课能够全方位地提高教师的素质水平。作为说课者,说课准备和实施的过程,也是提高说课者素质的过程,锻炼了钻研教材和研究幼儿的基本功,提升了教育教学理论的水平,提高了语言表达和组织能力等,对教师专业素质的提高具有重要的促进作用。

3. 说课能有效地提高教研活动的实效

以往的教研活动停留在上课,再请几位教师评课。组织活动的教师处于一种完全被动的地位,听课的教师也不一定能理解授课教师的意图,导致教研实效不高。通过说课,一方面说课环境的形成为教师从事教学研究提供了交流、切磋的平台,使教师通过说课道出了他(她)思维深处闪光的教学思想、理念怎样在教学过程中得到淋漓尽致的体现;另一方面,从说课后的"评"中获得的反馈意见势必成为提高下次说课质量的源泉,这种良性循环将提升整个教研集体的教学质量,久而久之推动教学研究活动的发展。

(三)说课的类型

根据不同的分类标准,幼儿园说课的主要类型如下:

根据说课的用途,可分为研究性说课、示范性说课、考核性说课、评比性说课等;

根据说课的时间安排,可分为课前说课(教学预设)、课后说课(侧重于教学反思);

根据说课的领域,可分为语言活动说课、美术活动说课、科学活动说课等。

(四)说课与实施活动的差异

其相同点在于二者都是同一活动的教学内容。

不同处在于:

第一,目的不同。实施的目的是将教材内容转化为幼儿理解的知识,进而培养能力,进行思品教育,即"使幼儿会学";说课的目的则是向听者介绍一次活动的活动设想,"使听者听懂"。

第二,内容不同。实施的主要内容在于让幼儿理解哪些内容,怎么教;说课则不仅要讲清上述的主要内容,而且要讲清"为什么这样做"。

第三,对象不同。实施的对象是幼儿;说课的对象是领导、同行或专家、评委。

第四,方法不同。实施是教师与幼儿的双边活动,说课是以教师自己的解说为主。

(五)说课的基本格式

1. 说设计意图

(1)说教材内容就是通过分析所选活动主题的内容特点,指明它在整体或主题网络教学中的地位。所以教师首先必须说清楚此次活动的内容是什么及为什么要选择这些内容。要说明教材选择是根据幼儿需要准备的。如果在选材方面涉及地域特色,甚至是幼儿园特色就要更加突出说明,以此来发展幼儿园的园本课程。活动内容和教材不是同一概念,活动内容应包含教材,但不局限于教材,幼儿园里的说教材不单指说教材内容,还包括说幼儿的情况分析。因此,在说明活动内容时,必须说清楚教材及与教材有关的内容。

(2)说幼儿(即学情)主要包括幼儿的年龄特点、身心发展状况、原有知识和基础技能的掌握情况、智力发展情况;幼儿的非智力因素,包括幼儿的兴趣、动机、行为习惯、意志等发展状况。这一环节,教师要将平时对幼儿观察的零散印象,逐步条理化、明晰化,有针对性地表述出来,既能更清楚地了解幼儿,又使教师能将幼儿发展水平与教学活动设计的关系紧密联系起来去考虑目标、内容的确定与选择,从而逐步真正做到使教育活动有效促进幼儿的发展。

2. 说活动目标

活动目标是活动设计的重要环节,它既是教育活动设计的起点,又是教育活动设计的终点。说活动目标时主要从认知、技能、情感等方面综合地表达出来,并能体现主题的教育要求,最后说确立此目标的依据。同时在这部分还可针对活动谈谈自己对重点、难点的确定和解决。

3. 说活动准备

活动准备必须与幼儿的能力、兴趣、需要等相适应。这一点在说课时必须说清楚。如教具、学具的准备等都可简要予以阐述。

4. 说教学方法

教学方法是教师有效地传递信息、指导幼儿的途径,说教法主要说明在本次活动中将采用的教学方法和运用的教学手段,以及这样做的原因,要着重说明自己其中独创的做法,特别是培养幼儿创新精神和实践能力的具体做法。说教法时注意要根据教材的特点、幼儿的实际、教师的特长以及教学设备情况等,说明选择某种方法或手段的依据。教法和学法可以分别叙述,也可以合在一起说明,还可以穿插在教学过程中说。

(1)说教法

说教法就是教师要说明"怎样教""为什么要这样教"的环节。教师要说出在教育目标、教学内容确定之后,用什么方法、手段来实现。既要说出整个活动用什么教学形式及方法,是集体的、分组的,还是个别进行的,更要说清为什么用这种形式方法、教师如何指导、为什么要这么指导等。教学方法种类繁多,尺度也不同。目前在进行活动中主要运用讲解法、示范法、交流讨论法、互动法、操作法等教学方法。

在今后的工作实践中,教师要对教法积极探索、积累与运用,上升到理论高度并使之系统化、规律化。

（2）说学法

说学法就是说明幼儿要"怎样学""为什么这样学"的环节，教师要说出教给幼儿哪些学习方法，培养幼儿哪些能力。教师在说学法时要说出活动中幼儿怎样学习、依据是什么；自己在活动中如何激发幼儿学习兴趣，引导幼儿主动、积极探索；还要讲出怎样根据班级特点和幼儿年龄、心理特征，运用哪些教育教学规律指导幼儿进行学习。

在现在的幼儿园教学活动中常用多通道参与法、体验法、操作法、小组合作法、观察法等学习方法。

5. 说活动过程

这环节往往是拉大说课距离的环节。要点是什么？怎么说才是流畅的？

一般要说清"总共有几大环节""各环节的主要目标"，然后逐一展示每一个环节，环节之间尽量用恰当的过渡语，使整个说课内容浑然一体。

分环节讲清"教什么""怎样教"——这要从"选择什么教学方法来突破教学的重难点""如何引导幼儿学习""如何帮助幼儿在情感、认知、能力等方面获得提高"以及"为什么这样教"这几方面说。

在说怎样教的过程中还要说清：环节的时间处理、环节的效果预期、可能出现的问题（如：不同能力水平的幼儿可能出现的差异、与预设不符的情况等）以及如何解决、如何随机渗透，等等。

要把活动过程说详细具体，但并不等同于课堂教学实录。对于重点环节，诸如运用什么教学方法突破重难点要细说，一般环节的内容则可少说。尽量避免将教师与幼儿在活动过程中所有可能说的话语全部预设出来，流水账式的写法。

说活动过程容易出现的问题：

（1）过于简单；

（2）只讲清个环节"做什么"，没讲清"怎么做"和"为什么"；

（3）如何实现机械式流程与陈述性流程的转换，如何把可看性转换成可听性？（语言表达要求较高：这个环节干什么？分几步走？怎么思考的？可能出现什么问题？如何处理？）

说活动过程是说课的重点部分，它反映了教师的教学思想、教学个性与风格，也只有通过对活动过程设计的阐述，才能看到其活动安排是否合理、科学，是否具有艺术性。说活动过程就是说明整个活动的流程，即各个活动环节的实施过程。活动步骤的安排、方式方法的选择必须以活动目标为核心，而活动目标既有赖于整体的教育活动过程来实现，又以不同的侧重点分散实现于各个活动步骤。因此，教师必须分解活动目标，并分析各层次活动目标与各步骤及方式方法之间的适应性关系。

如果教师设计的活动要进行延伸，教师也要说出怎样延伸、延伸的作用、延伸的依据。说这部分，可以反映出教师对本班幼儿发展水平的掌握程度、对促进幼儿在不同水平上发展的理解认识与做法，以及因材施教、个别教育原理的运用等。

6. 说活动反思

如果教学活动是组织实施过的，还要说活动反思，这有利于推动教师对自己的教学行为进行思考、总结和实践。活动反思主要围绕教学目标的达成度、教学环节的设计与实施的合理性、教学方法是否有效突破重难点等各自展开。

7. 其他

（1）理论扎实地运用于过程中。说课是用科学知识来诠释活动环节，引领活动成功。一位教师的经验："说课并不是什么难事。怎样说好课，关键在于为什么。你为什么设计这节课？你为什么设计这个目标？你为什么要有这样的准备？你为什么要尝试这种教学方法？……解决了为什么，你的说课就成功了。"要解决这么多的为什么谈何容易！

首先，对于《纲要》和《指南》中五大领域的目标、内容，幼儿认知水平、能力，教师的教育策略、角色转换等要烂熟于心。如在组织幼儿活动时，不管是知识讲授还是指导操作，《纲要》中的建议"教师要为幼儿创设一个宽松的民主的氛围，关注幼儿在活动中的表现和反应，敏感地察觉他们的需要、教师要成为幼儿活动的支持者、合作者……"要在脑中闪现。其次，在日常学习时，经常重拾皮亚杰的认知理论、维果茨基的最近发展区理论、陶行知的生活即教育理论等，做大量的理论卡片。经典的教育理念能拓展思路，同时也要思考如何结合国情，结合本地、本校、本园的实际情况，合理地实施新的教育理念。再次，要用善于观察的眼睛来了解每个幼儿，根据幼儿的实际情况，运用所知所学制定适合幼儿的发展计划，学会用科学的头脑思考课程问题。

（2）说亮点。何之谓亮——最与众不同的。有的说课内容中也没有"特色"。一般情况下，亮点部分是教学活动中独特的教学材料、教学方法等。

（3）展示自己参与设计的辅助课件。展示课件时还要简述自己设计、制作的思路和过程。所制作的课件要起到突出本次活动重点，降低难度，以突破难点的作用。

（4）扬长避短，体现个性。比如擅长书法的教师可将整体框架板书，既使听众思路清晰，又能增加印象分。

（六）说课的注意事项

1. 说课时间控制在 10 分钟左右。
2. 要熟悉说课稿内容，争取做到脱稿，并注意不要把"说"变成"背"或"读"。
3. 注意说课时的衣着、仪容，普通话清晰、流畅，做到从容大方。

案例分享

幼儿园大班科学说课稿《风》

一、设计意图

幼儿生活在丰富多彩的自然环境当中,一切东西都会吸引幼儿的心灵,从而唤起无穷的好奇心。《纲要》中指出,科学教育的内容从幼儿身边取材,引导幼儿对身边常见事物和现象的特点、变化产生兴趣和探究的欲望。风自身边来,风是大自然独具匠心的特殊现象,也是幼儿在日常触及最多的自然现象。本活动通过利用生活中的物体探索风的形成,让幼儿在活动中更为直接地体验风的存在,激发他们的探究热情。大班的幼儿探究欲望强,操作水平高,同时较小、中班幼儿具有丰富的生活经验,能了解如台风、龙卷风等特殊的风,具备一定的应急性自我保护的知识和能力,能够热爱生活,勇敢生活。

二、活动目标

1. 知识目标:感知风的存在、形成、能量(强弱)以及与人类生活的关系。
2. 能力目标:通过观察辩证地认识风,通过探索操作形成风,与"风孩子"交朋友。
3. 情感目标:热爱并敬畏大自然,增强自我保护意识,树立从小热爱科学的情感。

三、活动重点、难点

本次活动主要是风的科学常识的探究学习。因此,整个教学活动的重点放在尝试感知风的存在和认识风的形成原因上面。感知活动通过小朋友与风对话,激发幼儿的求知欲,尝试的形式是利用材料来寻找看不见的朋友——风。因此,幼儿动手操作探索风的形成是本次活动的难点。在活动过程中我尽一切可能让幼儿自己探索,使幼儿自己观察发现并通过合作的形式进行活动。

四、活动准备

为了使活动呈现趣味性、综合性、活动性,寓教育于生活情境、游戏之中。为此,我做了如下活动准备:

1. 经验准备

幼儿前期已经在郊游中、车上、山坡上等各种地方感受过风,在电视上或者是大人口中听到、看到、学到有关风的知识。

2. 物质准备

(1)风车、扇子、纸、吸管、盛有水的面盆。
(2)有关台风、龙卷风的图片、视频,自制"风孩子"的卡片,课件。

五、教法

《纲要》指出:教师应成为学习活动的支持者、合作者、引导者。活动中应力求形成"合作探究式"的师幼互动。针对活动目标、活动设计和幼儿的实际情况,在整个活动过程中我主要采用了以下教学方法：

1. 情境创设法。在活动过程中我有目的地引入或创设具有一定情绪色彩的情节，我将设定"风孩子"拟人化的形象，赋予风一定的情绪，使知识变得生动，以引起幼儿一定的情感体验，使幼儿心理机能得到全面发展。

2. 问题教学法。在活动引导中，提出恰当的开放性问题，可以激发幼儿的学习兴趣。幼儿本身就爱问为什么，探究欲望很强，恰恰符合科学领域的精神，教师与幼儿一同思考，更近一步拉近师生之间的距离，形成了好的师幼互动。

3. 演示教学法。本次活动通过组织看台风、龙卷风的图片和视频，直观地让幼儿对风有全新的认识。以及展示我制作的"风孩子"卡片，让他们知道风的多面性、趣味性。让幼儿对生活中有帮助的风和自然灾难进行区别，加强幼儿的安全认知，自然习得一定的自我保护和救助办法。此外，在各个不同的教学环节中还穿插运用探索教学法、启发联想教学法使整个活动过程动静结合，让幼儿在轻松、愉快的环境中学习，做到寓教于乐。

六、学法

以幼儿为主体，创造条件让幼儿参加探究活动，不仅提高认识、锻炼能力，更升华了情感，本次活动采用的学法有：

1. 多感官参与法。《纲要》科学领域中的目标明确指出，"（幼儿）能用多种感官动手动脑，探究问题；用适当的方式表达、交流探索的过程和结果。"因此，活动中引导幼儿多种感官的参与使其在不知不觉中对活动内容产生兴趣。

2. 操作法。它是幼儿建构活动的基本方法。本次活动安排了两次操作活动。第一次操作是引起兴趣，主要是探索产生风的趣味性、多样性，让幼儿看一看、摸一摸、用一用、试一试，通过多感官的参与，感知风的存在。第二次操作是试一试、比一比，幼儿通过不同的表达方式，将自己的对风的感受和运用进行阐释。两次操作，增强了幼儿的感性经验，同时层层递进地能将活动推向高潮，使得教学氛围融洽而活泼。

3. 体验法。心理学指出，"凡是人们积极参加体验过的活动，人的记忆效果就会明显提高。"为了让幼儿对风有更深的印象，采用了游戏体验法，幼儿与我共同在寻找风朋友的过程中体验、感受风的存在，激发幼儿的探究热情，继而引发幼儿对风的好奇心与探究欲望。其间，还通过幼儿间的互补学习、师幼合作的方法，表达丰富、多样的认识，体现了"以幼儿发展为本"的理念。

七、活动过程

我采用环环相扣的方式组织此活动程序，活动流程为：寻找风朋友，激发兴趣——自由探索，感知风的存在——幼儿动手操作尝试，探索风形成——共同交流，探索结果——运用生活经验及观看视频、图片、卡片等，感知风对人对生活的好处与坏处，交流有关风的经验——拓展知识，评价总结。

（一）激发兴趣（利用找看不见的朋友，激发幼儿的探索兴趣）

兴趣是人们积极、主动地认识客观事物的一种心理倾向，学习兴趣是学习动机的重要心理成分，它是推动幼儿探求知识的动力，它会使幼儿产生学习需要，是学习活动中最现实、最活跃的因素。因此，我根据教材实际，创设兴趣情景，来调动幼儿的学习热情。活动开始，请幼儿闭上眼睛，"呼呼呼——呼呼呼——"告诉他们"今天老师有个看不到的朋友要来我们班，和小朋友做游戏"，引发幼儿的兴趣。（我拿出风车，请幼儿睁开眼睛看）"这个好朋友呀，能够让风车神奇地动起来。"（我挥动风车制造风，转动）"小朋友们，你们知道这个好朋友是谁吗？"（幼儿发言，得出结论——风）

（二）自由探索（幼儿动手操作尝试探索风的形成、强弱）

创新意识是创新素质培养的前提，根据幼儿好奇、好动的特点，在第二环节中安排了幼儿自由探索活动，让他们自己操作。我引导鼓励幼儿利用各种物品扇动来感觉这个好朋友——风，如幼儿会利用纸片，吹动纸片带来风，或者是利用扇子扇出风，这样通过操作解决了风形成的问题；通过对比扇动物品的材质来感知、体验风的强弱。作为他们的合作者、支持者和引导者，可以观看他们的探索，看看有什么样稀奇的创意点子。这也为后期的交流讨论奠定基础。

（三）交流结果（对幼儿获取风的经验进行整理）

在前一过程中，幼儿获得的经验是零碎的，那怎样进行加工整理呢？在探索活动结束后，幼儿最想的就是把自己所发现的寻找风的方法告诉给其他幼儿和教师，如：她是用什么方法做的，发现各种东西制造出来的风吹到身上的感觉是不一样的，询问幼儿冷风与热风的不同感受。（幼儿自己说出自己的体会：老师老师，我感觉暖风很温柔。老师老师，我感觉冷风凉凉的，像夏天吃西瓜的感觉！）教师要以鼓励为主，充分满足幼儿的表达欲望。同时注重个体差异，帮助表述有困难的幼儿大胆尝试。让他们把自己在探索中所得到的经验与老师及同伴讨论交流，幼儿介绍，集体讲评，整个活动集思广益，将幼儿对获取风的经验、风的感受都进行整理。

（四）丰富经验（利用生活经验和看图片、视频感知风对人的好处与坏处）

引导幼儿回忆自然界的风，出示课件及图片资料。让幼儿运用生活的经验感知风对人的好处和坏处（好处：可以吹干衣服、风力发电、热的时候会觉得凉快等；坏处：龙卷风会把人和房子吹飞，给人类带来危害等），为了使幼儿的兴奋点上升，我给幼儿看了有关台风、龙卷风的录像，其目的是使幼儿感知风的力量，替代了图片死板不动的传统方法。还出示了我自己的卡片（风孩子喜欢到处游玩，风孩子的情绪变化，风孩子的好朋友发电机、水车，等等），利用拟人化的故事内容来告诉幼儿风能可以发电，这里拓宽了幼儿的知识面，使得他们对自己的好朋友风又有了更进一步的认识。幼儿的好奇心充分得到满足，整个教学活动科学性强也不失趣味。教师询问幼儿不同季节的风给你什么感觉，总结出每个季节的特点（高兴的风孩子是甜甜的，温和拂来；生气的风孩子哇哇大叫，伴随着眼泪呼啸汹涌……），让他们有全面的认识。

（五）拓展知识（总结本次活动中有关风的全部经验知识）

面对特殊的风、有危险的风（如台风，龙卷风）时，请幼儿说一说、看一看、做一做，学会用科学的办法（如在哪里躲避、不要随意移动等）来保护自己，救助同伴，提高安全保护意识和能力。

在活动过程中，对幼儿进行了情感、语言、能力、动作等多方面的随机评价和阶段评价，总结丰富幼儿有关风的经验知识。并采用幼儿自评和教师评价相结合的方法，达到师幼、幼幼互动作用，以使教育更好地为幼儿发展服务。幼儿是活动的主体，大班幼儿自我表现欲望很强，让他们自己来说也可以锻炼语言表达能力和倾听能力。在反复思维的过程中，让幼儿知道善待大自然，敬畏大自然，与风交朋友。

最后我带着幼儿一起到户外去感受风、寻找风，进行放松，和大自然游戏，这也是非常好的一个学习方式，劳逸结合，走近大自然。

（六）活动延伸

活动结束，我们不能马上告一段落，而是引导幼儿持续不断地对风产生兴趣。因此我把本次活动的物品投放到活动区，继续进行区域活动。这样更激发了幼儿学习的积极性。

1. 根据这次活动以及幼儿的兴趣、经验和需要，搜集一个天气预报视频（如有台风来袭，几级），播放给幼儿看，模拟"天气预报员"的活动，让幼儿回去给爸爸妈妈讲讲。

2. 在下一个活动周开设专题活动，进一步全面巩固幼儿学到的有关风的知识，结合已经学习的温度气候知识进行讲述，进一步锻炼幼儿口语表达能力。包括让幼儿在模拟预报员时给其他幼儿讲述自我保护措施，通过行为练习法、角色扮演将健康、安全的相关知识内化。

八、活动反思

在活动组织中我始终坚持以幼儿为主体，以积极的体态语引导幼儿参与活动，用生动的语言对幼儿进行科学教育、情感教育。不含糊知识内容，大量搜集专业资料。在解答和交流过程中注重科学知识的严谨性。活动中，幼儿思维活跃，始终能围绕活动内容积极思考，从而将本次活动推向了最高潮。并且通过视频图片等多媒体教学手段，增强幼儿的直观印象，知识延展性也十分强，幼儿通过最后到户外寻找风、感受风和其他有关风的游戏，增强自己的探索能力和其他综合能力。

略有不足的是，活动过程中"风"仍是较为抽象的一个形象，需要教师有较好的口语表达能力去给幼儿具体化、生动化、拟人化。另外还要注意，教学活动中存在个体差异，对待有困难的幼儿，操作过程中要予以耐心帮助，具体问题具体分析。

教学活动是教师与幼儿共同成长的过程，对科学知识的学习也不是一蹴而就的，应该是以幼儿为中心，为幼儿提供可变化的情形以激发其探索精神。

思考与实践

1. 听评课案例

实习生需将自己在实习期间进行的教育活动过程整理成一份完整的书面材料,即听评课案例。案例应包括:活动由来、活动目标、活动经验与材料准备、活动过程(幼儿的动作、表情、言语,师生的互动、对话,教师的行动、思考等)、对活动过程和效果的分析评价。

2. 尝试根据设计的集体教育活动方案,进行微型课或者是说课练习。

3. 设计并尝试组织集体教育活动,做好教案分析、课堂教学实录分析、指导教师评价和自我反思等。

第六章 幼儿园游戏活动

现实问题

我国著名教育家陈鹤琴先生曾说过：小孩子生来是好动的，是以游戏为生命的。游戏是幼儿最喜欢的活动，对幼儿身体、认知、社会性、情绪情感的发展有着至关重要的作用。

如何创设符合幼儿发展需要的游戏环境？教师在幼儿游戏中扮演什么角色？当幼儿游戏行为不符合教师期待或者幼儿需要教师介入时应该选择何种介入方式和方法？教师如何通过自己的专业行为支持幼儿游戏水平的发展？

第一节 幼儿园区域活动实践

区域活动是幼儿室内游戏活动的主要形式，它是教师根据教育目标和幼儿兴趣、需要，创设富有个性的多个区域，投放丰富的、多层次的、多功能的、可操作的材料，让幼儿在特定区域中，自主选择，自主活动。

做好区域活动的观察与记录、设计与组织，是实习生必备的一项专业能力。一般来说，在幼儿园教育实习中看到的区域活动多是角色游戏和建构游戏，观察重点在于幼儿游戏的行为表现和教师的游戏指导等。

一、区域活动的观察与记录

实习生对区域活动的观察，首先要从实习班的环境创设中，先了解班级内设置了哪些活动区，每个角色区的环境布置和材料投放的情况如何，实习生可通过文字和图片记录的方式进行分析。

（一）角色区

角色游戏是幼儿通过扮演角色，模仿和想象，创造性地再现现实生活的游戏。角色区即为幼儿开展角色游戏的区域。游戏场景可分为娃娃家、超市、小医院、邮局、银行、美发屋、蛋糕店、餐厅等。

娃娃家：仿真小家具（床、沙发等）、厨房用具（锅、碗、水壶等）、家用电器（电视机、冰箱等）、娃娃用品（摇篮、小推车、奶瓶、衣服、小被子、毛巾、玩具）等。

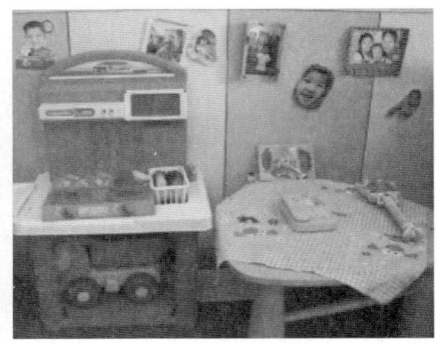

图6-1　娃娃家

小医院：可分为不同的职能部分，如挂号室、内科、外科、配药室、输液室等；物品：白大褂、医生帽子、听诊器、体温计、注射器、纱布、医药箱、药瓶等。

美发屋：镜子、梳子、吹风机、仿真剪刀、毛巾、洗发水、烫发用品等。

超市：货品架、各种废旧包装盒、饮料瓶、价签、各种面值的钱（卡纸）、购物篮、收银机（纸箱）、围裙。

餐厅：桌子、厨师和服务员的服装和帽子、菜单、酸奶瓶、卫生筷、模拟食品等。

图6-2　小医院　　　　　　　　　　　图6-3　餐厅

（二）建构区

建构区是利用各种建筑材料，如各种积木、积塑、生活材料、自然材料或玩具，幼儿根据自身需要、兴趣和意愿进行建筑、构造的活动区域。它为幼儿提供了分类、组合、比较和排列物体，表征经验和想象创造的机会，也为幼儿自主学习和合作学习创造了条件。

材料：各种材质、大小不同的积木，牛奶盒、鞋盒、饮料瓶、奶粉罐、易拉罐，插塑、积塑材料等，建筑物示范图、各种街道图片，汽车、树木、人物模型等。

图6-4　建构区

（三）表演区

表演游戏是幼儿根据文艺作品中的情节、内容和角色，通过对话、动作、表情再现文学作品的一种游戏。表演区即为幼儿开展表演游戏的区域。

材料：小舞台、布景、录音机、乐器、服装、头饰、木偶、花环、面具等。

图6-5　小舞台

（四）阅读区

阅读区是帮助幼儿练习听、说、读、写的技能，培养阅读兴趣，掌握正确的阅读方法，形成良好的阅读习惯，并学习用语言等方式表达自己情感、需求、意愿和观点的区域。

材料：绘本、幼儿杂志、挂图、语言操作材料及表演道具等。

图 6-6　图书角　　　　　　　　图 6-7　阅读区

（五）益智区

益智区以各种操作材料为载体，幼儿按照自己的意愿和能力，以操作、摆弄、尝试等方式，进行个别化的自主探究学习的区域。

数学类：数字卡片、数学类操作材料（如点数、分类、排序、形状）等。

棋类：五子棋、象棋、飞行棋、陆战棋、自制棋等。

构图类：七巧板、拼图等。

（六）科学区

科学区可分为种植角（自然角）、养殖角、科学制作角、观测角（动植物观测，气象、水文记录）、实验角等。

材料：各种易饲养的动植物，磁铁、放大镜、沙漏、天平等材料等。

图 6-8　植物角

（七）美工区

美工区是幼儿自主选择，感受不同的作品风格、不同的画材和技法，开展创意绘画和制作的活动区。它为幼儿的审美感受、表现和创造提供了条件。

绘画游戏：纸张、绘画工具（彩笔、油画棒、铅笔、颜料）、瓷砖、纸杯、蛋糕盘、展示墙等。

手工游戏：纸工材料、泥工材料、操作台和展示架等。

制作游戏：废旧材料、麦秸等自然材料；手工工具（剪刀、固体胶、双面胶等）、纸张、操作台和展示架等。

除此以外，实习生还可以通过绘制班级活动区设计平面图，来全面了解各区域设置的基本情况，分析区域活动设计的合理性。

案例分享

一个实习生观察小班区域活动时，描述和分析如下：

我所实习的小二班有4个区域，但真正利用的只有两个，一个是图书角，一个娃娃家，建构区基本无人问津。小班幼儿感知经验少，动手能力较弱，特别需要情感呵护，所以娃娃家游戏是幼儿最喜欢的区域活动。鉴于此，我觉得可以重新对班级区域布置做个设计，增加角色区游戏的内容和数量，这样会更有利于幼儿活动。下面我通过设计平面图，来诠释自己的思考：

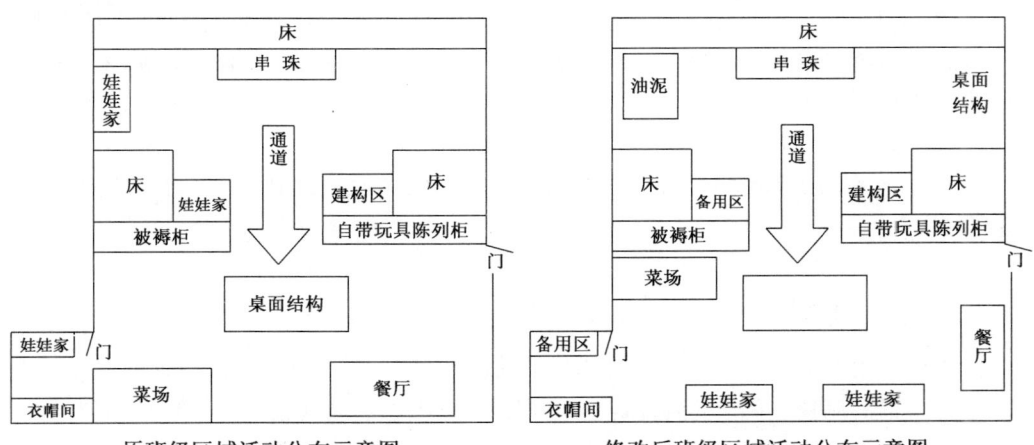

原班级区域活动分布示意图　　　修改后班级区域活动分布示意图

图6-9　幼儿园班级区域活动分布图①

资料链接

根据活动室空间、幼儿人数，因地制宜，设置隔挡式、靠墙式、活动式等不同形式的活动区。区域空间的大小位置都根据场地条件设计，可开放也可封闭，可以使用独立的角度，也可组合角落的一部分。要求如下：其一是区域布局合理，动静相对分割，干湿分开，区域间可以用桌、椅、矮柜、屏风隔开。其二是考虑空间位置的相互作用与影响，例如：种植区、美工区离水源要近，阅读区光线要好。角色区不宜与益智区相邻

---

① 此表见《学生教育见习手册》"幼儿园班级区域活动分布图"。

而置,因为角色区里幼儿来来往往的喧闹会影响益智区幼儿的安静操作,动静反差太大。其三,根据幼儿的认知特点,各区域分别设有标志图形,借助图形了解区域内容。其四,还要考虑幼儿的年龄特点和兴趣需要等。

二、区域活动的记录与评价

著名教育家陶行知先生说:"教育为本,观察先行。"没有细致的观察,就谈不上正确有效的教育方法。实习生要通过区域活动观察,重点了解幼儿在活动区中的行为。这种方法较适合在教育见实习中运用,有利于详细了解幼儿在活动区中的具体表现,全面分析幼儿行为,进行有针对性的指导,同时通过反思,提供改进策略与建议,促进各类区域活动的深入开展和游戏水平的不断提高。最终,实习生可以深化对游戏知识的理解和提升游戏实践指导能力。

关于区域活动的观察、记录与分析,可从以下几大方面入手:

(一) 游戏环境评价

区域活动环境是幼儿园班级环境的重要组成部分,是促进幼儿发展的重要途径。评价游戏环境可以增强幼儿园及教师游戏环境创设的目的性和针对性,提高环境育人意识和游戏管理水平。

> 学生可利用《学生教育见习手册》"幼儿园班级环境创设评价表"对本班环境创设进行评价。

(二) 游戏过程的评价——教师指导幼儿游戏的评价

在幼儿园班级管理工作中,对教师指导幼儿游戏进行评价,可以提高教师的专业化水平,促进幼儿园教师树立科学的游戏观和游戏指导意识,提高游戏指导的针对性和目的性。在评价教师游戏指导过程中,要关注两个问题:一是要注意教师作为教育者主导作用的发挥,二是注意幼儿作为游戏主体地位的实际价值。要充分发挥教育评价的诊断和激励功能,调动教师对游戏指导的积极性和创造性。对教师指导游戏的评价内容如下:

1. 引导游戏的进程

引导幼儿自主选择游戏。例如,教师用材料介绍、建议活动方式、商量游戏规则等启发幼儿自选活动;适时介入幼儿游戏,启发和鼓励幼儿游戏实践和交往,促进幼儿与环境材料、同伴有效互动;根据幼儿的不同需要给予适当的指导;游戏结束时根据教育需要引导幼儿简单评价游戏。

2. 教师与幼儿的相互作用

教师在游戏中,应注意运用积极肯定的态度与幼儿交往,注意以自己积极饱满的情绪参与游戏,影响、感染幼儿。通过语言或肢体语言表现出教师对幼儿游戏行为的赞许和肯定,激励幼儿创造,尽量避免强行控制、禁止、批评等消极手段的使用。

3. 教师指导的对象和范围

在游戏指导中,教师注意重点与一般结合,在照顾全体幼儿的同时,关注个别幼儿。根据幼儿的不同特点,给予具体帮助;同时注意幼儿游戏小组的指导,发挥小组内幼儿相互合作的积极影响和作用。

4. 教师指导幼儿游戏的方式与方法

在指导幼儿游戏的方式上应多样化,例如,呈现适宜材料、建议、提问、启发和丰富幼儿知识经验、提供范例、直接参与、行为示范、讲解具体技能,利用幼儿之间相互影响互教互学,从而促进游戏不断深入。教师要根据具体情况,采用适当的指导方法,并注意综合运用多种方法指导游戏,才能发挥教师指导的最佳效果。

5. 教师记录幼儿游戏的方式

教师在指导幼儿游戏的过程中,养成记录习惯。教师选择符号记录、文字记录、多媒体记录等方式,重点记录幼儿游戏过程中遇到的困难或问题,以便材料投放有层次性、适宜性、可操作性。

案例分享

幼儿区域活动观察记录分析表[①]

观察日期	4月15日	观察时间与时长	10:35—11:00 25分钟
观察班级	中4班	观察区域	建构区
区域材料	积木、牛奶罐等		
观察对象	鑫鑫、聪聪、小涛、小梅		
观察实录	进入建构区的幼儿有鑫鑫、聪聪、小涛、小梅。刚开始玩的时候,每个人都很开心,你一块我一块,自己搭着房子,互不干扰。可是5分钟后,各种声音开始出现。聪聪大叫起来:"你怎么总是把我搭的作品碰倒了?真讨厌!"聪聪立刻答道:"我也在搭着呢,没看到,又不是故意的。"就在此时,小涛也说:"我要三角形积木搭房顶,怎么没有了?" 这时,小梅放下手中的积木,对着争吵的鑫鑫和聪聪说:"咱们一起搭吧。"小涛也跟着一起说:"一起玩吧,这样好!" 4个小朋友坐在一起商量怎么搭建小区。鑫鑫说:"城市里有高高的楼房。"小涛说:"小区里有马路。"……说着,聪聪就顺手推倒了刚才自己搭的房子,说:"咱们开始吧。" 小梅对李老师说:"把树和马路可以连在一起。"这时,小涛说:"咱们的材料不够,看看怎么搭呢?"于是,鑫鑫用小牛奶罐做小树,小梅用长积木铺上了马路。大家按商量好的方案,兴趣又开始高涨,迫不及待地着手建构,不一会儿,就建出了小区的样子。		

[①] 此表见《学生教育见习手册》"幼儿区域活动观察记录分析表"。

(续表)

教师支持与策略	听到争吵声,李老师走过来,看了看,说:"你们几个搭得真不错,可是这里就这么大,怎么办呢?你们的房子也不像咱们幼儿园前面的校区,房子真少。" 此时,李老师说:"聪聪,你的房子推倒真可惜,怎么样能把你们的房子连起来呢?房子和房子之间还有什么呢?这样搭小区又快,又大,多好呀!"
分析	幼儿分析:鑫鑫和聪聪的建构能力很强。小梅的交往能力比较强,善于做人际协调。 材料分析:建构区提供的操作材料数量不足,类型较少,半成品、废旧材料少。 教师指导行为分析:李老师能适时以参与的方式,指导幼儿游戏,提高了4个幼儿的活动能力。
建议	1. 请家长配合,提供一些废旧材料,如瓶子、易拉罐、汽车玩具等。同时还可在建构区中开辟出辅助制作区,投放各种辅助材料,如包装纸和剪刀等,自制一些树木、花草等比较形象生动的材料。 2. 可以给幼儿提供一些建筑的设计图,增加幼儿的感性经验,提高幼儿的建构能力。 3. 鼓励幼儿的合作行为。 ……

6. 教师创设的游戏心理氛围

在指导游戏过程中,教师注意运用启发激励式,创造民主平等的心理环境和气氛,激励幼儿积极参与活动,鼓励幼儿积极探索、创造。同时注意发挥游戏规则的约束作用,帮助幼儿逐渐形成自律和自我管理的能力,达到促进幼儿全面发展的根本目的。

(三)幼儿游戏发展水平的评价

幼儿游戏发展水平受多种因素的影响,如幼儿身心发展水平、游戏时间、游戏材料、成人对游戏的态度等。因此,幼儿游戏发展水平具有明显的年龄差异和个体差异。正确了解幼儿游戏发展水平,可以更科学地指导幼儿游戏,促进幼儿游戏水平不断提高。

观察幼儿主要包括:第一,观察幼儿的活动有没有主题,主题是否易受他人影响,幼儿是否自定主题进行活动,能否与同伴互相商量主题、共同活动。第二,投放的材料能否满足幼儿的实际需要,尊重幼儿发展的差异性,便于教师了解和调整活动材料,幼儿对材料的喜欢程度、选择情况、使用情况,都可以使教师了解材料的适宜性。第三,观察幼儿在活动区中的个性品质表现。个性品质主要包括独立自主性、探索性、坚持性及遵守常规的情况等。活动区宽松、自主的氛围,使幼儿的个性得以全面、真实地展示,对此进行观察有助于正确把握幼儿的个性特征,了解幼儿的不同个性。

以下表格可供幼儿园区域活动中观察幼儿游戏发展水平使用。其中表6-1主要通过到达活动场地、遵守游戏规则、游戏持续时间、玩法创新、与同伴游戏合作、问题处理、玩具收纳等内容,观察男女生达到以上内容要求的数量,以便对于幼儿整体性、男女差异性游戏水平的分析与评价。表6-2是针对游戏中某个幼儿自主性、注意力、合作性、创造力等方面的发展水平的分析与评价。

表 6-1 幼儿区域活动观察分析表①

观察者		观察班级				
观察时间		观察时长				
观察区域		观察人数				
观察内容	要求	达到		未达到	
		男	女	男	女
到达活动场地	能够独自按照计划到达活动场地				
	能够带领同伴按照计划到达活动场地				
遵守游戏规则	能与同伴协商制定并遵守游戏规则				
游戏持续时间	参与活动持续时间较长,专注度较高				
玩法创新	熟练运用已有经验进行游戏				
	主动探究,尝试新玩法				
与同伴游戏合作	较好地与同伴合作游戏				
	能够与同伴合作游戏				
	独自游戏				
问题处理	能够自己独立解决问题				
	向教师求助解决				
	与同伴协商解决				
玩具收纳	游戏结束能主动收纳玩具,并按分类标记摆放				
现象分析					
整改策略					

---

① 此表见《学生岗位实习手册》"幼儿区域活动观察分析表"。

表6-2 幼儿区域活动观察评价表[1]

区域活动名称				日期			
幼儿姓名		性别		年龄			
类目	项目			经常	一般	很少	从未
自主性	1. 能独立完成一项活动						
	2. 会主动选择活动						
	3. 能主动收拾玩具						
	4. 分享活动时能主动提出自己的看法						
注意力	1. 能够参与该区活动达5~10分钟						
	2. 认真思考解决问题						
	3. 不受周围环境影响						
合作性	1. 能与同伴交流						
	2. 能与同伴合作完成一项工作						
	3. 遵守集体游戏规则						
	4. 会轮流使用活动材料						
创造力	1. 会利用不同的材料做整体的造型						
	2. 不重复自己的活动						
	3. 能提出解决问题的方法						
	4. 能提供不同的答案						
评价							

三、区域活动设计与实施

(一)区域活动的设计

活动区活动虽然是以幼儿自主选择学习内容,主动进行探索与交往为主的活动,但更重要的是需要教师精心的创设和适宜的指导。所谓区域活动的设计,实际上涉及的是如何根据幼儿园课程目标创设活动区环境、选择和投放活动材料以及如何适当地指导幼儿的活动等问题。因此教师一定要有目的、有计划地设计区域活动,让幼儿通过与环境和材料的相互作用得到发展。

---

[1] 此表见《学生教育实习手册》"幼儿区域活动观察评价表"。

设计区域活动时应注意:

1. 要写清楚区域活动的设计意图,需要开设哪些区域,每个区域主要投放的材料及其功能和玩法等。

2. 开设的每个区域活动都应制定相应的活动目标。教师根据幼儿的发展需要和水平,围绕课程总目标、阶段(月、周)目标和本班特点事先制定区域活动目标。

3. 制定相应的区域活动规则。教师可根据近期班级幼儿存在的问题预设每个区域的规则,如进区规则、活动规则、交往规则、整理规则等,但必须将规则制定变为幼儿的学习目标或内容,尽可能与幼儿共同讨论、协商,用幼儿能够理解或喜欢的方式在活动区中呈现。活动区良好的常规不是一朝一夕能形成的,它会有各种各样的变化,因此在活动中要不断发现新问题,不断调整规则内容,在设计过程中一定要体现阶段性和动态性,使活动区规则日益合理完善。

4. 预设区域活动中的幼儿行为表现与教师指导策略。教师需根据班级幼儿情况预估幼儿在区域活动中有哪些行为,会使用哪些材料,活动专注度、会遇到哪些困难等活动状态。

区域活动中教师以平等的身份参与幼儿区域活动,结合幼儿的实际水平、需要,灵活选择并创造性指导。一般在幼儿遇到困难、挫折,即将要放弃游戏意愿时介入,在幼儿与环境的互动中产生认知冲突时介入,当幼儿主动寻求帮助时介入,当游戏中出现不安全的因素时介入,当游戏中出现消极内容、不利于游戏开展的过激行为时介入指导。

资料链接

幼儿游戏的介入

1. 介入的时机

介入幼儿游戏的时机取决于两个方面:一是教师的期待;二是幼儿的需要。出现以下情况时需要教师及时介入:当幼儿游戏停滞时、当幼儿难以与同伴互动时、当幼儿缺少游戏材料时、当幼儿游戏遇到困难时、当幼儿违反游戏规则时、当幼儿主动寻求帮助时、当游戏中出现不安全因素时等。并不是以上所有情形一出现教师就要介入。当教师状态不佳、不想参与游戏、感到自己干扰幼儿游戏时,或者其他情形下,可以选择不介入。教师要把握好介入游戏的时机,在幼儿最需要支持时给予其支持,以最少、最适宜的干预推动幼儿游戏发展。

2. 介入的方式

介入幼儿游戏时一般有平行介入、交叉介入和垂直介入三种方式。

平行介入指教师在幼儿附近玩与幼儿游戏相同或不同材料的游戏,目的在于引导幼儿模仿教师。介入的过程中教师起暗示指导的作用,这种指导是隐性的。当幼儿对教师提供的新材料不感兴趣或者不会玩、不喜欢玩,只会一种玩法时,可采用这种方式进行指导。

> 交叉介入指当幼儿需要教师参与或教师认为有指导必要时,教师作为游戏中的某一角色或扮演某一角色进入幼儿游戏,通过教师与幼儿角色之间的互动,起到指导幼儿游戏的作用。
>
> 垂直介入指幼儿游戏出现严重违反规则或攻击性等危险行为时,教师直接介入游戏,对幼儿进行直接干预。这种方式容易破坏游戏气氛,甚至使游戏中止,要慎用。
>
> 在不同的介入方式下,教师有时与幼儿同为游戏者,有时又作为旁观者。
>
> 3. 介入的方法
>
> 教师在介入游戏时可采用多种多样的方法,概括起来主要包括以语言为媒介的指导和非语言指导两种。在幼儿游戏的过程中,教师要综合运用多种方法进行指导。当运用语言作为媒介进行指导时,教师可采用角色式的语言与幼儿进行谈话、建议、商讨等;还可以以局外人的语言对幼儿进行建议、鼓励、描述、讲解和评价。在垂直介入中,有时也会使用指令性的语言。在选取非语言指导方法时,教师可通过材料提供、范例支持、行为示范、同伴引导等方法为幼儿游戏提供支持。

5. 预设区域活动后的评价。活动后的集体讲评,鼓励幼儿对自己的游戏行为和游戏成果进行自我评价,促使幼儿交流体验与收获,分享快乐与成功,在此基础上可以产生新的活动项目,有助于平衡个别指导和集体教学,促进幼儿关键经验的进一步提升。

(二) 区域活动方案的撰写

区域活动的方案不同于集体教育活动的方案,制定思路相对比较自由,可采用文字或表格等方式来撰写。一般来说,因为区域活动的特殊性,在区域活动方案中要突出体现三点:一是活动目标要清晰,突出发展幼儿的关键能力;二是材料投放,材料是区域活动的灵魂,所以材料提供要写清楚;三是指导要点,因为区域活动十分强调幼儿的自主性,所以教师在指导方面要注意分寸,要预设好指导的要点内容和使用策略。

(三) 区域活动的实施要点

1. 教师应尊重幼儿选择活动区的意愿,要多观察幼儿参与活动区活动的情况,督促幼儿遵守活动区相应的规则。

2. 做好细致观察。要正确地指导幼儿进行区域活动,首先要关注幼儿的活动,准确了解幼儿在活动中的需要和表现,关注幼儿已有的经验是什么,了解什么是幼儿喜欢玩的,什么是他们不喜欢玩的。然后根据观察所得,考虑在哪些方面给予帮助,以便采取相应的措施,或向幼儿提出有效的建议。

3. 把握好角色转换,什么时候是活动的组织指导者,什么时候是幼儿的游戏伙伴,应做到事先观察,并能适时、适度地介入指导,引导幼儿深化活动内容。

4. 有计划、有目的地对幼儿在区域活动中的情况进行评价,引导中、大班幼儿参与评价活动,帮助幼儿整理经验。

5. 记录幼儿参与活动区活动的情况,进行反思,并及时调整、添加活动区材料。反思来自两方面：一是教师，环境创设是否适宜，布局是否合理，材料提供上是否调整，游戏介入行为是否及时、适时，对幼儿的游戏是否有推动作用。二是幼儿，兴趣在哪里，有什么变化，游戏中需要幼儿积累什么经验，幼儿在游戏中的交往、合作等达到什么水平，还存在什么问题，需要怎样的帮助。

案例分享

幼儿园班级环境创设方案[①]

班级	中 2 班	时间	6 月 2 日
主题	运动小能手		
主题墙（可附图） 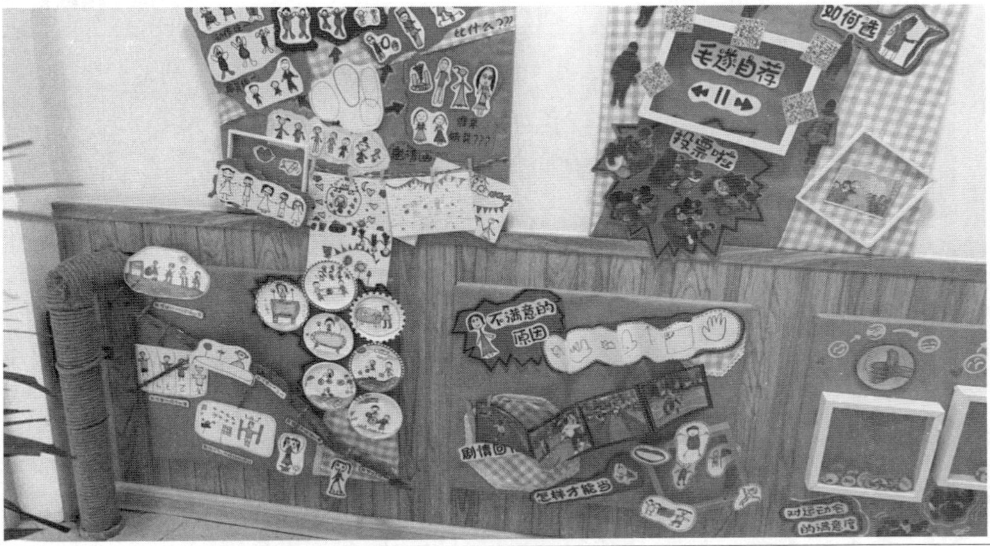			

区域（可附图）	区域一

---

① 此表见《学生教育实习手册》"幼儿园班级环境创设方案"。

（续表）

	区域二	
	区域三	
家园共育栏（可附图）		

（续表）

其他	室内	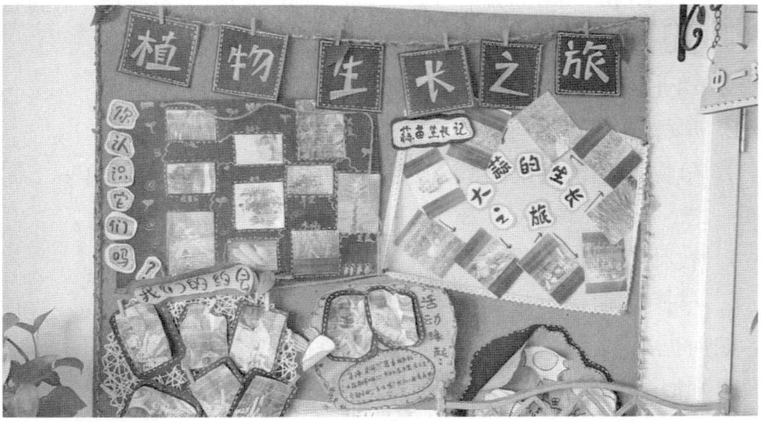
	室外	

第二节　幼儿园体育活动实践

《纲要》明确指出：开展多种有趣的体育活动，特别是户外的、大自然的活动，培养幼儿积极参加体育锻炼的积极性，并提高其对环境的适应能力。由此看出，户外体育活动是幼儿体育活动的又一重要组织形式，它不仅能让幼儿锻炼身体，而且能直接接受阳光、空气和温度等自然因素的刺激，对幼儿运动系统、呼吸系统、循环系统、神经系统的健康发育尤为重要。

一、早操活动的观察及分析

幼儿园的早操活动是全园最集中的体育锻炼时间。一般情况下，也是实习生最容易观察和参与的活动环节，大家兴趣点较高，参与度高。除此以外，还有部分学生经过

短期练习,成为带操老师,可在实习期亲自体会教师组织早操活动的感受。

早操活动既能锻炼幼儿体能,又能活跃幼儿情绪,使幼儿愉快地参加到一日活动中。目前幼儿园早操活动开展中却存在以下问题:

1. 幼儿园教师对早操活动的作用认识不深刻;
2. 早操形式设计与编排不生动;
3. 早操活动借助的材料和选取的内容十分单一(音乐单一、器械单一、活动形式单一);
4. 教师不能全情投入;
5. 早操活动量不足。

如何提高早操活动质量引发实习生的观察与思考,所以针对早操活动在实习期应全面熟知以下内容。

（一）早操观察与记录的内容

1. 观测幼儿在早操活动中的活动情况,分析幼儿活动的兴趣、活动量、生生互动以及使用器械的情况、幼儿自主性的体现等。

2. 观测教师是否根据幼儿年龄特点编排早操,早操结构是否合理,早操活动的编排是否考虑幼儿自主空间和时间,教师与幼儿互动情况,教师对早操活动材料投放的合理性,服饰以及精神状态等。

3. 观测保育员在早操活动中关注幼儿以及护理幼儿情况。

（二）早操观察与记录的方法

1. 观察记录法

实习生可以从某一天或连续一周观察早操活动,从不同的视角发现问题,并对早操活动中各环节进行记录分析。

2. 测查法

实习生也可对幼儿活动量进行测查,见表6-3,可在早操活动前后进行1分钟的幼儿心率变化测查,关注幼儿活动的密度与强度是否达标。

表6-3 幼儿早操活动后心率变化统计表

班级:　　　　　人数:　　　　　　　　　　　　　　计量单位:1分钟

心率次数	90次	95次	100次	105次	110次	115次
人数						
百分比						

除此以外，可利用"幼儿晨间锻炼观察记录表"，对教师的基本素质、组织能力，幼儿发展情况、参与活动情况方面进行记录与分析。除此以外，还可适当对活动场地安全状况，早操活动利用器械的种类及保育员护理等方面做全面分析。

二、体育游戏的设计与实施

幼儿体育游戏是以体育运动为基本内容，以游戏为基本形式，以发展幼儿基本动作、增强幼儿的身体素质为主要目的，具有一定的情节、角色和规则的特殊体育活动。幼儿体育游戏形式生动活泼，适合幼儿的年龄特点，易于激发幼儿积极参加体育活动的兴趣和愿望，使他们在轻松愉快的活动中，练习各种基本动作，锻炼身体，是幼儿园开展体育活动的基本形式。

实习生可通过设计和组织体育游戏，来进行教育教学实践活动的尝试。

（一）体育游戏观察

幼儿体育游戏类型很多样，可结合幼儿年龄特点，进行观察与分析。

表 6-4 体育游戏类型

类型	特点	举例
模仿性游戏	模仿各种动作，发展基本动作	小班体育游戏"小白兔"，训练双脚向前进行跳的技能
有主题情节的游戏	有角色，有开始、发展、结束的游戏情节，有不同的难易程度，各年龄班都能开展	小班"小蝌蚪找妈妈"、中班"老狼老狼几点钟"、大班"小青蛙捉害虫"等
竞赛性游戏	在规定条件下，分出胜负	大班"夺红旗""接力跑"
躲闪性游戏	训练动作灵敏性作用较大，适合在中、大班开展	中班"捕小鱼"游戏，躲闪时不仅要迅速跑步、转身、设法避开等，还要注意不碰撞其他同伴
球类游戏	由易到难地组织	滚球、拍球、抛接球、击木柱、投篮、踢足球、打乒乓球等
民间传统体育游戏	活动内容和形式生动有趣	跳皮筋、踢毽子、跳格子、抬新娘、抛绣球、跳竹竿、斗鸡、端盘子、人力拉车、编花篮、舞龙等

图 6-10　老鹰捉小鸡

图 6-11　跳房子

图 6-12　跳皮筋

图6-13 丢手绢　　　　图6-14 滚铁环　　　　图6-15 丢沙包

(二)体育游戏方案设计

首先,幼儿体育游戏的主要任务是发展幼儿的基本动作,提高其身体素质,促进其身体的正常发育和技能的协调发展。此外还有巩固和丰富幼儿的知识,发展智力和培养他们良好品德、个性的任务。从这些方面对游戏的目的做了理论的定位,因此在设计时,要依据各年龄班的基本动作发展目标来确定任务,注意体现全面均衡。

其次,游戏的条件主要包括游戏的场地、器械和玩具,它是游戏赖以进行的物质基础。

再次,游戏的内容是游戏的主要成分,是由游戏的任务决定的。游戏的主要任务决定了游戏的主要内容是游戏的动作或技能,因为身体素质练习是通过一定的身体动作练习来实现的。

最后,游戏的角色、情节和规则。游戏动作是通过一定的角色来完成的,有角色特征的活动及活动方式又构成了游戏的情节,它在游戏中具有激发兴趣的动力作用和教育作用。另外,每个游戏都必须有一定的规则,以保证游戏按要求完成任务,达到锻炼身体的目的。

案例分享

中班体育游戏:木头人

游戏目的:

1. 锻炼灵敏性和平衡感。
2. 体验团体游戏的乐趣。

游戏准备:

空阔的场地,地面平整。

游戏玩法:

1. 幼儿围在一起,请出一名"发令者"站于中间。
2. 游戏开始,幼儿边拍手边念儿歌边自由走动或跑动,念到最终一个字时,坚持一个姿势不动,先动者为失败者。
3. 为提高幼儿兴趣,"发令者"可在念完最后一个字时做一个动作,如:"平衡"状、

"小猴"状等,其余幼儿迅速学样并静止,学错动作或走动者为失败者。

注意事项:

追逐跑时小心碰撞,注意安全。

三、其他体育活动观察与分析

户外体育活动的类型还有很多,如器械活动、幼儿园运动会、亲子运动会等多种形式。实习生可以根据实习具体时间、实习园特点进行不同类型的户外体育活动的观察、记录与分析,以此来全面了解户外体育活动的活动时间、活动内容与材料、组织形式与指导策略。

资料链接

幼儿园教师组织户外体育活动评价标准

评价指标	评价标准
目标内容	活动目标明确、具体,符合本班幼儿实际发展水平,具有可操作性
	根据活动目标选择合适的活动形式,满足幼儿身体发展需求
	活动内容的选择符合肢体协调、灵敏发展的需要,具有趣味性
活动准备	对幼儿进行安全教育,做好服饰、场地、器械等方面的安全检查
	器械材料充足,能满足不同幼儿的发展需求
活动过程	教师精神饱满,能用简练的语言让幼儿明确活动内容和要求
	教师的示范动作规范、优美、有力
	灵活运用适当的组织形式与方法开展各项活动,过渡自然安全
	能够适宜地把握幼儿的活动强度、运动密度、活动量等
	引导幼儿遵守必要的活动常规,减少碰撞;注意体育活动中心理品质的培养,如坚强、勇敢、合作等
	注意观察幼儿活动情况,有针对性地反馈、调整幼儿活动需要,根据个体差异进行随机教育,调动幼儿主动活动的积极性
	确保每日1小时的户外体育活动时间,集体与分散活动适度
	能够根据季节变化安排活动内容,并关注幼儿身体健康
活动效果	幼儿参与活动兴趣浓厚,兴趣愉快
	幼儿运动能力能达到该年龄段的发展水平

总之，一周内户外体育活动内容要全面，保证早操活动、体育游戏、器械活动、自由活动、散步等多种类型体育活动的开展。充分利用日光、空气、水等自然因素以及本地自然地理环境，利用现有自然物和无毒废旧物自制活动材料，积极开展适合幼儿的、丰富多彩的体育活动，以达到充分锻炼身体的效果。

思考与实践

1. 请结合课程游戏化，探讨幼儿园区域活动设计与实施的要点。
2. 在传承传统文化的背景下，谈谈如何设计组织幼儿园体育游戏活动。

第七章 一日活动的组织与实施

现实问题

一日活动是幼儿园工作的中心。幼儿园保教质量关系着幼儿的发展,关系着幼儿园的发展。为幼儿提供优质的保教服务,培养幼儿全面发展是幼儿园教育的根本任务。

那么对实习生来说,每次保教实习时都需要关注保教工作,那么观察哪些内容,如何观察和评析,便成了最棘手的问题。因此,细致了解幼儿园保教工作的内容也有利于实习生将理论知识应用于幼儿园工作的实践过程中去。

第一节 幼儿园保教工作概述

保育与教育是幼儿园教育的两大方面,各有其主要职能,但是保育和教育又必须是相互结合、相互统一的,这是幼儿身心发展的特点决定的。保教结合的原则是我国幼儿园教育的基本原则,也是作为一名实习生在设计和组织教育活动时必须要有的意识,那种认为"我在幼儿园是当老师的,主要任务是教育教学,至于吃、喝、拉、撒、睡是保育员的事,与己无关"是片面的。

一、保教结合的内涵

(一)保和教是保教工作中的构成要素,具有整体性

所谓保,通常是指保护幼儿生理、心理健康,增强体质、促进生长发育而进行的体格锻炼、预防疾病、执行科学作息制度、保健制度等内容的活动。

所谓教,通常指有目的、有计划、有系统地创设良好的环境,合理安排幼儿生活,培养幼儿良好的习惯,丰富幼儿知识、经验,发展智力,促进其良好的社会适应性的活动

过程。

(二)保和教各自作用又相互联系,保与教要在同一过程中实现

幼儿期是人类智力发展的最佳期,也是个性初步形成的时期,童年时期心理与社会适应的良好状态,直接影响到今后的身心健康及生活态度。因此,幼儿园教育必须保教结合,保育应贯穿于幼儿全部教育活动中,保中有教,教中有保,保教并重,忽视其中任何一方面都将影响到幼儿的健康发展。如幼儿在美工活动中使用剪刀的问题直接涉及幼儿安全问题(是否会剪到手、戳到眼睛等),教师设计与实施活动一定要提醒幼儿正确使用剪刀的方法,保证教育活动顺利进行。中班幼儿的午睡状况都很好,每天幼儿午睡起床后,保育员都要整理床铺,叠好被子,但保育员针对本班幼儿的特点,随机进行了合作叠被子的训练,久而久之,幼儿自然习得了自我服务的生活技能。所以,幼儿园的教育与保育是很难明确分离的。

二、幼儿园保育和教育的主要目标

1. 促进幼儿身体正常发育和机能的协调发展,增强体质,促进心理健康,培养良好的生活习惯、卫生习惯和参加体育活动的兴趣。

2. 发展幼儿智力,培养正确运用感官和运用语言交往的基本能力,增进对环境的认识,培养有益的兴趣和求知欲望,培养初步的动手探究能力。

3. 萌发幼儿爱祖国、爱家乡、爱集体、爱劳动、爱科学的情感,培养诚实、自信、友爱、勇敢、勤学、好问、爱护公物、克服困难、讲礼貌、守纪律等良好的品德行为和习惯,以及活泼开朗的性格。

4. 培养幼儿初步感受美和表现美的情趣和能力。

目前,幼儿园教师和保育员保教并重的意识已经树立,但是在实施过程中,由于保育与教育工作分属不同的管理人员,二者之间缺乏沟通,往往使保教工作相互脱节。作为实习生要主动积极地与教师和保育员沟通,使保教工作自然地渗透于幼儿一日活动中。

资料链接

1. 在悉心照料幼儿生活的同时注意幼儿自理能力及独立性的培养

为保证幼儿健康、安全地成长,细致入微的照料、关怀是十分必要的,如经常提醒幼儿上厕所、喝水、不挑食、不偏食,玩大型器械时要注意安全保护,根据天气情况提醒幼儿增减衣服等,都是老师应尽的保育职责。幼儿园里无小事,决不能认为是鸡毛蒜皮的小事而予以忽视或干脆视而不见。但在这个过程中,培养幼儿自我保护、自我服务的独立意识、良好习惯也同样重要。如进餐、睡眠、盥洗习惯及安全规则从幼儿入园起就应该循序渐进地进行训练和学习,这个任务自然也离不开保育员的配合。

2. 要充分利用一切教育时机使保中有教、教中有保

幼儿园的保教应该像经线和纬线般交织在一起。进餐时,除保证幼儿吃饱吃好外,还应随机教育幼儿认识各种蔬菜、爱惜食物,从小培养营养均衡的生活态度。在音乐活动中要注意保护幼儿嗓子,户外活动中注意运动量的大小、时间长短及安全因素,室内活动注意坐姿是否正确、光线是否适宜、空气是否流通等。

3. 要注意在教育活动中为幼儿创造一个民主、平等、和谐的精神环境

生理、心理、社会适应能力的发展和提高都属于保教范畴。教师要细心观察幼儿,体谅、宽容幼儿的缺点、过失,让幼儿在园有一种归属感。动辄批评、处罚等否定性评价过多不仅使幼儿精神压抑、缩手缩脚,而且会影响到性格、智力、个性的正常发展,甚至身体发育也会受到影响。因此,在幼儿园教育过程中心理健康千万不能忽视,这也是保教结合的重要组成部分。

第二节 幼儿园班级管理工作

班级是幼儿园的基础组织,是实施幼儿园保教任务的基本单位。虽然它的管理比幼儿园管理单纯得多,但是也要符合一般的管理特点、方法与要求。

一、班级管理工作的特点

幼儿园的班级不同于其他学校的班级组织,它不仅承担着教育任务,也承担着保育任务。它具有以下特征:

(一) 直接性

保教是幼儿园工作的中心,幼儿园的最终目的就是促进幼儿德、智、体、美全面发展。这些任务最终是通过班级管理落实的,因此班级是最直接的教育单位,其保教工作具有更直接的针对性,它是按照社会要求,以国家的教育方针、教育目标为依据,结合幼儿园教育任务和工作目标,同时针对本班幼儿实际,将目标具体化,从而实施教育工作,使教育目标真正落实到本班幼儿身上。

班级的一切工作、一切教育与管理手段对幼儿均具有直接的教育影响,如一日生活的安排和落实、各项教育活动的安排、室内外环境的创设与利用等。幼儿具有很强的模仿性,班级保教人员的言行举止对幼儿具有极强的示范作用。

(二) 全面整体性

"麻雀虽小,五脏俱全",班级工作是方方面面的,这是由教育目标与幼儿的年龄特点所决定的。幼儿园教育目标是促进幼儿全面发展。保教工作并非仅限于丰富知识技能、发展智力等方面,还需注重培养良好的品德行为,促进幼儿身体与心理的健康成长。即德、智、体、美的全面和谐发展。班级保教人员面对身心发展稚弱、缺乏独立行为能力

的幼儿,不仅要教育好他们,还应给予细致的养护和照顾,培养其对外界环境的适应性和自我保护能力。因此,应通过有目的、有计划的教育活动,即广义概念的课程,包括生活活动、游戏活动、学习活动等,使幼儿身心全面和谐发展。班级保教人员应树立综合整体的教育观念,在教育过程中,注意途径与手段的全面性,注意多种教育内容的有机结合,发挥教育的整体效能。

全面整体性表现在班级保教过程中,教师应面向全体,既照顾到全班整体水平,提出基本要求,同时又照顾到个别需要,有针对性地加以引导,处理好一般与个别、统一与多样的关系,使全班每个幼儿都能在原有基础上得到充分发展。另外,班级保教人员要对全班幼儿全面负责,要将幼儿全面发展的教育贯穿到各种活动之中。

（三）控制性

班级保教人员在保教过程中起主导作用,担负着培养人才的重任。教师要坚持社会主义的办园方针,坚定不移地贯彻国家的教育方针、政策,对幼儿实施全面发展的教育。教师必须清楚地认识到自己的社会身份和职责,增强教育目的的意识,自觉引导幼儿向着社会要求的方向较好地发展。教师的主导作用体现在:教师要组织和控制整个教育过程,包括确定目标、选择内容、设计方法、安排时间和步骤环节,使保教过程科学合理地依照一定的轨道有序地推进,不断接近教育总目标;教师要积极组织创设和利用有利条件,注意消除和减弱不利因素,如创设有利于教育与发展的班级环境,主动引导家庭教育等,使幼儿按预定目标得到发展;在具体的教育活动中,教师与幼儿的双边相互作用,教师应注意引导幼儿的发展方向,激发起教育对象即作为发展主体的幼儿的主观能动性,与周围环境相互作用,促进其身心和谐发展。

幼儿发展不是自然而然的,其自主行为能力要通过教育培养才能得以发展。特别是对于身体和心理发展仍不成熟尚处于迅速发展过程中的幼儿,周围环境中成人的影响作用更大了,因而教师的主导作用就更为重要。教师要在认真观察、充分了解幼儿的基础上,选择适宜的教育内容与方法,通过直接与间接的指导方式,对他们进行良好的启蒙教育,将幼儿发展需要与社会要求很好地统一起来。教师要注意通过多种适合幼儿年龄特点的教育方式,为幼儿提供大量参与活动、操作实践的机会,激发他们的活动兴趣,调动个体内在动机,促进幼儿主动发展。

（四）集体性

班集体是幼儿园保教工作的场所,每个幼儿都处在集体中,班集体对幼儿的身心发展影响很大。教师要特别注意创设良好的集体氛围,充分发挥幼儿群体或集体的影响力,以及幼儿之间的相互作用、相互影响,使幼儿在集体环境中学习社会生活所必需的知识和技能,培养正确对待自己、他人和集体的态度和行为,培养良好的社会适应性。

班级保教人员是一个工作集体,他们之间的协调统一对幼儿的发展起到整体教育作用。这就要求教师根据幼儿园总的教育目标,共同制定班级教育计划,在保教过程中,密切协调配合,做到分工不分家,注意保持教育的一致性和一贯性,共同实现保教任务,保证班级的保教质量。

(五) 创造性

虽然幼儿教育存在一定的规律性,但每个班集体又有其自身的特点,需要创造性地开展工作。教师要深入研究本班幼儿特点,制定适合本班幼儿发展的教育计划。在学习他人经验时,不要照搬照抄,简单机械地模仿,而要结合本班实际,创造性地开展班级工作,不断探索适合本班幼儿水平的教育内容和方法。

幼儿园保教形式多种多样,大量教育在一日生活和游戏中进行。幼儿园教育活动并非像有些人认为的那样,简单、容易,其实它的难度很大,具有极强的挑战性。幼儿年龄小,可塑性大,为教育留下很大的空间;同时幼儿存在个体差异,用统一的模式是难以取得良好教育效果的。教师必须针对幼儿身心发展特点,更多地结合幼儿的生活经验,组织教育活动,为他们提供充分感知、操作、活动、实践的机会,让幼儿从中获取大量的直接经验,不断增长其知识和能力。如何发挥一日活动多方面的教育功能是摆在教师面前一个富有现实意义的课题。

(六) 开放性

随着社会主义市场经济的不断推进,幼儿园已逐渐从封闭转向开放,而班级是面向社会、同行、家长开放的重要窗口。教师应主动与家长联系,沟通情况,交换意见,相互学习交流,对幼儿进行配合一致的教育,形成教育合力,提高保教质量。同时,要注意通过家长工作,加强与所在地区社会、社区的联系,取得更广泛的支持与协助,有效地利用家庭及社会资源,开展好班级保教工作。这样,也有助于家、园、社会的一体化的良好教育环境的形成,使教育目标更好地实现。

在教育过程中,教师应让幼儿多接触大自然和社会,如带领他们观察花草树木的生长与变化,激发他们热爱大自然的情感;在保证安全的前提下,还可以带幼儿到邮局、菜市场、商场等地方参观,让他们更多地了解社会。

二、班级管理工作的主要内容

幼儿园班级一日活动的各个环节所涉及的材料、场所、时间、人物的行为反应、情感需求等诸多因素都在幼儿园班级管理的范畴内,班级管理主要包括以下几方面:

(一) 生活管理

生活管理是幼儿保育工作的重要内容,是教育工作的前提,构成了班级管理的基础。一日生活的顺利开展需要班级常规的约束和保障,班级生活管理的好坏,直接关系到幼儿和教师的班级生活质量。班级生活管理涵盖了幼儿从来园到离园的整个过程,涵盖班级生活的方方面面。从涉及活动范围来看,主要有幼儿饮食、睡眠、活动场地及生活设施用品等方面,可以提高幼儿的生活自理能力,同时也是实现班级教育管理的必要条件。生活管理贯穿于幼儿园班级管理的整个过程,在学期的各个阶段分布着不同

的职责内容。

1. 学期初幼儿园班级生活管理内容

（1）整理班级幼儿名册,填写幼儿家庭情况登记表,明确家长联系方式。

（2）并调查家访幼儿家庭教养情况,初步了解幼儿生活习惯,做好记录。

（3）安排幼儿个人用的床、衣柜、毛巾架、水杯格,写上姓名或做好适于幼儿识别的标记。

（4）初步布置活动室环境,安排室内家具,准备活动设施等。

（5）观察幼儿一日生活的言行举止,并记录分析。

（6）依据幼儿一日生活表现的观察分析与家访调查,制定班级幼儿生活管理计划与措施。

2. 学期中幼儿园班级生活管理内容

（1）每日做好幼儿上下午来园、离园的交接记录。

（2）每日保管好幼儿生活用品。

（3）每日做好班内外幼儿活动场地的清洁工作和各项设备的安全检查。

（4）每周对活动玩具进行消毒,更换生活用品。

（5）每周检查班级幼儿生活管理计划的实施情况。

（6）每周初,班级教师共同总结上周经验,调整本周幼儿生活管理的工作内容与措施,分工负责。

（7）观察幼儿生活行为,记录其表现。

（8）对幼儿计划免疫、疾病、传染病情况做登记。

（9）体弱幼儿的生活护理。

3. 学期末幼儿园班级生活管理内容

（1）汇总平日对幼儿生活表现的记录。

（2）总结班级幼儿生活管理工作,找出成绩与问题。

（3）向家长发放幼儿在园生活情况小结,整理室内外环境并清点登记活动材料。

（二）教育管理

班级保教人员在了解班级幼儿年龄特点及发展水平的基础上,对教育过程精心设计组织,对教育结果进行细致评价的一系列管理工作。教师运用多种方式管理班级日常工作:利用积极的方式提出管理要求;运用环境的隐性教育作用;调动幼儿主动参与班级规则的制定;发挥教师及幼儿的榜样示范作用,带动规则落实。

1. 学期初幼儿园班级教育管理内容

（1）结合家访和对幼儿的观察分析,完成对班级幼儿发展水平的初步评价,并做好分析记录。

（2）根据幼儿情况及班级条件,制订详细的幼儿教育计划,包含阶段性的班级教育

教学目标及完成进度的日程安排;考虑特殊情况的处理方法,如对发展较差幼儿的补偿措施、对发展较快幼儿的促进措施等。

(3) 根据教育教学计划,征集或领取幼儿的绘画、手工材料与游戏工具等,预先设计好幼儿作品的存放处和幼儿成长档案,布置好班级教育教学环境(如墙壁、走廊的装饰等)。

(4) 班级保教人员共同制定各项教育活动的组织形式及基本常规,建立班级教育活动的运转机制,带领幼儿熟悉环境,认识工作人员,了解基本的班级情况及管理常规,初步建立师生友好、协调的关系。

2. 学期中幼儿园班级教育管理内容

(1) 每日事务。主要包括:检查教育教学计划,了解当日活动内容,准备好当日班级教育活动材料,掌握好材料的分配情况;针对前一日教学情况进行巩固、复习、新授,保证教育教学的连贯性;具体实施当日的教育教学方案,严格按计划和规则进行教育教学活动;做好教育教学效果的记录,做好个别幼儿辅导工作,记录活动中幼儿的反应;整理教学现场,清点公物,完成教育教学任务。

(2) 每周工作。主要包括:提前两周,根据年级教研组备课计划,制定周计划和各活动安排;制定每日活动方案,记录幼儿一周的学习表现;撰写教育笔记,其内容可以是教育效果记录、教育活动记录,也可以是教育方法的心得等。

(3) 每月工作。主要包括:月初制定好月教育目标、月计划;召开班级教师会议,研究班级教育工作的具体内容和措施,做好分工与配合;做好个别幼儿教育的计划与修订措施;月末整理各种教育材料与资料;根据教育内容适当调整活动室安非,布置更新环境。

3. 学期末幼儿园班级教育管理内容

(1) 整理教育活动方案、教育笔记和幼儿成长档案。
(2) 做好幼儿全学期的评价工作,写好幼儿发展情况及表现小结。
(3) 完成教师自身评价,总结个人教育目标的实现、教育方法的运用等情况。
(4) 教育活动剩余材料的清点与登记。

(三) 其他班级管理工作

幼儿园班级管理除了着重进行生活、教育管理外,还有许多与之相关的其他管理,如班级间交流管理、家庭教育管理、社会活动管理等。这些管理工作既能弥补生活、教育管理的不足,又能加强生活、教育管理的效果,构成了幼儿园班级管理的重要组成部分。具体管理工作主要有:

1. 班级间交流管理

班级交流活动是幼儿园内班级之间进行的各种活动,如园内运动会、班级联谊会、节假日园庆活动等。两个或更多班级的幼儿一起生活、游戏,必然给班级管理提出更多问题。幼儿园是社会的组成部分,做好班级间交流的管理工作,可以更好地引导幼儿学

习如何进入社会角色,如何处理简单的社会问题以及如何进行复杂的人际交流。对班级间交流活动的管理,可促使幼儿走出班集体,进入小社会,懂得与他人分享、竞争与合作的技巧,懂得情感交融的重要性。

2. 家庭教育管理

家庭是幼儿的第一所学校,幼儿园班级保教工作要取得良好的效果,运用专业知识指导家庭教养非常重要。对幼儿家庭教养的管理正是由此出发,使家庭教养与园内教养协调起来,明确共同目标,统一教养方法,优化幼儿园的保教环境。

3. 社会活动管理

幼儿园有时要组织幼儿参加社会活动,因此,保教人员还要进行班级社会活动管理。班级幼儿的社会活动,是幼儿园教育的一种实践活动,是促进幼儿进入自然和社会最直接的方法,社会活动管理可以加强幼儿对共同居住区域的社区环境、结构及其简单职能的了解,大多数城乡幼儿都是就近入园,他们必然受到所在区域的政治、经济、文化的影响,通过管理,幼儿对居住地区的地理气候、社会习俗等会产生一定的认识,有助于培养幼儿爱家乡、保护环境、遵守公德等品质。

三、班级管理工作的方法

幼儿园班集体中一般由二三十个幼儿一起生活、学习与游戏,他们虽然具有相同的年龄特征,但其个性、品质、生活经验和能力参差不齐。要保证每个幼儿较自觉地接受生活、教育管理,掌握一定的生活常规和知识技能,从而达成幼儿园保教目标,保教人员必须掌握一定的方法。作为实习生,在实习过程中要配合教师开展工作,所以也应了解并初步掌握班级管理的方法。

科学的班级管理方法是每个保教人员基本的工作技能,常可归纳为以下几种:

(一) 规则引导法

它是指用规则引导幼儿行为,使其与集体活动的方向和要求保持一致或确保幼儿自身安全并不危机他人的一种管理方法,是对班级幼儿最直接和最常用的管理方法。其中规则是指幼儿与幼儿、幼儿与保教人员、幼儿与环境、幼儿与材料之间的互动的关系准则。

规则引导法的操作要领:

1. 规则的内容要明确且简单易行

(1) 规则适量。不必要的规则是对幼儿行为的不合理约束,规则过多会造成幼儿无所适从或无法实践。

(2) 量力而行。保教人员必须在充分考虑幼儿现有能力和水平的基础上确定规则,幼儿生活经验有限,行为约束力也不强,所选规则不应超越幼儿的现有水平。

(3) 共同参与。规则内容的选择应充分发挥教职工、家长的参与,也可以让幼儿参与制定,以便使更多的人知道规则的意义和操作要领,从而更容易接受并执行。

2．让幼儿在实践活动中掌握规则

幼儿掌握规则必须结合实践活动在具体活动情境中引出规则，在活动中明白规则的具体要求，并懂得执行规则的意义。有些规则要求教师在活动中进行示范，如果规则在执行的过程中出现问题，应在活动中与幼儿一起商讨、修正，以使规则真正具有科学性，并成为幼儿行为的指南。

3．教师要保持规则的一贯性

规则的一贯性表现在以下三个方面：

（1）同一规则要保持前后的一贯性，如果在特定情况下必须做出某些变化，一定要向幼儿说明变化原因；

（2）规则必须在所有适用该规则的活动情景中运用。

（3）在实施规则时对每个人应一视同仁。

规则要保持持续性和一贯性，便于幼儿照章行事，规则才能成为幼儿的行为准绳。

（二）情感沟通法

它是指通过激发和利用师生间或幼儿间及幼儿对环境的情感，以引发或影响幼儿行为的方法，它的基础是教师对幼儿的理解和爱。幼儿情感较成人强，易受暗示和感染，教师应把握幼儿的情感特点，从情感着手对幼儿的行为加以影响和引导，以达到管理的目的。另外，幼儿的情感伴随幼儿身心活动的全过程，情感沟通可以辐射到幼儿的全部生活、教育、游戏活动中去。它既能加强对幼儿的管理，又能促进幼儿情感的发展。由于幼儿的情感是丰富的、纯真的、自由的，情感沟通法很少有统一的实施步骤。

情感沟通的主要着眼点：

1．观察幼儿的情感表现

情感沟通法特别强调教师在日常生活和教育活动中，与幼儿情感方面的沟通，充分理解幼儿，掌握其心理发展规律是沟通的基础。教师通过观察，了解每个幼儿在班级活动中的情感需求，并采用恰当的方式，激发幼儿相应的情感，引发幼儿积极向上的行为。

2．教师要对幼儿进行移情训练

移情是指设身处地地站在别人的位置上，从别人的角度去体验别人的情感。移情训练就是通过故事情景表演、日常交谈等随机教育形式，使幼儿理解、分享别人的情绪情感体验，使幼儿在日后生活中，对他人类似的情绪、情感能够习惯性的理解和分享。

3．教师要保持和蔼可亲的个人形象

教师的言行举止要表现出积极而真切的情感，同时还要善于创设情境，使幼儿在愉快积极的情感氛围中活动和交往，以提高活动质量。情感沟通法的基础是教师对幼儿的理解和爱，理解幼儿需要教师有童心、有爱心。对教师而言，不要轻易判断幼儿的情感及相应行为，而应在师幼之间的情感互动中对幼儿进行有针对性的引导，这样才能真

正理解幼儿并为其理解和接受。

（三）互动指导法

它是指幼儿园教师、同伴、环境等相互作用的方法。班级活动的本质是幼儿参与活动中，同指向对象发生相互作用。班级活动过程就是幼儿对不同对象互动的过程。因此，指导幼儿主动、积极、有效地同他人交往是班级管理的一种重要方法。

互动指导法运用的注意点：

1. **适当性**

教师对幼儿的互动指导要适当，要根据幼儿身心发展水平、个性特点及活动的性质和情境来确定。对于反复性的常规活动，教师可让幼儿充分自主活动；对于幼儿首次进行的新活动，教师要进行适当的指导。过多的指导会抑制幼儿的自主性、积极性；缺乏指导则会影响幼儿的互动效果，甚至会造成不良后果。

2. **适时性**

互动指导除了要注意适当性外，还应注意适时性。有些指导应在幼儿互动活动开展前进行，称为事先指导；有些指导应在幼儿活动后进行，称为事后指导。事先指导主要是针对一些原则性行为（如不损害他人等）和与幼儿安全有关的行为，必须在活动前进行。有时，为了让幼儿深切地体验和感受某些规则、做法，不妨让幼儿感受小小的失败，然后对其进行指导。

3. **适度性**

所谓指导的适度性是指教师的指导要有一个合适的度，不能过于笼统，也不能过于细致，应从特定幼儿的理解能力、行为水平等条件出发，加以指导和帮助。教师不能把对幼儿的指导都变成对幼儿的行为示范，使幼儿失去思考的机会。如为小班幼儿组织"找朋友"的游戏，让幼儿在各种图中找出自己喜欢的标记图，并贴在茶杯和毛巾架上，幼儿很快记住了自己的标记，学会寻找自己的茶杯和毛巾，教师在指导中并不需要反复多次强调，小小的标记就可以达到管理的效果。

此外，教师在指导中应采用不同的方式，可以语言指导，也可以行为指导，还可以表情暗示；可以在幼儿的活动外加以指导，也可参与到幼儿的活动中进行指导。

（四）榜样激励法

它是指通过树立榜样并引导幼儿学习榜样以规范幼儿行为，从而达成管理目的的方法。人们常说，榜样的力量是无限的，对爱模仿、易受暗示的幼儿来说，更是如此。教师在班级管理中利用具体的健康形象和成人行为做示范，引导和规范幼儿的行为。

榜样激励法的使用要领：

1. **健康的形象**

榜样的选择是教师为班级幼儿选择学习对象的过程。榜样应具备健康、具体、典型

的形象。幼儿能通过自我感知和教师介绍理解榜样的真实性、可贵性。针对幼儿活动要求,榜样来源十分广泛,可以是幼儿身边的小伙伴,也可以是幼儿熟悉的故事主人公。这些榜样行为必须积极向上,并且是幼儿经过努力可以达到的。

2. 模范的行为

榜样行为的树立应注意以下几点:

(1) 树立的榜样行为应是有目共睹的模范行为,并且得到教师和幼儿的一致认可。

(2) 要引导幼儿感知和了解榜样行为,鼓励幼儿产生学习的愿望,并提供充分的表现机会。

(3) 教师对所有幼儿须一视同仁,给予表现优秀行为的幼儿以公平充当榜样的机会,激发全班幼儿形成良好的行为习惯。

(4) 榜样不一定是完美的,应鼓励和引导幼儿发现榜样行为并积极学习和表现榜样行为。

3. 强化影响力

榜样行为不仅要在幼儿心理上产生共鸣,最重要的是反映到幼儿的行动中。当幼儿自觉地以榜样精神为动力,以榜样规范行为,做出良好表现时,教师应给予充分表扬,使幼儿感受到学习榜样的快乐,从而强化榜样的影响力。如其他幼儿能自己扣纽扣时,不会扣纽扣的幼儿第一次把衣服扣子扣对了,教师应该马上给予肯定和赞许:"你真能干,做得真好,希望你明天也能这样。"

(五) 目标指引法

它是指教师以行为结果作为目标,引导幼儿的行为方向,规范幼儿行为方式的一种管理方法。从行为的预期结果出发,引导幼儿自觉识别行为正误是目标指引法的基本特点。

目标指引法的注意要点:

1. 目标要明确具体

只有明确具体的目标存在时,幼儿才可能有行为的参照方向。由于幼儿理解力、记忆力的限制,在确定幼儿活动目标时,不能过于复杂,数量不宜过多,也不能过分抽象;最好由师生共同参与目标的讨论和制定,使目标在幼儿心中有具体的形象,并使幼儿了解实现这一目标的原因和意义。

2. 目标要切实可行,要具有吸引力

目标的实现不能过于困难,而应适应幼儿的行为能力,适应幼儿的心理接受力;在活动中要使幼儿时时感受目标的存在及目标的吸引力。没有吸引力的目标,对幼儿来讲就失去了前进的动力。

3. 目标与行为的联系要清晰可见

在幼儿活动中,教师要引导幼儿通过注意、记忆、思维等心理活动纠正自己的行为,

走向目标。教师在给幼儿解释或引导幼儿讨论目标时,要让幼儿意识到与完成这一目标相关的行为,并努力追求这种行为。

此外,目标有个人目标和团体目标。教师在日常班级管理中对这两类目标均加以关注,并努力促进这两类目标的结合,实现个人行为与团体行为的联系与一致。

幼儿园班级管理的方法多种多样,教师会根据教育情境采取不同的方法解决问题。实践是检验真理的唯一标准,实践也是理论的重要来源之一。所以班级管理的方法需要实习生在保教实习的过程中观察、记录、分析班级教师的行为,根据自己对教育的理解和实践去探索。

四、班级管理工作的职责要求

要想做好班级的保教工作,必须清晰地了解每日保教工作的具体规定,有效地掌握教师和保育员的职责,对于实习生来说,更是至关重要的。

表 7-1 班级保教结合的具体规定

教师职责	保育员职责
(一)入园 1. 整理内务、热情接待幼儿和家长,教育幼儿有礼貌,会使用礼貌用语。 2. 查看幼儿是否参加晨检,观察幼儿情绪。 3. 指导幼儿脱外套,把衣服叠整齐放在指定位置。 4. 带领值日生照顾自然角,做好记录。 5. 指导幼儿安静地分组游戏。	(一)入园 1. 开窗通风,到食堂领餐巾包。 2. 到食堂打开水。 3. 为幼儿准备劳动抹布。 4. 班级室内外及公共区域卫生打扫,做好相关消毒记录。 5. 消毒茶水柜、餐车,做好早餐准备。
(二)早餐 1. 照顾幼儿盥洗(里外兼顾)。 2. 介绍食物名称,引起幼儿食欲。 3. 同时发饭,共同组织。 4. 督促幼儿养成良好的进餐习惯。	(二)早餐 1. 去食堂拿餐点,并送水果筐。 2. 桌面消毒(走一桌,消一桌)。换水时督促、管理在卫生间的幼儿。 3. 分发餐具、餐点。 4. 准备温度适宜的开水供幼儿漱口。 5. 整理桌子、地面,打扫卫生。
(三)集体活动 1. 按计划组织幼儿活动。 2. 提前一天做好上课准备(教案、教具)。 3. 创设有利于幼儿健康成长的学习环境。 4. 提醒幼儿用眼卫生,督促幼儿养成良好的学习习惯。 5. 上课期间不玩手机、不接打电话、不接待来访者。	(三)集体活动 1. 送餐具去食堂,同时报人数、拿水果。 2. 洗刷餐盘、餐巾、勺子、餐车等用具。 3. 削水果。 4. 打扫活动室外走廊。 5. 根据集体教育活动性质,协助教师共同组织活动。

(续表)

教师职责	保育员职责
（四）盥洗、水果、集体喝水	（四）盥洗、水果、集体喝水
1. 在活动室组织幼儿分组盥洗。 2. 提醒幼儿排队盥洗，注意相互谦让。 3. 发水果，照顾幼儿吃水果。幼儿盥洗完、落座后将水果发到幼儿手上。 4. 吃完水果，幼儿集体喝水，教师提前把纱门打开，幼儿有序排队拿杯子。 5. 组织幼儿有序排队接水并回到座位上喝水。	1. 在盥洗间照顾幼儿如厕，督促幼儿用肥皂洗手。 2. 提醒幼儿不要玩水和打闹，保持室内地面的清洁，注意安全，防止幼儿滑倒。 3. 照顾幼儿吃水果。 4. 与教师共同组织幼儿喝水。
（五）户外活动	（五）户外活动
1. 活动前检查幼儿的衣服和鞋子。 2. 按时、按计划组织幼儿户外活动，保证足够的户外活动时间，注意活动量适中。 3. 对幼儿进行安全教育，提醒幼儿不做危险的事。 4. 在户外及时给幼儿增减衣服。 5. 上下楼梯时上午班教师走在前面，下午班教师走在中间。	1. 整理活动室，开门窗通风，关闭电源。 2. 上下楼梯时保育教师走在队伍后面。 3. 全程配合户外活动，拿放器械，共同组织幼儿户外活动，注意幼儿的服饰、鞋带，如厕要护送。 4. 关注体质较弱或者特殊体质幼儿。
（六）盥洗、集体喝水	（六）盥洗、集体喝水
盥洗、喝水要求同上。	盥洗、喝水要求同上。
（七）游戏活动	（七）游戏活动
1．提前准备游戏材料，下午班教师在幼儿游戏前，将所有游戏材料理一遍，适时增添游戏材料。 2. 两位教师共同按计划组织幼儿游戏。 3. 密切观察幼儿游戏，提供适宜的指导和帮助，做好观察记录。	根据班级区域、公共区域和活动室游戏安排表，辅助教师进行游戏指导。
（八）自由活动	（八）自由活动
组织幼儿谈话、小游戏、才艺展示等个性化活动。	与教师共同组织。
（九）餐前准备	（九）餐前准备
1. 上午班教师在活动室内组织幼儿分组盥洗。 2. 上午班教师给桌面消毒过的小组发饭。 3. 下午班教师在盥洗间照顾幼儿小便、洗手，直至最后一名幼儿洗完手。	1. 配比好消毒液，消毒餐车。 2. 11:00 送小餐盘、小勺子去食堂消毒、拿午餐使用的碗。 3. 11:10 去食堂拿饭、汤。 4. 消毒桌面，走一桌，消毒一桌。
（十）午餐	（十）午餐
1. 介绍饭菜，引起幼儿食欲。 2. 分组照顾幼儿进餐，注意少盛多添，提醒幼儿适量添饭。 3. 上午班老师照顾幼儿到进餐结束，并分两次送所有餐具到食堂，拿教师饭菜。	1. 照顾幼儿进餐，为幼儿添饭。 2. 准备温度适中的开水供幼儿漱口。 3. 照顾幼儿进餐直至全部幼儿进餐结束。

(续表)

教师职责	保育员职责
(十一) 散步	(十一) 散步
组织安静的游戏,提醒幼儿上下楼梯注意安全,不做剧烈运动;上午班老师护送后回班拿剩下的餐具。	整理活动室卫生,洗刷幼儿餐具。
(十二) 午睡	(十二) 午睡
1. 下午班教师照顾幼儿盥洗。 2. 两位教师同时照顾幼儿脱衣服、叠放整齐、尽快入睡。 3. 上午班教师看午睡,幼儿午睡时,看午睡的教师不睡觉、不离岗、不谈笑打闹、不高声喊叫、不出现有损教师形象的言行。 4. 上午班教师在卧室进餐,下午班教师在活动室进餐。	1. 在洗刷餐盘的同时,照看幼儿午睡前的盥洗。 2. 幼儿入睡后,清理盥洗间地面、活动室地面。
(十三) 起床	(十三) 起床
1. 共同照顾幼儿起床。 2. 下午班教师(带三分之一幼儿出睡房)在盥洗间门口照顾幼儿盥洗(里外兼顾),并适时给幼儿梳头。 3. 只有少数幼儿在卧室时,上午班教师进盥洗间照顾幼儿,直至最后一名幼儿离开。	1. 领水果、领消毒过的小餐盘及勺子。 2. 照顾幼儿起床,直至最后一名幼儿离开睡房。整理床铺,打扫卫生。 3. 协助下午班教师给幼儿梳头发。
(十四) 水果、集体喝水(下午)	(十四) 水果、集体喝水(下午)
1. 发水果,照顾幼儿吃水果;待幼儿盥洗完落座后将水果发到幼儿手上。 2. 幼儿集体喝水,有序排队拿杯子。 3. 组织幼儿有序排队接水并回到座位上喝水。	提前削好水果。
(十五) 集体活动	(十五) 集体活动
1. 按计划组织幼儿活动。 2. 提前一天做好上课准备(教案、教具)。 3. 创设有利于幼儿健康成长的学习环境。 4. 注意幼儿用眼卫生,督促幼儿养成良好的学习习惯。 5. 上课期间不玩手机、不接打电话、不接待来访者。	根据集体教育活动性质,协助教师组织活动,体育活动、美工活动、蒙氏活动及操作材料较多的活动,配合主班教师开展活动,其他可以不参加。
(十六) 午点	(十六) 午点
1. 组织、照顾幼儿盥洗。 2. 介绍食物名称,引起幼儿食欲。 3. 同时发饭,共同组织。	1. 桌面消毒、分发餐具。 2. 照顾幼儿进餐。 3. 准备温度适中的开水供幼儿漱口。 4. 进餐结束后收拾桌面、地面。 5. 洗刷餐具。

(续表)

教师职责	保育员职责
（十七）集体喝水、离园	（十七）集体喝水、离园
1. 安排幼儿 3:50 准时集体盥洗、喝水,幼儿有序排队拿杯子。 2. 组织幼儿有序排队接水并回到座位上喝水。 3. 热情接待家长,简单交流幼儿情况。交代近日幼儿活动需要家长配合携带的物品。 4. 照顾好家长还没来接的幼儿。 5. 4:30 时将没接走的幼儿送到晚护导班。	1. 3:50 照顾幼儿盥洗、喝水,待幼儿全体喝完水后开始清洗。 2. 协助教师照顾未接走的幼儿。 3. 4:15 之后送消毒包到食堂消毒（所有幼儿餐点使用过的物品）。 4. 84 消毒盥洗室,拖活动室地面。 5. 每周五餐巾不送食堂,在班级打开晾晒,周一用 84 消毒,一定要清洗干净。

第三节 幼儿园各年龄班一日活动观察与记录

幼儿一日活动中蕴涵着广泛的教育资源,一日生活都是教育。《幼儿园教育指导纲要（试行）》"组织与实施部分"第九条"科学、合理地安排和组织幼儿园一日生活"中明确指出"建立良好的常规,避免不必要的管理行为,逐步引导幼儿学习自我管理。"建立良好的常规有利于幼儿神经系统的正常发育,增进幼儿身体健康;有利于培养幼儿良好的生活习惯、卫生习惯、学习习惯,对促进幼儿心理健康也有很大的价值;还有利于培养幼儿自我服务和自我管理的生活能力,为幼儿今后的生活和学习奠定良好的基础。

幼儿园一日活动贯穿于幼儿在园的所有活动,可以根据活动性质相对划分为来园活动、晨间活动、生活活动、活动区活动、户外体育活动、教学活动、离园活动等。而对不同年龄段幼儿有不同的常规要求,使幼儿园一日活动成为真正的教育整体,更好地促进不同年龄段幼儿身心健康、和谐地发展。作为实习生发现实习带班时,无法独立组织幼儿的一日教育教学活动,通过保教实习,可以深入了解各年龄班的生活常规的内容,有利于增强对幼儿园管理科学化、规范化的理解。

把幼儿一日活动中的主要环节在时间和顺序上加以安排,形成制度,使幼儿生活有规律、有节奏,劳逸结合,以增进幼儿的生长发育和身体健康。

> **案例分享**

幼儿园一日活动作息时间表(夏季)

小中班		大班	
7:40—8:00	入园、晨间游戏活动	7:40—8:00	入园、晨间游戏活动
8:00—8:30	早餐	8:00—8:30	早餐
8:30—9:00	教学活动	8:30—9:00	教学活动
9:00—9:20	吃水果、喝水	9:00—9:20	吃水果、喝水
9:20—10:10	户外活动或体育课	9:20—10:00	区域游戏
10:10—10:30	喝水	10:00—10:10	喝水
10:30—11:00	教学活动	10:10—11:00	户外活动或体育课
11:00—11:20	自由活动	11:00—11:20	自由活动
11:20—11:30	餐前准备	11:20—11:30	餐前准备
11:30—12:00	午餐	11:30—12:00	午餐
12:00—12:20	散步	12:00—12:20	散步
12:20—14:10	午睡	12:20—14:10	午睡
14:10—14:40	起床、喝水、吃水果	14:10—14:40	起床、喝水、吃水果
14:40—15:20	区域游戏	14:40—15:20	集体活动
15:20—15:50	午点	15:20—15:50	午点
15:50—16:00	离园	15:50—16:00	离园

此表仅供参考,幼儿园之间有细微的安排差异,请按实际情况观察记录。

> 实习生可利用《学生教育见习手册》"幼儿一日生活活动记录表"记录幼儿在园一日生活各环节的时间和内容;利用"幼儿生活常规记录分析表"记录分析某幼儿生活各环节能力水平,并提出促进幼儿能力发展的策略。

一、来园与晨间活动

幼儿来园是幼儿在园一日活动的开端。良好的开端能使幼儿心情愉悦,精神饱满地开始幼儿园一天的愉快生活。

（一）幼儿常规

小班	中班	大班
1. 衣着整洁，来园时不哭闹，向教师、同伴问好，情绪稳定时能与家长告别。 2. 能在成人引导下不畏惧晨检，并能自然地接受晨检。 3. 在成人帮助下，将脱掉的外衣放（挂）到指定位置。 4. 在成人指导下，参与晨间活动。	1. 衣着整洁，愉快来园，能主动向教师和同伴问好，并与家长告别。 2. 主动接受晨检，并能向保健医生说出自己身体不适的地方。 3. 学会将脱下的衣物叠放、挂放在指定位置。 4. 学习做值日生工作，擦桌椅，并摆放整齐。 5. 能快乐投入区域活动，活动结束时能主动整理玩具或物品。	1. 衣着整洁，按要求带齐当日自己所需的生活和学习用品，按时愉快来园。 2. 能主动热情地向教师及同伴问好，有礼貌地与家长告别。 3. 主动而愉快地接受晨检，身体不适时能告诉保健医生或教师。 4. 能独立地脱下外套等衣物，竖齐叠放、挂（放）在指定位置。 5. 主动、认真地做好值日生工作（如擦桌子、分发餐具、照料自然角、检查物品整理情况等）。 6. 自由、主动、积极地参与晨间各种游戏和活动，活动结束时能迅速整理好玩具或物品。

（二）对各年龄班幼儿的指导重点

小班：重点关注幼儿的情绪状况和对幼儿的生活照料，态度和蔼亲切。用关爱的语言和亲切的拥抱、抚摸等身体接触行为与幼儿逐渐建立新的依恋关系，用有趣的游戏活动吸引幼儿，帮助幼儿克服分离焦虑情绪，尽快适应幼儿园生活。

中班：重点关注和鼓励幼儿积极参加晨间各项活动。留意观察，适时提醒，鼓励幼儿做一些力所能及的事情，促使幼儿逐步养成良好的意志品质。

大班：重点引导幼儿主动参加晨间各项活动和值日生工作。如主动做好自然角管理、整理玩具柜、写气象日记、分发餐具等工作，培养幼儿愿意为集体和他人服务的意识。

（三）实习生观察与记录要点

注意观察幼儿的仪表、神态、健康状况等；教师如何对个别情绪不佳的幼儿进行简短的安抚及个别谈话；教师如何进行简单的家长沟通工作；教师如何组织指导早到幼儿进行简单的劳动。

注意观察晨间活动的类型（桌面游戏、区域活动、户外活动等），如户外活动注意观察活动前幼儿衣着、热身活动情况，观察活动中锻炼的内容、利用器械类型、活动形式的多样化；观察每个幼儿的活动情况（包括情绪、活动量、出汗情况等）；观察活动结束后的器械整理等。

> 学生可利用《学生教育见习手册》"幼儿入园情况观察记录表"对本班幼儿的来园情况进行观察记录；利用"幼儿晨间锻炼观察记录表"对本班幼儿的晨间锻炼情况进行观察记录与分析。

二、生活活动

生活活动是幼儿在园活动的重要组成部分，通常称为生活过渡环节，是满足幼儿生理基本需要的活动,也是培养幼儿生活卫生习惯和自理能力的重要途径,更多体现了保教结合的原则,具体包括盥洗、餐点、饮水、如厕、睡眠等环节。

(一)盥洗环节

1. 幼儿常规

小班	中班	大班
1. 知道饭前、便后和手脏时洗手。 2. 在保教人员的指导下逐步学会洗手的步骤和方法,能找到自己的毛巾并会使用,用后挂回原处。 3. 会使用水龙头,并用小水流洗手;不玩水和肥皂,不浪费水,保持地面、服饰干爽。	1. 饭前、便后和手脏时主动洗手。夏季午睡起床后、活动出汗后,知道洗手、洗脸,并逐渐养成良好的盥洗习惯。 2. 会正确地洗手。盥洗前先挽袖子,会使用自己的毛巾,学会自己搓、拧毛巾,用完后挂回原处。 3. 盥洗时不争抢水龙头,不玩水和肥皂,保持地面、服饰干爽,冬季盥洗后知道擦抹护肤品。	1. 养成吃东西前、饭前、便后、手脏时主动洗手的好习惯,随时保持手、脸清洁。 2. 盥洗前挽袖子,能主动迅速地洗手、洗脸,方法正确;会搓、拧毛巾,并正确地使用毛巾和取放毛巾。 3. 盥洗时不争抢水龙头,不玩水和肥皂,保持地面、服饰干爽。冬季盥洗后能主动擦抹护肤品,会保护皮肤。

2. 对各年龄班幼儿的指导重点

小班:重视盥洗室环境创设,激发幼儿愿意盥洗的愿望。由于小班幼儿平衡、协调能力弱,规则意识尚未建立,特别要注意室内通风,保持地面干燥,以防幼儿滑倒;同时,经常为幼儿示范正确的盥洗方法,帮助幼儿盥洗。

中班:提醒幼儿不玩水,不浪费水,不要忘记关闭水龙头,不将自己的衣服弄湿。指导幼儿学看盥洗步骤图,掌握正确的盥洗方法。

大班:重点观察幼儿盥洗情况,引导幼儿正确使用肥皂,学会适时开关水龙头,知道节约用水,养成餐前、便后、手脏时主动洗手的好习惯,随时保持手、脸清洁。

图 7-1 洗手步骤图

3. 实习生观察与记录要点

保教人员提醒、指导和教育幼儿采用正确的方式洗手,应重点观察教师处理洗手时的安全问题及节约用水的随机教育等。

(二)餐点环节

1. 幼儿常规

小班	中班	大班
1. 在成人提醒下,餐点前将手洗干净,不玩弄餐具和其他物品,不把手弄脏。 2. 能坐在桌边进餐,学会正确使用餐具(一手扶碗,一手拿勺)。会独立进食,不依赖教师。 3. 进餐时不玩耍、不乱跑、不哭闹。 4. 在教师的引导下喜欢吃瓜果、蔬菜等多种食物。 5. 餐后将餐具放到指定地点,在成人提醒下知道漱口擦嘴。	1. 餐点前自觉洗手,不玩弄餐具和其他物品,不把手弄脏。 2. 坐姿自然、良好,愉快、安静地进餐。学习使用筷子进餐(一手扶碗,一手拿筷子)。饭菜搭配吃。 3. 进餐时注意力集中,不玩耍、不打闹、不抛洒饭菜、不满口塞、不抢吃、不剩饭、不挑食、不偏食、不大声讲话,逐步养成良好的进餐习惯。 4. 饭菜吃完后离开座位,将餐具放在指定地点,主动漱口、擦嘴。	1. 餐点前自觉洗手,不玩弄餐具和其他物品,不把手弄脏。 2. 安静、愉快地进餐,坐姿良好,细嚼慢咽,不边吃边玩,不大声讲话;不挑食、不偏食、不浪费、不过量进食。饭和菜搭配着吃,不吃汤泡饭。 3. 会正确使用筷子进餐(一手扶碗,一手拿筷子)。喝汤时两手端碗,进餐不拖拉,30~40分钟吃完饭菜,15分钟左右吃完点心。 4. 保持桌面、地面和衣服清洁,饭菜残渣放在指定地方。 5. 吃完最后一口再站起来,轻放椅子,将餐具、渣盘放到指定地点,清理好自己的桌面。餐后会主动并正确漱口、擦嘴。

> **资料链接**
>
> #### 进餐儿歌
>
> 小饭碗,扶扶好,小调羹,拿拿牢。一口一口自己吃,一口饭,一口菜,吃得干净真正好。
>
> 吃饭前,洗净手,爸妈忙,应等候,不挑食,不霸食,闭嘴嚼,慢慢吃。爱粮食,不浪费,有好菜,敬长辈。吃饭后,擦净嘴,漱清口,椅放回。
>
> 要做文明好宝宝,就餐礼仪不能少。筷子勺子不乱敲,讲话嬉戏就不好。不挑食也不剩饭,细嚼慢咽肠胃好。餐后收拾少不了,比比谁是好宝宝。

2. 对各年龄班幼儿的指导重点

小班:创设良好温馨的进餐环境。重点指导幼儿独立进餐,正确使用餐具,鼓励幼儿吃多种食物,纠正其不良进餐习惯。

中班:重点指导幼儿了解餐点的种类。引导幼儿进餐时注意力集中,不玩耍,不打闹,逐步养成不抛洒饭菜、不剩饭、不满口塞、不挑食、不偏食的良好进餐习惯。

大班:重点关注幼儿用餐情况,引导幼儿了解饭菜的名称和营养价值,指导幼儿自己取餐,进餐时能做到不抢吃、不挑食、不偏食,学会文明用餐和餐后主动收拾餐桌。

3. 实习生观察与记录要点

重点了解教师如何激发幼儿食欲,如何为幼儿创设愉快的进餐环境,如何照顾特殊需要的幼儿(饭量少幼儿、进餐慢幼儿、生病幼儿、肥胖幼儿等)。

> 实习生可利用《学生教育见习手册》"幼儿进餐观察记录分析表"记录幼儿进餐状况、习惯及餐后整理。

(三)饮水环节

1. 幼儿常规

小班	中班	大班
1. 在成人提醒下饮水前先洗手。 2. 认清自己的水杯标志,会自己取水杯,能用自己的水杯饮水,不用奶瓶等饮水用具饮水。 3. 学习正确的饮水方法。即从柜中取出自己的杯子,放在自己座位的桌前方,等待教师倒水,或在教师指导下在保温桶边学着接水。坐在桌边双手端杯,一手握杯把,一手扶着杯子,一口一口地喝水。身体坐正,不洒水,不玩水杯,喝完水把杯子放回原处。 4. 不喝生水,愿意定时饮水,口渴时随时向成人要求饮水。 5. 饮水时不说笑,不边走边喝,不玩耍,不浪费水。	1. 饮水前会主动洗手。 2. 认清自己的水杯标志,用自己的水杯饮水。 3. 会自己接水。即眼睛看着水杯,一只手握杯把,一只手开关水龙头,杯口对准流水,水要开得稍小些。接的水要多于半杯,不要太满也不要过少。喝完水后把杯子放回原处。 4. 不喝生水,不玩水,不浪费水。知道口渴时饮水,愿意定时饮水,需要时会主动取水喝。	1. 饮水前会主动认真洗手。 2. 会自己接水。即一只手握杯把,一只手开关水龙头,杯口对准流水,水要开得稍小些,接的水不过多也不过少,不洒水。喝完水后把杯子放回原处。 3. 愿意喝白开水,不喝生水,口渴时会自己主动饮水。 4. 剧烈运动后稍事休息再饮水。餐前、餐后半小时少饮水。

2. 对各年龄班幼儿的指导重点

小班:重点鼓励幼儿用自己的水杯饮水,鼓励幼儿喝白开水。保证幼儿充足的饮水量,指导幼儿学会正确的饮水方法,对不同需要的幼儿给予特殊的帮助和指导。

中班:引导幼儿不饮生水,不玩水,不浪费水,知道口渴时饮水,愿意定时饮水,需要时会主动取水喝。

大班:观察幼儿饮水情况,对于不能主动饮水的幼儿要特殊提醒,帮助幼儿养成口渴时、运动后主动饮水的习惯。

3. 实习生观察与记录要点

观察各年龄段幼儿的饮水量,帮助幼儿学会饮水的技能和养成良好的饮水习惯。

(四)如厕环节

幼儿如厕问题,是一个非常值得教师关注的问题。它直接影响到幼儿的身心健康和生命安全。幼儿园应当为幼儿设置相对独立的男、女卫生间。

1. **幼儿常规**

小班	中班	大班
1. 知道大小便去卫生间，不随地大小便，不把大小便排在便池外。 2. 有大小便需求应及时告诉教师，逐渐学会自理大小便。学习自己擦屁股、提裤子。 3. 如厕要注意安全，小心上下台阶，防止滑倒。 4. 不在厕所逗留、玩耍、打闹，不妨碍他人如厕。	1. 有便意时及时上厕所，不憋便，不因贪玩而尿湿裤子。 2. 文明如厕。不在厕所内大声喧哗，在厕所便池边站好后再脱裤子，并蹲正位置；大小便入池；便后会用纸自前向后擦屁股；如厕后及时整理好衣裤，学会冲便。 3. 逐步养成定时大小便的习惯。 4. 不在厕所逗留、玩耍。如厕一定要注意安全，小心上下台阶，小心滑倒。 5. 如厕后主动用肥皂(洗手液)洗手。	1. 会正确如厕，会取用适量的卫生纸，便后会用纸自前向后擦屁股。 2. 文明如厕。有秩序地排队，在厕所便池边站好后再脱裤子，并蹲正位置；大小便入池，解便时不弄湿自己和同伴的衣裤；便后会整理服装，及时冲便。 3. 学会观察自己的大小便情况，有异常能及时告诉成人。 4. 不在厕所逗留玩耍。 5. 便后能主动用肥皂(洗手液)洗手。

图 7-2 卫生间男女标志

2. **对各年龄班幼儿的指导重点**

小班：为幼儿创设温馨、卫生、安全的如厕环境，保持地面干爽，以防幼儿滑倒。教师语言亲切、态度和蔼，让幼儿敢于向成人提出随时如厕的愿望。帮助有困难的幼儿如厕，对于尿湿裤子的幼儿要及时更换、清洗衣物，并给予安抚。

中班：经常提醒幼儿有便意及时上厕所，不憋便，不因贪玩而尿湿裤子，养成文明如厕的良好习惯。

大班：不在厕所逗留、玩耍，提醒幼儿如厕一定要注意安全，小心上下台阶，便后主动用肥皂(洗手液)洗手，逐步养成定时大小便的习惯和便后自己擦拭的技能。

3. **实习生观察与记录要点**

关于如厕环节，可从以下几个方面进行观察分析：厕所的环境创设和隐性教育内容；幼儿大小便情况；幼儿如厕时的卫生习惯以及不同年龄段、不同性别幼儿如厕时的自我服务能力的差异等。

（五）睡眠环节

幼儿脑发育还不成熟，容易疲劳，需要较长的睡眠时间。睡眠不足幼儿会精神不振，食欲减退，时间长了会造成幼儿生长发育水平的下降，所以全日制幼儿园中午要安排一次午睡，时间 2~2.5 小时。《指南》中建议："保证幼儿每天睡 11~12 小时，其中午睡一般应达到 2 小时左右。午睡时间可根据幼儿的年龄、季节的变化和个体差异适当减少"，以保证幼儿充足的精力和活动能力。

1. 幼儿常规

小班	中班	大班
1. 能安静地听入教师要求，轻轻走入睡眠室入睡。 2. 能在成人的帮助下，展开被子，学脱外衣和鞋袜。脱衣裤顺序为：先脱鞋子，再脱裤子，最后脱上衣，并将脱下的衣服和鞋子放在指定位置。 3. 知道睡觉不蒙头、不吃手、不咬被子等，逐步养成良好的睡眠习惯。 4. 在教师的提醒下按时起床。 5. 在成人帮助下，学会穿裤子、衣服、鞋（辨认左右脚）。穿衣裤顺序为上衣→裤子→鞋。	1. 能安静地听入教师的要求，轻轻走入睡眠室入睡。不带玩具或物品进入睡眠室。 2. 学习自己铺床单、被子，自己脱下衣裤及鞋子，并放在固定位置。 3. 懂得右侧卧或仰卧的睡眠姿势有利身体健康，养成良好的睡眠习惯。 4. 按时起床，按顺序穿好衣服与鞋子。能分清衣裤前后，会拉拉链、扣纽扣。学会穿鞋，能分清左右脚，知道拉好鞋舌、脚伸进鞋、拔起后跟、系好鞋带或粘好鞋扣的穿鞋步骤。 5. 起床后，叠好被子，并能整理自己的仪表。	1. 能安静进入睡眠室入睡，不带细小物品进入睡眠室。 2. 独立铺好床单、被子，迅速地将脱下的鞋与衣服整齐地放在固定位置。春、秋、冬季要脱掉外衣、外裤入睡，夏季穿背心、短裤入睡。 3. 安静入睡，睡觉时衣着适当，睡姿正确。 4. 自觉、按时起床。 5. 迅速而有顺序地穿好衣服、鞋袜，并穿着整齐。 6. 整理床铺，床单、被子要叠整齐，褥子要平整。

资料链接

小花被，铺好了，大家快来睡午觉；不说话，不吵闹，眼睛一闭睡着了；睡得香，睡得甜，天天午睡身体好。

小手拍拍放枕边，身体转向右侧卧。风不动，树不摇。幼儿园里静悄悄，我是一个乖宝宝，规规矩矩睡午觉。

睡觉时脱衣服的顺序及方法：展开被子→撩开一个被角→先脱鞋子→再脱裤子→最后脱上衣。

穿衣裤的顺序：先穿上衣→再穿裤子→最后穿鞋。

穿鞋方法：分清左右脚→拉好鞋舌→脚伸进鞋→拔起后跟→系好鞋带或粘好鞋扣。

温馨提示：

1. 巡视观察幼儿的午睡状况，帮助幼儿盖好被褥，纠正不正确的睡姿。

2. 随时保持室内空气新鲜，天暖无风时可打开窗户，拉上窗帘，但应避免对流风吹在幼儿身上。夏天酷热时（气温超过33℃）可使用空调，室温不低于28℃。

3. 护理体弱幼儿，发现幼儿神色异常要及时处理并报告。照顾入睡困难、情绪和身体有异常的幼儿入睡。上床半小时后，班级入睡率应达到90%以上。

4. 保持幼儿被褥清洁、干燥，夏季每周晾晒一次，秋冬季每月晾晒一次，保持睡眠室清洁与整洁。

2. **对各年龄班幼儿的指导重点**

小班：为幼儿创设良好的睡眠环境，保教人员态度和蔼、亲切，帮助幼儿穿、脱衣服，用抚摸、拉手等方式安抚幼儿情绪，允许个别睡眠有困难的幼儿带"安抚物"睡觉。

中班：重点指导幼儿愿意主动入睡，不带玩具或物品进入睡眠室，愿意主动穿、脱衣服，纠正不正确的睡姿。

大班：指导幼儿正确掌握穿、脱衣服的方法，学会正确的睡眠姿势。提醒幼儿不携带玩具进入睡眠室，不影响其他幼儿休息，并能主动将自己的床铺整理整齐，养成良好的睡眠习惯。

3. **实习生观察与记录要点**

观察带班教师在午睡前做哪些准备工作，午睡中如何进行检查指导，排除安全隐患，还可观察幼儿入睡的姿势和睡眠情况等。

> 实习生可利用《学生教育见习手册》"幼儿午睡观察记录分析表"对本班幼儿午睡情况进行观察记录。

三、区域活动

区域活动对幼儿发展有着特殊的作用，既可以满足幼儿自主探索事物的好奇心和欲望，有利于幼儿的自主学习和个性化发展；又可以引发、支持幼儿与环境之间积极的互动，还有利于幼幼及师幼之间的有效交流与互动，促进幼儿社会性发展。要使区域活动的价值最大化，有必要进行常规培养，并建立相应的规则意识。

（一）幼儿常规

小班	中班	大班
1. 知道各区域名称，明确区域的空间方位，能说出自己在哪个区域、做什么。 2. 学习并理解简单的区域游戏规则，活动时要爱护玩	1. 能遵守区域游戏规则，能轻拿轻放玩具、学具。能爱护和正确使用游戏材料，会归类整理玩具。 2. 与同伴友好玩耍，会轮流	1. 能与教师、同伴协商并共同制定游戏规则，并按规则开展活动。能与同伴合作、协商、交流、谦让，并分享游戏材料和经验。 2. 能按自己的兴趣、意愿自主选择区

(续表)

小班	中班	大班
具材料,逐步养成轻轻走路、轻轻说话、轻拿轻放的良好习惯。 3. 活动时能较专注地做自己喜欢的事情,不过分依赖教师。 4. 不把区域材料随意带到其他区域,玩完后放回原处,学习按材料标志收纳材料。 5. 学习并初步掌握各区域材料的操作方法及工具使用方法。	协商玩,愿意与同伴分享游戏材料和经验。 3. 学习有目的地选择区域活动内容,按自己的意愿自选区域材料及伙伴。能安静独立地完成某一项工作,不随意打扰别人。 4. 能基本掌握各区域材料的操作方法及工具使用方法。 5. 参与游戏材料的收集与准备。	域、游戏材料、同伴、角色、场地等,活动具有一定的目的性。能有始有终地在活动区完成某一项工作。 3. 参与幼儿园区域的设置,参与收集材料、材料投放和修补材料等活动。 4. 能自发地组织和参加一些区域游戏活动,在教师指导下会自己制作用于游戏的玩具,会创造性地使用材料。 5. 经常欣赏同伴作品,会评价自己与同伴的作品。 6. 能听指令在规定的时间内将各区域材料收拾整齐。

（二）对各年龄班幼儿的指导重点

小班:重点引导幼儿学习并理解简单的区域规则。活动时能较专注地做自己喜欢的事情,不过分依赖教师。知道不把区域材料随意带到其他区域,学习按区域材料标志归放材料。

中班:重点指导幼儿遵守区域规则,爱护和正确使用游戏材料。学习有目的地选择区域活动内容,安静独立地完成某一项工作,不随意打扰别人。会归类整理玩具。

大班:重点指导幼儿能与教师、同伴协商并共同制定游戏规则,能按规则开展活动。能按自己的兴趣、意愿自主选择区域、游戏内容、材料、同伴、角色等,活动具有一定的目的性。能有始有终地在区域完成某一项工作。会评价自己与同伴的作品。

（三）实习生观察与记录要点

根据班级场地和操作材料,设置了哪些活动区域,游戏时每个活动区域人数,活动区规则如何制定,区域内的材料是否多样化、层次化。记录幼儿游戏时的行为和语言情况、教师指导的策略等问题。

四、户外体育活动

幼儿在户外活动,可以经常接受空气的湿度、温度及阳光的照射,呼吸新鲜空气,增强对外界的适应能力,促进生长发育。《纲要》《指南》中指出:"幼儿每天的户外活动时间一般不少于两小时,其中体育活动时间不少于1小时,季节交替时要坚持。"户外体育活动游戏性强,氛围较宽松,活动范围较大,无形中给保教人员增加了管理难度,因此必须建立必要常规,才能对幼儿的身心健康,尤其是生命安全起到保障作用。

（一）幼儿常规

小班	中班	大班
1. 在教师引导下，愿意参加各类体育活动，冬天不怕冷，夏天不怕热。 2. 会跟着教师做韵律活动、模仿操，动作基本合拍，动作基本协调。 3. 愿意学习体育运动中走、跑、跳、钻、爬、攀登等基本动作，动作基本协调。 4. 轻拿轻放，选择不同体育器械活动时，能够掌握运动器械的基本玩法。 5. 知道户外活动时不随意离开成人和集体，在教师指定范围内活动，不互相推挤，玩体育器械时知道注意安全。 6. 身体不适，能及时告诉教师。 7. 会与成人共同收拾整理活动器械和体育活动材料。	1. 愿意参加各类体育活动，冬天不怕冷，夏天不怕热。活动中能克服困难进行锻炼。 2. 能动作协调地与同伴集体做操，能跟音乐节拍及动作要领做操，有节奏、动作到位、协调有力，能认真并坚持做操，充分活动身体的各部位。 3. 愿意学习体育运动中走、跑、跳、钻、爬、攀登等基本动作，动作协调、灵活。 4. 活动前在教师提醒下会检查自己的衣服、鞋子是否穿好。知道夏天出汗时不要直接脱外衣，学会自己擦汗；冬天要拿掉帽子，取下围巾、手套等。 5. 会选择不同体育器械活动，能够掌握体育器械的基本玩法和使用方法，并尝试新玩法。 6. 不争抢体育器械，同伴间能友好相处、互相谦让、合作游戏。 7. 在活动中有自我保护意识，在教师指定范围内活动，不互相推挤，不做危险动作，玩体育器械时能注意安全。 8. 活动过累、身体过冷、身体不适时，能及时告诉教师。 9. 活动结束时能与成人共同收拾整理活动器械和体育活动材料。	1. 能在教师引导下利用废旧材料自制器械，并进行器械操、韵律操活动。做操时能在队形队列中找准自己的位置，能听音乐节奏，精神饱满、动作到位地与同伴集体做操。 2. 能用多种运动器械创造性地进行体育活动，能与同伴协同运动，努力克服困难，有坚持性。 3. 在户外活动前能主动检查自己的服装、鞋子是否穿好，有无安全隐患。夏天知道出汗时不能直接脱外衣，学会自己擦汗；冬天知道要拿掉帽子，取下围巾、手套等。 4. 能掌握多种运动中的安全保护技能和方法。如不在大型器械上打闹、推挤；奔跑、跳绳时会避让；不做危险动作，不用器械与同伴打闹等。 5. 对所在地区常见气候环境变化有一定的适应能力。 6. 尝试探索多种方法进行走蛇形步、俯卧撑、快速跑等综合体育活动，探索几种体育器械的多种玩法，掌握运动的基本技能。 7. 爱护体育器械，活动结束时能主动收拾整理活动器械和体育活动材料。

（二）对各年龄班幼儿的指导重点

小班：重点检查活动场地安全和幼儿的着装安全，帮助幼儿整理衣服；指导幼儿户外活动时不随意离开教师和集体，在教师指定范围内活动；对于体弱幼儿给予重点关注和个别指导。活动结束后，帮助幼儿用干毛巾擦汗或及时穿衣服。

中班：适时提醒幼儿注意安全，根据不同幼儿体质调节活动量，对个别幼儿给予指导。活动结束后，检查运动器械是否安放到位，提醒幼儿用干毛巾擦汗或及时穿脱衣服。

大班：教师与幼儿共同检查场地安全，提醒幼儿活动前能检查自己的服装、鞋子是否穿好，有无安全隐患；活动时指导幼儿自主调节运动强度和密度，不打闹、不推挤、不做危险动作；活动后引导幼儿主动收拾整理活动器械和体育活动材料。

(三)实习生观察与记录要点

注重观察户外体育活动中,户外锻炼场地、活动器械和活动内容的准备与要求。活动中规则的介绍、动作的示范;活动中幼儿心理品质的培养;同时还要观察和分析幼儿活动量等。

在做操活动的观察中,应记录教师领操情况(衣着、动作、镜面示范),不同年龄班的操节类型、动作设计,幼儿做操的兴趣和完成情况等。

> 实习生利用《学生教育见习手册》"幼儿户外活动观察记录分析表"对本班幼儿的户外活动情况进行观察记录。

五、集体教育活动

集体教育活动是由教师有计划、有目的地,面向全体幼儿实施教学活动的过程,是帮助幼儿提升各种有益经验的重要途径。它有利于在短时间内给幼儿提供共同经验,培养幼儿自律、守规则的习惯,促进其团队意识的形成。

(一)幼儿常规

小班	中班	大班
1. 能安静地跟随教师的指导进行感知和活动,并运用各种感官参与活动。 2. 能参与到活动过程中,与同伴互相学习,回答教师提出的问题。 3. 能听清楚教师对活动的要求,能在教师指导下坚持完成某一项活动。知道回答教师问题时要先举手,不随便插话,逐步形成良好的倾听、表达、轮流等习惯。能遵守集体规则。 4. 能正确地使用和整理活动材料或用具,学习良好的坐姿、站姿、举手等习惯。	1. 活动过程中情绪饱满,能表现出自主性和能动性。能愉快并感兴趣地进行感知和操作。 2. 在活动中能够专注地倾听教师与同伴的谈话,积极思考教师提出的问题,不随意打断对方的讲话。 3. 在整个活动过程中参与性强,能与同伴互相学习,并能将自己的想法讲给同伴听,做到姿态大方、吐字清楚、音量适中。 4. 对学习、探索活动具有一定的坚持性,善于克服困难,能够表现出良好的倾听、表达、轮流、协商、合作、分享和守规则等行为习惯。发言时学会先举手,再站起来回答教师问题。 5. 掌握正确的坐姿、站姿以及举手、握笔、看书、写字、绘画等姿势。会使用多种学习工具和材料,如剪刀、双面胶、水彩笔、油画棒等。活动结束后会收拾整理工具材料及废弃物。	1. 活动过程中情绪饱满,对活动感兴趣,专注性强,思维活跃,表现出自主性和能动性。 2. 在活动中能专注地倾听教师和同伴的讲话,听不懂或有疑问时能够提出质疑。 3. 在整个活动过程中参与性强,能根据教师的问题进行思考,回答问题思路较清晰,解答较完整。在集体面前讲话大方、音量适中。 4. 在活动中对学习、探索活动具有一定的坚持性,善于克服困难,能够表现出良好的倾听、表达、轮流、协商、合作、分享和守规则等行为习惯。发言时会先举手,经教师允许后再站起来回答问题。能遵守集体规则。 5. 有良好的坐姿、站姿,掌握看书、握笔和举手的正确姿势,养成整理学具的习惯。能自觉学习,不影响他人。

（二）对各年龄班幼儿的指导重点

小班：重点指导幼儿积极参加集体活动，在集体活动时学会安静入座，听清教师对活动的要求，并在教师引领下坚持完成某一项活动。知道发言时要先举手，不随便插话，养成良好的倾听、表达等学习习惯。

中班：重点指导幼儿遵守集体规则，培养幼儿良好的倾听、表达、轮流、协商、合作、分享等行为习惯。

大班：重视幼儿良好学习习惯的培养，促使幼儿养成良好的坐姿、站姿以及阅读、握笔、举手的正确姿势，养成整理学具的习惯，学会正确地使用和收拾各种学习用具、材料。同时，培养幼儿的任务意识、责任意识以及独立完成任务的能力。

（三）实习生观察与记录要点

应具体从以下几个方面进行观察、记录与分析：活动内容的选择、活动目标的制定、活动准备是否充分、活动过程的设计与实施（师幼语言、师幼互动、教学方法等）。

> 实习生除了完成听课记录外，还可使用"集体教育活动互动情况记录表""集体教育活动观察评价记录表"观察记录、评价班级集体教育活动。

六、离园活动

离园活动往往是教师最容易忽视的环节，而这一环节却是教师、幼儿和家长相互了解、相互交流、相互沟通的良机，也是教师、幼儿和家长相互产生信任、相互传递教育信息、相互达成教育共识的有效时机。组织好离园活动，有助于消除家长的后顾之忧，消除幼儿因等待家长而产生的急躁不安等不良情绪。

（一）幼儿常规

小班	中班	大班
1. 不跟陌生人走，有安全意识。 2. 能参加简单有趣的游戏活动，进行简单安静的桌面操作活动。 3. 家长来接时能收放好自己的生活用品、玩具，摆放好自己的小椅子。 4. 能找到自己的衣物、鞋子，在家长的帮助下穿戴整齐。 5. 在成人提醒下会和教师说"再见"。 6. 能向家长简单交流自己当日在幼儿园的生活及活动情况。	1. 能参加简单有趣的游戏活动，进行简单安静的桌面操作活动。 2. 在教师提醒下，家长来接时能收放好自己的生活用品和学习用品、玩具，摆放好自己的椅子，整理好自己的衣着。 3. 愉快离园，能主动和教师、同伴说"再见"。 4. 能向家长简单交流自己当日在幼儿园的生活及活动情况。	1. 能自选离园前的游戏活动，进行简单安静的桌面操作活动。 2. 家长来接时能主动收放好自己的生活和学习用品、玩具等，摆放好自己的椅子，并能将所玩区域材料摆放整齐。 3. 能主动整理好自己的衣着和仪表，将需携带的学习、生活用品归整好带回家。 4. 愉快离园，能主动和教师、同伴说"再见"。 5. 能向家长交流自己当日在幼儿园的生活及活动情况，并能向家长讲清楚教师布置的各项任务。

(二)对各年龄班幼儿的指导重点

小班:特别关注幼儿的情绪状况,组织有趣的游戏活动,消除幼儿因等待家长而产生的急躁不安等不良情绪。同时,关注幼儿安全,提醒幼儿不跟陌生人走,有安全意识。帮助幼儿整理好服装与仪表。

中班:提醒幼儿在家长来接时能收放好自己的生活、学习用品和玩具,穿戴好自己的衣物,并能向教师主动告别。

大班:指导幼儿在离园前进行简单安静的桌面操作活动,耐心等待家长。家长来接时能主动整理好自己的衣着和仪表,将回家需携带的学习、生活用品归整好带回家。能和家长交流自己当日在幼儿园的生活及活动情况,并讲清楚教师布置的各项任务。

(三)实习生观察与记录要点

观察记录教师离园时组织幼儿进行什么样的活动,如何兼顾接待家长沟通工作与防止幼儿走失等问题。

> 实习生可使用《学生教育见习手册》"幼儿离园观察记录分析表"对本班幼儿的离园情况进行观察记录。

第四节 幼儿园班级工作计划设计与实施

班级工作规划是教师对班级工作的一种设想与工作思路。班集体是幼儿园教育教学的基本单位,是幼儿学习、生活、游戏的主要场所,班级工作规划的制定直接影响着幼儿园的办学水平。所以,幼儿园班级工作规划的制定与执行直接影响着幼儿园的管理秩序。

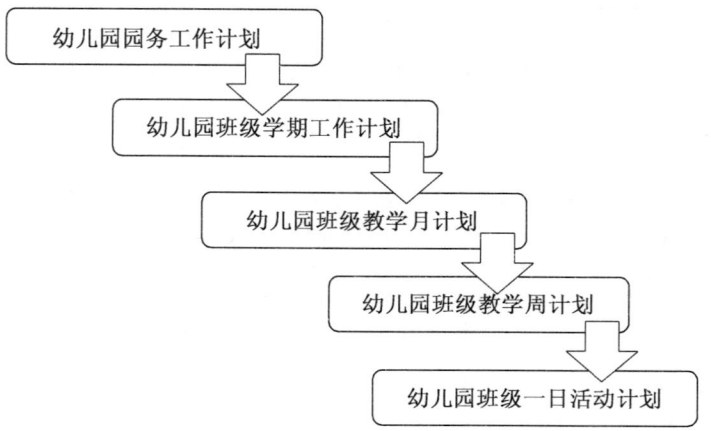

图7-3 幼儿园班级工作计划层级结构

实习生通过教育见习,将主要从幼儿园班级学期工作计划、周计划及幼儿园班级一日活动计划三个方面进行班级工作规划的学习,重点掌握幼儿园班级一日(半日)活动的分析、设计、组织与管理能力,从而较好地将理论与实践有效结合。

一、幼儿园班级学期工作计划

幼儿班级是幼儿全面发展、健康成长的重要环境。控制着这个环境的是主班教师,他发挥着任何人都不能替代的两点作用:其一,主班教师不仅要关注幼儿的一般发展需要,而且要关注幼儿的个体差异,利用"最近发展区"给予幼儿有效的帮助。其二,主班教师工作的特殊性就是要将自己和其他教师的"教书育人"的影响力进行整合,形成"教师集体"的影响力,进而培育班集体,塑造完整人格。

幼儿园班级学期工作计划即幼儿园班级保教工作计划,是幼儿园班级教学计划和生活管理计划的综合。班级管理工作头绪纷繁,要提高班级管理工作质量,就必须制定学期的工作计划。制定班级工作计划既是实习的基本内容,也是加强实习工作计划性的重要措施。

班级学期工作计划,一般分为以下几大部分:

(一)标题

撰写工作计划标题时建议包含计划单位的名称、计划时限、计划内容摘要、计划名称。如:"阳光幼儿园中二班2020—2021年度第二学期班级工作计划",其中"阳光幼儿园中二班"是计划单位的名称,"2020—2021年度第二学期"是计划时限,"班级"是计划内容摘要,"计划"是计划名称。

(二)正文

班级工作计划的基本结构和主要内容一般包括班级情况分析、班级工作目标、实施措施、班级人员配合、重要工作安排、月计划等内容。

1. 班级情况分析

此部分写在班级工作计划的前面,主要把上学期班级工作总结中的成绩和突出问题简明扼要阐述,把当前教师构成、幼儿构成和班级现状等逐一介绍,目的在于从形式到内容上承上启下。

(1)教师构成:简要阐述带班教师和保育员的姓名、特点及职责分工等情况。

(2)幼儿构成:班级总人数、男女幼儿的人数。这是确定本学期培养目标、选择教育教学内容和方法的基础。

(3)班级现状:包括各个方面(如学习、生活、游戏、运动等)班级集体活动情况,纪律、卫生情况,幼儿情绪情况,全班幼儿家庭状况分析等。

(二)具体内容分析

1. 工作目标

班级工作的主要目标任务可以分为教育教学工作、保育工作、家长工作、安全工作、

业务学习和其他工作管理的各项目标任务。要注意班级目标是否与幼儿园总目标相一致,是否符合幼儿年龄特点,能否从本班幼儿实际出发。

2. 各项教育教学内容安排

主要包括生活卫生习惯、幼儿品德、领域教学、游戏等。各项目内容要很具体。如生活卫生习惯,就要求写明幼儿掌握哪些卫生知识,养成什么样的卫生习惯和生活自理能力等。

3. 具体工作步骤与措施

主要指教育活动、组织力量与分工、时间步骤安排等。包括班级管理(教师学习、常规培养)、教育教学活动(主题开展、教学活动)、保育保健(安全教育、卫生习惯)、家长工作(家长会、开放日活动)、安全工作、环境创设、班级人员配合、特殊幼儿教育等。

(三)注意事项分析

1. 幼儿园班级学期计划是否充分考虑到时间上的纵向联系和空间上的横向交往,因为幼儿的发展是一个系统和较长的过程。

2. 幼儿园班级学期计划是否发挥地区性优势,利用当地教育资源,因地制宜地开展教育活动设计。

3. 幼儿园班级学期计划可利用本学期的节日或社区活动组织社会实践活动。

二、幼儿园班级教学周计划

幼儿园班级教学周计划是幼儿园班级教学计划在一周之内的具体体现,它是幼儿园班级工作计划在教学方面的具体化。可以将幼儿园班级教学周计划定义为幼儿园班级教学组织者根据班级情况,为班级全体幼儿在幼儿健康、语言、科学、社会、艺术等教育领域和游戏活动、环境创设、家长工作等方面,制定的一周发展目标,以及为实现该发展目标而设计的措施方案。

(一)幼儿园班级教学周计划的制定

制定班级教学周计划,新教师要详细写,新接班级时也应详细写。主要包括班级信息、教师信息、使用时间、本周主题、活动目标、活动内容等信息。周计划可列成表格,使之一目了然。

1. 周目标的制定

目前幼儿园每周活动多以主题活动的形式开展,因此周目标即主题活动目标。制定时,周目标要紧扣主题,结合幼儿兴趣、经验及心理发展水平和年龄特征,不过于笼统,也不过于具体,阐述简明扼要,突出重点。设计目标时,首先要关注幼儿发展的各领域目标,还要关注情感、知识、能力方面,通过各类资源和形式的整合,从幼儿的角度去表述整个主题活动目标。

2. 教育活动的安排

教育活动的安排在各个幼儿园不尽相同,但多数幼儿园上午安排一到两次教育活动,下午安排一次活动。教育活动涉及语言、社会、科学、艺术、健康五大领域,虽然每个教育领域每周至少安排一次教育活动,但每周的教育活动次数并不相同,它是随着班级具体发展情况和幼儿园总体安排而变化的。如某班幼儿在艺术教育领域发展情况较突出,但在幼儿语言教育领域稍差,这时教师可以考虑适当增加幼儿语言教育活动。

3. 游戏活动

包括区域游戏和其他游戏,分上午和下午开展。

4. 生活活动、家长工作

生活活动主要是本周保育的主要工作,如在流感季节强化流感防疫等。家长工作主要是本周家长所需配合幼儿园和教师完成的工作,可以是亲子活动,也可以是配合教师监督幼儿行为习惯的养成等。

> **案例分享**

幼儿园周计划记录分析表

主题名称	我身边的声音		时间	10月19日—23日	
主题目标	1. 能主动、积极收集身边各种声音,感受声音的多样性;了解声音产生的方式及传播途径。 2. 学会关心、爱护身边的事物,具有初步的生态环保意识。 3. 能区别比较同一物体数量的多少与音量大小的关系。				
环境创设	1. 主题墙上展览师幼共同收集的"我身边的声音"的图片,并根据教学进度布置成若干专栏。 2. 把主题内容和要求告知家长,请家长一起收集材料。				
内容\星期	一	二	三	四	五
集体活动	体育:声音传送带。 目标: 1. 初步掌握"声音传送带"的合作传递方式,发展合作、协调能力。 2. 活动中感知、体验按左右方向顺序游戏,提高辨别左右方向的能力。 3. 积极与同伴合作,体验多人传声的快乐。	语言:轰隆隆来了。 目标: 1. 欣赏故事,感受故事的幽默与夸张的特点。 2. 知道逃、钻、吼、寂寞、满足等词的意思。 3. 大胆想象,创编故事情节。	社会:噪音和乐音。 目标: 1. 了解一些噪音和乐音的定义和关系。 2. 能够根据场景对声音进行分类,感受声音的神奇。 3. 感受噪音对生活的影响,养成用好听声音说话的好习惯。	数学:我身边的声音。 目标: 1. 学习用统计的方法,了解我身边声音的种类,并把声音分类在表格中记录。 2. 初步了解统计图表的意义。 3. 注意倾听、思考并理解同伴,能从不同角度对表格中的相关数据进行分析解读。	艺术:身体协奏曲。 目标: 1. 尝试用身体发出不同的声音,并根据音乐情节进行表演。 2. 感受身体能发不同声音。

(续表)

内容 \ 星期	一	二	三	四	五
户外活动	自主活动：户外场地自主选择户外游戏区域，遵守各区域规则。 建构： 目标：锻炼幼儿的创造力、想象力以及整理收纳的能力。	森林日活动：蚂蚁的家（一半幼儿参与） 目标： 1. 了解蚂蚁喜欢在什么环境中生活，初步找到蚂蚁的家。 2. 能通过细致的观察寻找，发现蚂蚁的家，并用自己的方式记录下来。 3. 通过实践活动，发展幼儿观察力。 骑行： 目标：能够按照路线骑行，不超车、不越线。	玩沙： 目标：锻炼幼儿科学探索能力和创造力。 滚油桶： 目标：锻炼幼儿平衡能力以及腿部力量。	森林日活动：蚂蚁的家（一半幼儿参与） 目标： 1. 了解蚂蚁喜欢在什么环境中生活，初步找到蚂蚁的家。 2. 能通过细致的观察寻找，发现蚂蚁的家，并用自己的方式记录下来。 3. 通过实践活动，发展幼儿观察力。 平衡草坡组合： 目标：锻炼幼儿四肢钻爬和平衡能力，学会安静有序地进行游戏。	自主活动：户外场地自主选择户外游戏区域，遵守各区域规则。 玩沙： 目标：锻炼幼儿科学探索能力和创造力。
区域活动	班级区域：自主选择班级区域游戏，遵守区域游戏规则。 重点指导：科学区。 目标： 1. 自己动手操作，对万声筒进行排序。 2. 感受实验操作与记录的乐趣。	重点指导：阅读区。 目标： 1. 与同伴交流时，会安静倾听。 2. 有良好的阅读习惯。 重点指导：美工区。 目标： 1. 敢于制作创造性美术作品。 2. 活动后主动整理材料。	重点指导：建构区。 目标：幼儿尝试与同伴合作，参考实物图片，绘制草图，搭建楼房。 重点指导：美工区。 目标： 1. 敢于制作创造性美术作品。 2. 活动后主动整理材料。	重点指导：美工区。 目标： 1. 能用画画、剪剪、贴贴、折折等形式制作恐龙面具。 2. 具有与同伴合作表现的愿望和能力。 重点指导：建构区。 目标： 1. 能根据自己绘制的图纸搭出楼房。 2. 与同伴互相交流，合作完成。	班级区域：自主选择班级区域游戏，遵守区域游戏规则。 重点指导：美工区。 目标： 1. 能用画画、剪剪、贴贴、折折等形式制作恐龙面具。 2. 具有与同伴合作表现的愿望和能力。
生活活动	练习水果榨汁	练习水果榨汁	七步洗手法	练习拉拉链	练习拉拉链
功能室活动	木工坊	无	无	无	科学发现室

(续表)

内容 \ 星期	一	二	三	四	五
家园联系	1. 完成幼教365平台亲子作业，观看专家讲座。 2. 幼儿自主入园出现问题，及时和班级教师沟通。 3. 家长严格按照入园、离园时间接送孩子，不得中途接送孩子。 4. 配合幼儿园晨谈、重阳节活动的开展。				

（二）幼儿园班级教学周计划制定过程中应注意的问题

制定幼儿园班级教学周计划是一项复杂而具有创造性的任务，它对教师的业务水平和专业化素质要求很高。在这种情况下，实习生可以从一周安排中全面了解幼儿园工作。

因此，为了更好地分析实习中的周计划，应深入讨论制定幼儿园班级教学周计划应注意的问题。

1. 活动安排要与幼儿园整体规划一致，不要标新立异。幼儿园班级虽然是一个相对独立的集体，但始终是幼儿园的一部分。因此，制订班级教学周计划要与幼儿园工作计划保持一致，认真完成园所工作安排。如通常5月份一般要为准备"六一"儿童节设计较多幼儿艺术教育活动，若某班在5月将幼儿语言活动设计过多，是不可行的，要考虑幼儿是否有充足的精力应对较多的艺术和语言两方面的教育活动。活动安排与幼儿园整体规划一致，也不否定班级教学周计划要有自己的特色，但这种特色应该是在幼儿园整体规划下的特色，而非刻意地标新立异。

2. 制定本周计划要考虑与上一周的内容、要求衔接，还要明确本周教育工作在月计划和学期计划中的位置。

3. 制定计划要根据班级具体情况，不要硬搬照抄。教师制订幼儿园班级教学周计划必须根据班级具体情况。诚如"世界上没有完全相同的两片树叶"，世界上也没有完全相同的两个班级，可能在一个班级非常成功的周计划，到另一个班级运用情况完全不同，因此硬搬照抄是不可行的。当然，这并不是说完全否定其他班级成功的经验，制订班级教学周计划可以借鉴管理班级能手的成功经验，但这种借鉴是在考虑本班具体情况基础上的借鉴，不可一成不变。

4. 五大领域教育活动设计要均衡化，不要平均化，同领域活动之间应有适当间距。幼儿园教育原则强调面向全体，促进幼儿全面发展；而教育活动作为教育原则的载体，也应是全面均衡的。幼儿发展是整体的发展，其在某一领域的发展是离不开其他领域的支持的。因此，五大领域教育活动设计要均衡化，但这种"均衡"不等同于"平均"。均衡化是指在五大领域教育活动都涉及、都进步的情况下，允许个别差异；鼓励特长发展。均衡化绝不是要五大领域的教育活动的设计齐头并进式的平均化，这不符合幼儿发展的实际，也是不可能实现的绝对平均。为了让幼儿有一个消化所学内容的时间，又不使他们遗忘，同领域教学活动之间应有适当间距。如周二有科学活动，第二次科学活动宜

放在周四。

5. 一日中教学活动和其他活动的安排要注意动静交替,宜先静后动。因为幼儿的兴奋过程难以抑制,假如第一个是活动量较大的教学活动,第二个活动就很难使幼儿安静地集中注意力听讲。

6. 依据人一周中心理周期、生活节律、生理指标等细微差别安排活动。周一因受双休日的影响,是心理和身体的双重"过渡期"。幼儿的精力要逐步恢复,教育内容应是复习性和游戏化的。此后,便可逐步提高要求,增加教学内容的难度。较复杂的内容最好安排在周三、周四;到了周五,幼儿的疲劳感会逐渐产生,要安排较轻松的教育内容和活动。

三、幼儿园班级一日(半日)活动计划

一日活动计划从幼儿园角度来说,有利于各项工作计划有步骤地进行,从而提高各项活动效率;从实习生的角度来说,通过一日活动或半日活动计划的设计与实施,真正地将所学的理论运用于实践的过程,综合地验证了专业知识和技能的学习效果,为将来踏入工作岗位打下坚实基础。

(一)幼儿园班级一日(半日)活动设计要求

1. 提前观察

一日活动是为促进幼儿有效学习而设计,为此保教人员一定要将观察了解幼儿作为活动设计的起点。通过观察教师和实习生可以更好地认识和了解本班幼儿学习和发展的真实状况和需求,从而在设计时,从关注内容转为关注幼儿,具有更强的针对性。

2. 制定生活作息制度

作息制度要有利于幼儿的健康成长,要能保证幼儿好的精神面貌,在游戏、教学活动等各种活动中表现活泼、积极、主动。为此,各项具体活动的安排必须符合幼儿的生理、心理特点,要有规律;各项活动的时间分配要科学合理,小、中、大班应有区别;活动制度要富有节奏,尽量减少不必要的等待现象。

3. 开展游戏活动

游戏是幼儿最喜欢的活动方式。因此,在时间上要充分保证幼儿开展游戏活动,在空间上要提供充足的场地,在玩具材料上要满足幼儿的游戏需要。游戏种类的安排要做到室内外结合、动静交替,有集体性游戏,也有个人自选游戏。

4. 丰富多彩的其他活动

幼儿兴趣和求知欲望是多方面的,所以一日活动内容也应是多方面的。如操作、练习、小实验等可满足幼儿动手实践的兴趣;观察、参观等可增长幼儿的见闻;自我服务可培养幼儿爱劳动的品质。

(二)幼儿园班级一日(半日)活动设计与实施的内容

针对一日活动计划的内容实际上就是班级生活管理计划和一日教育教学活动的综

合设计。设计时不仅要关注每个小活动的开展情况,还要从整体上把握活动与活动之间的关系及衔接等。

> **案例分享**

幼儿园半日活动计划表

日期	4月10日	日段	上午☑ 下午☐
班级	中三班	人数	30人
时间	环节	内容与过程	
7:20—7:40	来园活动	活动目标:能使用礼貌用语,不带细小危险的物品。 指导方法:教师与值日生热情地接待每位幼儿和家长,为幼儿做出表率——站姿正确,面带微笑,主动大方地与来园的幼儿和家长问好。	
7:40—8:00	晨间活动	活动目标:练习拍球。 指导方法:关注每一个幼儿的拍球方法,用语言提醒、动作示范等方式进行指导,并做好观察记录与分析。	
8:00—8:30	早餐	活动目标: 1. 安静、愉快地进餐,不挑食,保持桌面干净。 2. 有良好的坐姿和进餐习惯。 3. 会正确使用和收放餐巾、餐具。 4. 餐后用温开水漱口。 指导方法:用餐的文明习惯,盥洗要求。	
8:30—8:50	早操	活动目标: 1. 主动摆放好早操器械,愉快地参加早操活动。 2. 精神饱满,随音乐有节奏地做操。 指导方法:队列队形练习,教师动作示范规范。	
8:50—9:10	集体教学活动:"制作轻轨"	活动目标: 1. 喜欢参加手工制作活动,体验合作、成功的乐趣。 2. 会用画、剪、贴等多种方式装饰轻轨。 3. 在活动中能分工合作,友好相处。 活动准备: 1. 经验准备:对轻轨有一定的认知。 2. 物质准备:大纸箱8个,各种彩纸、彩笔、油画棒、剪刀、胶水、毛笔及各种颜料。 活动过程: 1. 与幼儿一同"开火车"进入教室。 2. 你知道陆上交通工具有哪些吗?我们重庆现在有了一样新的交通工具,它是什么?他的外形怎么样?想不想把轻轨装饰得更漂亮些?你想用什么方式来装饰轻轨?(激发幼儿参与装饰轻轨的愿望) 3. 幼儿自选材料,自由组合,共同装饰车厢,老师引导幼儿用画、剪、贴等各种方式进行装饰,并在活动中能分工合作,友好相处。 4. 游戏"坐轻轨"。利用制作好的"车箱"玩"开轻轨"的游戏,感受成功的快乐。	

(续表)

时间	活动	内容
9:10—10:10	户外体育活动:"玩圈"	活动目标: 1. 喜欢参加户外体育活动,体验游戏的乐趣。 2. 学习圈的多种玩法;发展幼儿综合运动能力,激发幼儿创造的兴趣。 3. 有简单的自我保护方法。 活动准备:每个幼儿一个塑料圈。 活动过程: 1. 与幼儿将圈当方向盘,开汽车进入场地。放松活动,带领幼儿活动膝部、腕部。 2. 玩圈活动。幼儿自由玩圈,玩出圈的多种玩法,如:跳圈、转圈、投圈、套圈等。 3. 组合玩圈、跳圈。 (1) 把圈摆成一条直线,幼儿单、双脚向前跳。 (2) 把圈摆成之字形,幼儿左右行进跳。 (3) 把圈摆成单双数,幼儿单、双脚行进跳。 (4) 把圈摆成圆形,幼儿围圈跳。 4. 游戏"换圈行进"。幼儿站在一个圈内,把另一个圈放在前面,迈到(跳到)前面的圈内,再将后面圈放在前面,反复进行直到终点。 5. 放松活动"开汽车"。
10:10—10:15	如厕、洗手、喝水	活动目标: 1. 能自己整理衣裤,养成便后洗手的好习惯,爱护厕所卫生。 2. 掌握正确的洗手方法,手脏时自觉洗手。 3. 自主取、放口杯,养成良好的饮水习惯。 指导方法:各项生活活动的要求,并进行检查与评价。
10:15—11:15	区域活动	活动目标: 1. 喜欢参加区域游戏活动,体验游戏的乐趣和成功的自豪感。 2. 掌握各区域活动的玩法,自觉遵守游戏活动规则。 3. 幼儿会大胆与别人介绍自己的作品,有良好的收放玩具习惯。 活动准备:美工区、结构区、餐厅、聪明屋等活动区域的各种成品、半成品材料。 活动过程: 1. 激发幼儿兴趣,让幼儿愿意主动参加区域游戏。 2. 介绍本次活动的内容,有哪些区域可选择。 3. 让幼儿自由选择区域,幼儿相互间提出游戏规则和要求。 4. 幼儿自由玩耍,教师以角色身份进入活动中指导幼儿,并纠正错误的知识概念,在活动中提醒幼儿使用礼貌用语。 5. 幼儿自评,进行交流。 6. 教师小结,组织幼儿收拾活动区玩具材料,结束。
11:15—11:20	盥洗	活动目标: 1. 能有次序地排队洗手、解便,不推挤。 2. 盥洗时事先卷好衣袖,不玩水,掌握正确的洗手方法。 3. 用自己的毛巾擦手,有良好的卫生习惯。

(续表)

11:20—11:25	餐前活动：手指游戏	两个大拇指(大拇指伸直)，比比一样高(大拇指放在一起)。相互点点点(两个大拇指相对碰一碰)，接着弯弯腰(大拇指弯一弯)。两个小拇指，一样都灵巧，相互拉拉钩，点头问问好。食指，中指，无名指，样样事情离不了(两手食指、中指和无名指弯曲运动)。摊开双手数数(两手心向上，十指伸展)，一(左手拇指弯曲)，二(左手食指弯曲)，三(右手中指弯曲)。四(左手无名指弯曲)，五(左手小指弯曲)。六(右手拇指弯曲)，七(右手食指弯曲)，八(右手中指弯曲)，九(右手无名指弯曲)，十(右手小指弯曲)。都是我的好宝宝(两手互拍)。
11:25—11:50	午餐	活动目标： 1. 能安静、愉快地进餐，不挑食，保持桌面干净，能主动把掉在桌面和地面的饭粒捡入餐盘。 2. 有良好的坐姿和进餐习惯。 3. 会正确使用和收放餐巾、餐具。 4. 餐后擦嘴，用温开水漱口。 指导方法：介绍食物营养，教师提醒幼儿吃饭细嚼慢咽、不剩饭，表扬吃完饭再离开的幼儿。
11:50—12:10	餐后活动：散步	—
12:10—14:10	午睡	活动目标： 1. 会折叠衣物，摆放整齐。 2. 不玩耍，不讲悄悄话，能较快地安静入睡。 指导方法：老师巡回观察幼儿入睡情况，纠正不正确的睡姿。

（三）幼儿园班级一日（半日）活动实施的注意事项

1. 熟悉计划，有序开展活动

作为实习生，对于班级一日（半日）活动的实施，一定要做到将计划烂熟于心，清楚每个环节安排的顺序、内容等。如组织户外活动时，应注意该环节的核心任务是什么，应采用的教学方法有哪些，对幼儿提出哪些要求，紧接着下一个如厕、洗手、喝水的环节该如何组织等。同时引导幼儿学会有序地做事，并及时地检查和落实，使之形成良好的习惯，从而不断提升教师和幼儿一日活动的有效性。

2. 做到活动结构紧凑，各环节转换自然

在活动和活动间隙，要尽量避免拖沓，把幼儿静坐等待的时间变为积极活动。在一个环节向另一个环节过渡时，可采用幼儿喜闻乐见的歌曲、故事、儿歌、游戏等方式，以提高一日活动的整体效果，帮助幼儿调整情绪。

3. 保教人员与实习生要求一致

教师之间相互合作，常规要求明确。教师要以身作则，做好榜样，建立良好的师幼关系。常规的培养要持之以恒，丝毫不能放松。保教人员要多沟通，上、下午班工作既互相协调、互相联系，又各有侧重，从而达成教育的一致。作为实习生，在组织

活动时,也要按照本班约定俗成的一些行为习惯开展活动,更能保证活动的有效性。

思考与实践

1. 幼儿园保教工作地位是如何体现的?如何实施保教结合这一原则?

2. 依据《保育员岗位职责》,记录保育实习所在班级保育员一日工作流程及各工作环节容易出现的问题与注意事项。

3. 为了进一步了解幼儿,让幼儿更快地适应幼儿园的集体生活和学习,便于教师有目的、有针对性地对幼儿进行保育和教育,请设计一份幼儿入园登记表,内容应涉及:幼儿基本信息、幼儿家庭情况、幼儿生活习惯、幼儿健康状况等。

4. 用已学的"学前儿童卫生与保健"知识,分析与评价幼儿园某一周的食谱。

5. 观察和记录某年龄班幼儿一日活动的内容及保教指导的策略,并进行恰当分析。

第八章 幼儿发展评价

现实问题

我们通过哪些维度和指标评价幼儿发展的水平？使用什么方法评价幼儿发展？下一阶段应该如何制定幼儿发展计划和班级工作计划呢？《纲要》在幼儿发展评估中指出：全面了解幼儿发展状况，防止片面性，尤其要避免只重知识和技能，忽视情感、社会性和实际能力的倾向。对于幼儿发展的评价是为了促进其在身体、认知、语言、社会性、情感等方面全面和谐发展。因此，教育活动要注重领域之间、目标之间的相互渗透和整合，促进幼儿全面协调发展，而不是片面追求其某一方面或几方面的发展，尊重幼儿个体差异，支持他们在现有水平向更高水平发展。我们应该围绕学前教育的总体目标，全面了解幼儿发展水平，制定教育计划使教育过程更符合幼儿发展需要，有效促进每一名幼儿的健康成长。

第一节 幼儿发展评价概述

一、幼儿发展评价的内涵

幼儿发展评价是学前教育评价的重要组成部分。幼儿发展评价是根据幼儿园教育目标和幼儿发展目标，通过运用教育评价的理论和方法，对幼儿身体、认知、社会性等方面的发展进行全方位的价值判断的过程。幼儿发展评价不但是促进幼儿全面发展的重要手段，而且通过幼儿发展评价还能及时分析幼儿的个性并针对幼儿的个性发展需要进行培养，在促进幼儿全面发展的同时发展其个性，为幼儿终身发展打下坚实的基础。

二、幼儿发展评价的意义

幼儿发展评价是幼儿园教师组织实施教育活动的依据。由于幼儿处于特殊年龄阶段,他们不能很明确地把自身状态和情绪情感用语言表达出来,《纲要》指出:幼儿园教师要耐心倾听,努力理解幼儿的想法与感受,善于发现幼儿感兴趣的事物、游戏和偶发事件中所隐含的教育价值,关注幼儿在活动中的表现和行为,敏感地察觉他们的需要,以适当的方式及时应答,形成合作探究式的师幼互动。只有关注到幼儿个体最微小的差异,进行科学、合理的幼儿发展评价,才能达到最适宜的教育效果。

幼儿发展评价,是幼儿园教师进行有效教育活动的基础。每个教师在职前、职后都接受了一定的专业训练,积累了一定的教育实践经验,对各年龄段幼儿身心发展规律有所了解。但幼儿存在个体差异,教师需持续观察幼儿发展全过程,并进行系统科学评价,才能充分了解和认识每个幼儿。设计教育活动时,只有在兼顾群体需要的基础上,注重和尊重幼儿之间的个体差异,才能保证教育活动的有效性。只有这种符合幼儿发展水平和需要的教育活动才是有效的教育活动。

幼儿发展评价,是幼儿园教师重要的专业成长途径。教师运用专业知识审视自己的教育实践,通过观察幼儿的行为表现对其进行评价,可以将有关幼儿发展与教育的理论知识和实践知识相结合,在不断观察、评价过程中,认识幼儿发展的需要,实施和反思教育活动,优化自身知识结构和提高解决问题的能力,使自身的专业水平得以持续发展。

三、幼儿发展评价的内容

(一)日常生活中的行为表现情况

为了对幼儿的自理能力、互动方式、肢体语言和表达方式等方面有所了解,教师就要通过观察幼儿在日常活动中入园、进餐、午睡、盥洗、离园等环节的行为表现进行评价。如进餐环节,教师可以通过观察幼儿食量多少、进餐速度、接受还是挑剔、抗拒食物的情况、使用餐具的情况等,随时调节幼儿的进餐。

(二)教育活动中的发展情况

教师为了采取适宜的教育措施,促进幼儿发展,就必须对幼儿各领域的发展水平和变化情况进行评价。幼儿各方面发展内容繁多,可参考表 8-1。

表 8-1 幼儿各年龄阶段发展水平一览表

项目	内容	各年龄段发展水平		
		3~4岁	4~5岁	5~6岁
身体动作	大肌肉动作	会手脚协调地按指定方向或变换方向走、跑,不扶梯走上走下,双脚连续向前跳;能手膝并用向前、后、侧面爬;能向前抛物;能单足站立;会滚球、拍球,玩大型运动玩具;能按节拍做模仿操	能按节拍灵活变速走;会单脚向前跳或原地跳五六下;能连续正面钻和手脚协调攀爬;能接住投掷过来的大球,走直线平衡木;能做简单韵律操和器械操	能灵活控制跑、跳、蹲、走、翻筋斗等动作;能掌握器具的多种玩法;能跳绳,可以做变队形的体操
	小肌肉动作	会用积木堆高、围拢等;能用纸团、手掌等印画;会画简单作品或玩简单组合玩具	能正确握笔,自己画简单的图案及形状;会剪直线、简单曲线;模仿折纸;养成左右手的使用习惯	会用多种材料制作较复杂的作品;可以自如地涂色,掌握印染、拼、剪等技能
	自理能力	自己会穿脱样式简单的衣、鞋、袜,能用勺吃饭,会自己上厕所、洗手等	懂得交通安全,不玩危险游戏;会收拾桌子、整理餐具,会刷牙、穿脱衣服、简单整理被褥	具备日常生活的基本自理能力,如进食、穿脱衣服、系鞋带、上厕所、洗澡等
认知发展	智力发展	知道自己和别人的性别,也知道不同性别的装扮不同;能指认身体重要部位(牙齿、四肢、耳、眉)及功用;能指认图卡上的事物或动作;知道视、听、触、味觉上的不同;能区分音乐节奏快慢;喜欢自由画画并感受美	能有目的地观察、比较物体的特征与差异并进行分类;能区分音乐高低、强弱等;能用画画等手段表现自我感受和想象	能发现物体的细微差异;会判断推理;能为音乐创编简单动作和歌词;能自主创造美术作品
	数学概念	认识简单的形状、颜色;能分辨轻重、长短、大小(数目、人物);会点数10以上的物体;知道时间长短的意义,有日夜概念	能按物体特征排序;能指出物品缺少的部分;能理解序数及其相邻数关系;将熟悉的物品按功用、颜色或形状分类	知道日期的意义;会区分自己的左、右;能从1数到100;认识钱;能理解数的组成与加减
	自然概念	对身边动植物感兴趣;能感知天气和季节变化并对之感兴趣	愿意观察天气、季节特征和动植物特性,并喜欢种植和饲养;对声音、光源等产生好奇心	能发现动植物及自然界的规律及其相互关系
	语言能力	能听懂简单儿歌、故事,并能记住内容;能按语言提示做相应动作;愿意用语言表达愿望,能说较完整的句子;能边翻书看边讲画面内容	了解故事、图片内容并描述出来;能理解动词、形容词等;能交谈、朗诵,连贯讲述一段话	能理解作品的情感及简单寓意;语句结构完整,会讨论、讲道理;能利用想象表现情节对话

(续表)

项目	内容	各年龄段发展水平		
		3~4岁	4~5岁	5~6岁
社会性发展	品德行为	能使用简单的礼貌用语；能按要求收拾玩具；遵守常规	能有礼貌地与人交往；知道爱护玩具、花草等；渐渐了解并遵守规则	知道爱护公物、保持卫生清洁；遵守各种场合规则；独立性渐强
	情感与态度	喜爱自己的家人、老师和同伴；能简单地辨别对错	对别人的悲伤能产生同情心；能简单评价别人的行为，会调整自己的行为	会询问大人或同伴的意见；会出主意，也会接受别人的意见
	个性特征	知道自己的姓名、性别	知道自己和他人的兴趣与爱好，喜欢参加活动	活泼，充满冒险探索的精神
	社会交往	喜欢做别人喜欢的事，在意别人的称赞或责备；有交友的欲望，与一两个同伴玩；能轮流玩和分享玩具	愿意同别人分享食物等	有结交性地接受、赠与和分享行为；能扮演同伴中领导者的角色；选择喜欢的人为固定的玩伴

（三）幼儿使用玩教具等材料的情况

为了全面了解、评价幼儿的兴趣爱好、注意力发展情况、操作能力、遵守规则等情况，教师还要观察幼儿使用玩教具等材料的情况。如幼儿选择哪类材料、选择的原因、如何使用、使用多少时间、表现怎样等。教师根据情况调整教育环境，使教育环境和教育材料更符合幼儿需要。

（四）幼儿的其他情况

幼儿在生活和活动中会有一些特殊表现，这些特殊表现反映着幼儿个体需要或幼儿生理、心理上的变化，教师敏感地觉察、记录，并且对其进行分析评价，找到根源，就能够采取相应措施解决问题，促进幼儿更好地发展。

四、幼儿发展评价的方法

（一）观察法

观察是在自然条件下有目的、有计划地对观察对象或行为进行考察、记录、分析的一种方法。这是在幼儿发展评价中最主要的评价方法。因为幼儿发展表现往往在其日常外显行为中，与年龄较大的儿童相比，幼儿的语言能力和自我表达能力有限，对幼儿发展评价，应以幼儿在活动中自然呈现出的可观察到的外部行为为主要依据。观察主要有描述观察和抽样观察两种。

1. 描述观察

对幼儿在日常生活中的自然行为进行观察记录。其可以分为日记描述与轶事描述。

2. 抽样观察

抽样观察是一种严格、系统的观察方法,是观察者根据一定的标准,抽取一定的幼儿行为进行观察、记录和研究,从而了解幼儿行为的方法。抽样观察包括时间抽样法和事件抽样法。

(二)访谈法

访谈法是调查者通过与被评价者或与被调查者相关的人员面对面交谈的方式获取信息的方法。

1. 直接回答问题的谈话

一问一答的谈话,谈话者把准备好的问题一一提出来,提完让幼儿一一回答。

例如,让3~4岁幼儿回答教师提出的下列问题:

你叫什么名字?

你今年几岁了?

你的生日是哪一天?

目的:了解幼儿基本信息,可评价幼儿的语言表达能力。

注意事项:对于具体的生日询问,可以启发幼儿回忆,不必特别在意某一天。

2. 选择答案的谈话

谈话者把询问的问题预先拟定成具体的选择题,以便供被调查者选择。

例如,让幼儿从班上所有幼儿中说出自己最喜欢的三个。

目的:评价全班幼儿社会交往能力的发展。

注意事项:可让回答问题的幼儿站到全体幼儿面前,把全体幼儿看一遍后再说,以避免幼儿遗忘同伴。

3. 自由回答的谈话

教师围绕着一个或几个问题让幼儿回答,直到了解问题为止。

例如,对幼儿教师情况询问以下问题:

你最喜欢班上的哪个老师?

你为什么喜欢这个老师?

别的小朋友喜欢哪个老师?

他们为什么喜欢这个老师?

目的:可分析幼儿对教师的评价,也可综合评价。

注意事项:需要将幼儿分开进行谈话,以防相互之间模仿回答。

(三)档案袋评定法

又称为"文件夹评价",是指幼儿园教师通过收集幼儿在学习过程中有代表性的作品和典型表现,并以此为依据评价幼儿发展水平的方法。这种评估活动从多种渠道收

集资料,旨在提供有关幼儿学习实际水平的各种材料,重视幼儿发展过程,能从多角度判断每个幼儿的优点和发展可能性,为描绘其学习情况的剖面图和发展过程提供了真实而详细的资料。

通常,档案袋覆盖的内容可包括:幼儿在幼儿园中的各种作品(如绘画、泥塑、折纸等);幼儿在活动中的照片或录像;语言和音乐表现的录音;教师对幼儿活动的观察记录;幼儿自己通过语言录音、图画或文字的方式表达的自我反思、探究设想和活动过程、轶事记录等。

(五)测验

测验是对幼儿身体、认知、语言、社会性发展等方面的测量。它是学前教育评价的一种重要工具。

1. 标准测验

标准测验是专门组织人力、物力,由教育专家制定的测验,如比纳的智力量表。

2. 教师自制测验

幼儿园教师为了解本班幼儿在某些方面的发展情况,自制一些测验题目,对评价对象进行测查。

第二节 幼儿心理及行为问题观察与分析

通过观察幼儿的行为,了解到幼儿的内心世界。往往在实习中,最容易引起实习生注意的是"长得漂亮的""语言表达能力强的""活泼可爱的""调皮的"……实习生既要关注幼儿在各领域学习中知识、技能的表现,也应关注幼儿兴趣、情感、态度体验、各种能力的发展及问题行为等。

只有极少数实习生会关注特殊儿童行为与表现。实习生可以从这一类幼儿身上找到了幼儿发展的普遍规律及其特有的个性,有利于将所学知识运用于实践,尝试着用书本知识解释现象,增强深入学习儿童理论,透过现象发现本质的实践能力。

一、幼儿常见心理及问题行为

幼儿心理及问题行为的研究是幼儿园一个重大课题。实习生要想准确地辨别观察对象是不是"特殊儿童",必须全面了解幼儿常见的问题行为及其表现。

(一)分离焦虑

1. 概念

分离焦虑是指幼儿因与亲人分离而引起的焦虑、不安或不愉快的情绪反应,又称离别焦虑。幼儿刚开始上幼儿园时,最易出现这种现象,俗称"入园焦虑"。

2. 主要行为表现

（1）还未到幼儿园大门，幼儿就拉扯着家长的衣领或者是抱着家长的大腿，哭喊着"我不去幼儿园"。

（2）家长送幼儿到活动室门口时幼儿开始放声大哭，家长一走，有的幼儿要哭一会儿，有的幼儿马上停止哭泣。

（3）能跟着家长走到幼儿园，说"老师早"，也能和家长说"再见"，但隔一会儿，会突然大哭。

（4）幼儿能随家长到活动室门口，跟家长告别时，眼里噙着泪水，嘴里不停地说"你第一个来接我"。

（5）幼儿从入园到离园大部分时间处于哭闹状态，并不停地重复说"老师我不哭了，你给妈妈（爸爸、奶奶）打个电话吧，我要回家"。

（6）知道自己应该来幼儿园，也能参加各项活动，但偷偷地流眼泪并用手擦拭。

（7）把椅子搬到人不多的地方或者面向无人或人少的方向坐着，不参与活动，不关心活动，也不发出声音，眼睛望向某一方向（主要是门口及窗口的方向）。

（8）对自己从家中带来的物品特别依恋，长时间将这些物品背在身上、抱在怀里、挽在手臂上、抓在手里或紧贴自己放着。

（9）入园前几天不哭不闹，过几天后开始大哭大闹，有些还会摔东西。

3. 原因分析

（1）从幼儿自身特点出发。一些易烦躁、爱哭叫、不宜抚慰、不喜欢密切身体接触的幼儿，多属于反抗型依恋和回避型依恋。

（2）家庭养育和交往方式。家长过分呵护，导致幼儿跟不上幼儿园一日生活的节奏，幼儿基本生活不能自理，从而产生挫折感。还有些幼儿从小较少接触家庭以外的环境。

（3）新环境的不适应。来到幼儿园这一陌生环境容易产生不安、害怕和焦虑；对幼儿园各种规则不适应等问题。

4. 教育建议

（1）入园前的准备工作

① 家长要了解关于"分离焦虑"的种种现象及应对措施。提前了解幼儿园一日活动安排表，以便在家培养幼儿适应新的作息时间，同时培养幼儿基本的生活自理能力。

② 幼儿入园前，陪伴幼儿参观幼儿园，熟悉班级内外环境及各种玩具，认识班级教师，对幼儿园环境产生直接经验，获取亲切感和信任感。

（2）入园后的稳定工作

① 尽快建立新的、稳定的依恋关系。教师要用温柔、亲切的语言劝导幼儿，在幼儿身旁悉心照料和给予适当的身体接触，让幼儿对教师产生依恋感和亲切感。

② 幼儿刚入园期间尽量不要给幼儿建立过多的规则，给幼儿一个适应期。

③ 给予幼儿鼓励及良好评价,激发他们的内在动机。

④ 提供充满趣味的材料和开展丰富多彩的各种活动。

⑤ 多观看大年龄班幼儿的活动,使幼儿产生对幼儿园的向往。

除此以外,家长也要对幼儿入园的行为给予及时的肯定和鼓励,做好家园共育。

(二) 攻击性行为

1. 概念

幼儿攻击性行为指的是当需求得不到满足或者自己的权利受到损害时,幼儿出现的身体上的进攻、言语上的攻击等侵犯性行为。幼儿期是社会性萌芽时期,幼儿开始喜欢友伴和参加团体游戏活动,同时这一时期又是以自我为中心的阶段,幼儿缺乏必要的社会交往经验,两者相互冲突矛盾的结果,便产生了攻击性行为。

2. 主要行为表现

(1) 语言方面

对同伴说"不要和×××玩";

对同伴说"你不把这个东西给我,我就打你/不和你玩";

说同伴的坏话,嘲笑别人。如"你太丑啦!""你是大肥猪!"

给同伴起难听的外号。

(2) 行为方面

用咬、抓、拧、踢等方式伤害同伴;

把别人的东西弄乱、弄坏,抢夺别人的东西;

不让同伴参加他的游戏。

(3) 综合方面

有的幼儿通常叫嚷着"奥特曼来了""我是大怪兽",并抡起拳头打人;

看到小动物后,开始还摸一摸、抱一抱,一会儿就产生虐待小动物的动作;

被旁边的幼儿碰一下,一定要打回去;如果教师制止,就会委屈、不服气;

有的幼儿不停地动,还不停地用身体去冲撞身旁的同伴;如果教师制止,他会经常性地滚到地上,一边打滚一边哭闹。

好朋友受了委屈,他会采取"以牙还牙"的方式来帮助同伴。

案例分享

幼儿攻击性行为观察记录表

观察对象			观察日期		
性别			年龄		
观察频次	发生时间	结束时间	发生地点	行为表现	原因	备注
1						
2						
……						

分析：通过此表格可以观察某个幼儿的攻击性行为，通过发生时间、发生地点、具体行为表现等方面的观察与记录，统计出一天内某幼儿发生攻击性行为的时间段、频发地点、行为种类等，较为全面地分析出某幼儿攻击性行为的典型特点，从而进行原因分析。

3. 原因分析

（1）幼儿自身原因

① 幼儿的体质与生理因素对攻击性行为的表现有一定的影响。通常男孩比女孩表现更明显，体格强壮的幼儿比体格瘦弱的幼儿攻击性行为发生的多。

② 幼儿认知水平较低，分辨事物的能力较弱，无法判断对方和自己的行为动机是否正确，往往对来自同龄伙伴的信息，以自我为中心做出判断。如果一个幼儿对别人的行为判断是恶意的，他的行为就会表现出攻击性。

（2）家庭环境

幼儿生活在一个成员之间矛盾重重、你争我夺、吵嘴打架、气氛极不和谐的家庭环境中，耳濡目染，长期熏陶，自然而然地形成了攻击性行为。

（3）家庭教养方式

① 家长过分溺爱幼儿，对幼儿百依百顺，无原则地满足幼儿的任何要求，从不控制幼儿行为，以致幼儿养成独占、独霸的习惯。有的家长甚至默许幼儿的攻击性行为，使幼儿的攻击心理得到加强。有的家长怕幼儿吃亏，对幼儿说："如果有人欺负你，你要狠狠地揍他。"在成人的纵容下，幼儿容易发生攻击性行为。

② 家长过分苛责幼儿。有的家长在许多方面过分限制和束缚幼儿，很少让幼儿与外界接触、交流，加之他们严厉呵斥的表情，使幼儿心理受到限制，并产生逆反心理。幼儿因太过自由，更因交往技能较差，就以攻击别人来满足自己的社会交往。有的家长只要幼儿做错事，不分青红皂白地就打一顿。幼儿会把这种情绪"转嫁"到别人身上，很容易拿别人出气，攻击性行为也就产生了。

③ 家长过分放任幼儿。家长对幼儿不关心、不重视，对幼儿任何行为不分时间、场所、性质，都不加控制，而让幼儿为所欲为，这样幼儿到了幼儿园，很松散、不服管教、不

遵守常规、会随意攻击别人、与教师顶撞等。

(4) 幼儿园环境因素

幼儿园活动室空间密度及玩具的数量对幼儿攻击性行为产生有一定影响。研究表明,让幼儿处在一个拥挤的活动空间,幼儿易产生攻击性行为。

(5) 社会影响因素

电视等传媒对幼儿攻击性行为的影响。幼儿模仿性强,是非辨别能力弱,电视中的暴力场面无疑给幼儿提供了攻击性样板,有的幼儿尽管当时没有模仿,但是也可能通过潜在学习而获得攻击性行为。

4. 教育建议

(1) 家庭环境策略

① 树立正确的教养观念,平时在家中,不对幼儿进行体罚。因为体罚不仅伤害幼儿的健康身心,而且行为本身就起到不良的示范作用,同时还会增加幼儿的心理挫折感。

② 努力发现幼儿身上的优点和潜能,多给予鼓励,表扬其亲社会性行为,这是减少攻击性行为极有效的方法。

(2) 幼儿园环境策略

① 教师安排活动时,应充分考虑幼儿的身心发展特点,创设积极的环境,同时提供充足的活动空间、玩具和材料。

② 及时发现和选择合适的方法制止幼儿的攻击性行为倾向。对于托、小班幼儿,认知有限,宜采用干预制止的方法;中、大班幼儿采用冷处理的方式,而且要使他们明白攻击性行为的后果。

③ 通过移情训练、角色扮演、故事讲授等方式,教育幼儿学会用宽容友善的态度对待同伴,帮助其习得社会交往技能等。

④ 帮助幼儿转移情绪,并为其提供宣泄的机会。教师要教会幼儿用语言表达内心的感受。运动也是一种调适幼儿情绪的方式,如打球、扔沙包、玩水、玩沙、唱歌、跳舞等,幼儿可以在其中得到情绪的释放和满足。

(3) 社会环境策略

① 成人要多为幼儿树立"协商"解决冲突的榜样。由于幼儿交往经验不足,"自我中心"观念很强,缺乏语言沟通能力的协调技巧。因此,可由成人提供建议或示范,避免简单生硬的说教。

② 成人有选择地让幼儿观看电视节目等,选择积极、正面的节目,多展示亲社会行为品质。

(三) 告状行为

1. 概念

告状行为源于幼儿社会认知发展和社会交往技巧的不成熟,是指幼儿处于同伴侵犯或发现同伴某种行为不符合集体规则等原因而发起的指向教师的言语行为。

2. 主要行为表现

（1）幼儿之间发生了纠纷来找教师解决，如："老师，××不和我玩了。""老师，××抢我的玩具了。""老师，这本书是我拿来的。"

（2）看到同伴没有遵守规则，就会告诉教师。如："老师，××把玩具扔在地上了，我没有扔。""老师，你看××，她把线画到圆外面去了。""老师，××插队了。"

（3）看到同伴打人、骂人，周围的幼儿都会跑过来告诉教师。

（4）为自己辩解、开脱责任的告状。如："老师，是他先打我的。""老师，是××让我这样做的。"

> **资料链接**
>
> **不同年龄段幼儿告状行为的特点**
>
> | 年龄班 | 特点 |
> | --- | --- |
> | 小班 | 幼儿追求公平的意愿强烈，告状的目的主要是想要得到教师的帮助 |
> | 中班 | 幼儿告状的目的多是为了引起他人的注意 |
> | 大班 | 幼儿告状的主要表现为"表达思想的分歧" |

3. 原因分析

（1）小班幼儿的道德感主要指向个别行为，并且往往是由成人的评价引起。中班幼儿比较明显地掌握了一些概括化的道德标准，可以因为遵守了老师的要求而产生快感。中班幼儿不但关心自己的行为是否符合道德标准，而且开始关心别人的行为是否符合道德标准，因此这个时期的幼儿很喜欢告状，反映出幼儿会将自己的行为与教师要求做比较，主动产生道德体验。大班幼儿的道德感进一步发展和复杂化。他们对好与坏、好人与坏人，有鲜明的不同情感。在这个年龄，爱同伴、爱集体等情感，已经有了一定的稳定性。

（2）幼儿在活动中遇到不同的情况，会产生不同类型的告状行为，如求助型、辩解型、检举型、求赏型、试探型等，最终达到得到教师的认可或支持的根本目的。

（3）模仿心理也会导致幼儿的告状行为。心理学家认为，人人都有从众心理，即看到别人那样做便产生模仿心理。

案例分享

幼儿告状行为观察记录表

观察日期			观察班级		观察者	
对象/项目	性别	发生时间/地点	事件背景	事件过程和结果	事件类型	教师措施
1						
……						

分析：可通过此表观察记录某一天、某班级或某个幼儿发生告状行为的情况。从发生时间、发生背景、事件类型等方面，综合分析出发生告状行为的典型性特点，从而可以全面了解告状形成产生的成因，以便为教师提出教育策略提供事实依据。

4. 教育建议

（1）认真倾听，成人对待幼儿的观念、态度要有一致性和一贯性。对于幼儿的告状，既要表现出仔细倾听的认真态度，又要有忽略其告状内容的宽容态度。因为教师的一言一行已成为幼儿心目中判断是非的最高标准。因此，教师必须要有认真倾听的态度，同时任何教育都和平时一致，不因幼儿告状而发生改变。

（2）要有宽容的态度。身教甚于言教，教师要从生活中让幼儿体会到宽容的乐趣，教育幼儿学会公正、客观地看待别人，多学习别人的长处，多发现别人值得学习的地方，找出自己的不足，而不是处心积虑地找茬。

（3）根据告状内容，全面了解告状的动机与目的，区别对待，对症下药。

① 对于攻击性行为的告状，教师要对恃强凌弱的幼儿加以批评，对被欺负的幼儿加以安慰和保护。

② 对检举揭发类告状，不直接鼓励，更不能当着"告状"幼儿的面批评另一个幼儿。遇到这种情况，教师应该调查清楚事情的经过，并给予公平解决。

③ 对求助类的告状，教师最好不要直接干预，可启发幼儿自己去和同伴协商，想办法解决问题。

④ 对为自己辩解的告状，教师要分清责任，并要让幼儿知道，把责任推给别人是不对的。

（4）培养幼儿独立解决问题的能力，减少告状行为。教师可以有意识地通过讲故事、角色游戏、谈话讨论等形式，提供一些日常生活中遇到的问题，引导幼儿自己想办法，并有目地引导幼儿评价其中人物行为。从而提高幼儿独立处理问题的能力和判断是非的能力，进而减少幼儿的告状行为。

(四)"说谎"行为

1. 主要行为表现

(1) 幼儿会跟家长谎称自己肚子疼或病了,不舒服,不愿意上幼儿园。

(2) 幼儿为了迎合成人的心意,会夸教师:"你今天的衣服真好看。"

(3) 幼儿自己不小心摔倒了,为逃避责任和批评,会跟家长谎称:"是××小朋友把我推到了。"

(4) 有时幼儿会在真实的故事里"添油加醋",或用夸大式的语言,如"我家的玩具有100个呢!"

(5) 有些幼儿对某人心怀不满时,可能通过谎言来向对方示威和挑战,如"我爸是警察,把你抓起来。"这是幼儿情绪化的一种表现。

(6) 当幼儿面临某些自己不喜欢的任务时,会说:"我还有好多事情要做呢!"

2. 原因分析

(1) 无意说谎

现实与想象混淆造成说谎,幼儿会说出一些与实际不符的话。如老师问某幼儿:"周末你去哪里玩了?"幼儿立刻兴高采烈地回答道:"去游乐场了,坐火车、玩摇摇了……"实际上去游乐场是幼儿的愿望,坐火车、玩摇摇是已有的印象和经验,于是幼儿就把这些组合在一起形成新的形象,并把它当成现实说了出来。

(2) 有意说谎

① 因逃避责任和惩罚而说谎。幼儿害怕挨批评或受惩罚,内心紧张而且恐惧,不敢面对现实而说谎。

② 取悦他人的虚荣心理。幼儿做事不仅想做好,同时也想让成人高兴,从而得到更多的赞扬和奖励。加之同龄幼儿、成人间互有比较,幼儿希望得到认可,自然会用说谎来求夸奖。

③ 为了得到更多的注意、关爱而说谎。如果幼儿这方面的心理需要得不到满足,很可能就会做出不符合常规的行为,以此来引起教师、父母的关注。

④ 因行为模仿造成幼儿说谎。幼儿说谎的一个重要原因是由于成人的不良影响和不当的教育方法,特别是幼儿家庭的说谎行为,常是造成幼儿说谎的直接原因。

3. 教育建议

(1) 首先要分清说谎是有意还是无意。如果是无意的,教师和家长可以忽视;如果是有意的,不要随便斥责,也不要当众揭发、批评幼儿。

(2) 合理引导幼儿正视自己的说谎行为。教师和家长应换位思考,认真分析幼儿产生说谎行为的真正原因,阐明说谎和欺骗的危害性,同时警告幼儿,下不为例,帮助幼儿应对挫折,引导其行为逐步向社会所期望的有益方向发展。

(3) 创造相互尊重、相互信任、民主的环境,营造一个让幼儿诚实表达一切的氛围。成人应用恰当的语气调整幼儿的紧张情绪,对幼儿适度的"宽容",往往给幼儿提供了反

思和改正的机会。成人应给幼儿一个亲自辩解的机会,在幼儿改正时及时给予肯定,幼儿诚实的品质就会得到充分强化。

(4) 借用文学作品帮助幼儿克服说谎心理。通过听故事悟道理的方式,如《狼来了》《长鼻子》等文学作品,让幼儿自己体会说谎带来的危害,并约束自己的行为。

(5) 成人做好表率。父母是幼儿的第一任老师,是幼儿第一个模仿对象,是最直接、最有效的诚信教育播种者。因此,无论是家长还是教师,都一定要严格要求自己,诚实守信,以身作则,给幼儿树立一个好榜样,让幼儿接受爱的熏陶。

除了以上的常见行为问题以外,实习生在观察中发现幼儿会出现睡眠障碍、口吃、咬指甲、吮吸手指、自闭等问题,可根据兴趣点,以专业知识积累为基础,选择对象,进行持续的记录与分析。

二、幼儿心理及行为问题的记录与分析

实习生通过幼儿园一日生活观察个别幼儿(特殊幼儿),同时记录其语言、动作、情感等方面的表现,尤其要关注该幼儿与众不同的参与方式和表达方式、在活动中特有经验、在活动中表现的特殊能力等;还可记录教师采取的恰当的、及时的教育措施。

要点提示:
作为一名实习生,当你们在观察或组织活动时,这样的情境不会陌生:
有的幼儿一进幼儿园就哭个不停;
有的幼儿不管老师在说什么、做什么,都无所事事,无法集中注意力;
有的幼儿不停地扭、打班级的同伴;
有的幼儿经常啃指甲、咬衣服角;
有的幼儿会经常到老师面前告状;
……

思考:
这些幼儿的行为表现正常吗?
如何来判断他们属于哪一种问题行为?
产生这些行为表现背后的原因是什么?
我们应该用何种方法来干预幼儿的问题行为?

以上的思考点恰恰是我们观察与记录的基本内容,而选择表格还是文本的记录方式,由实习生自己的习惯决定,但是关键要点一定要非常清晰。实习生经过多次教育实习的观察与分析,在未来的工作岗位中,遇到类似情况,一定能够及时发现问题,更有效地、适时地对幼儿进行教育。

案例分享

幼儿行为观察记录表

观察时间	5月25日	观察时长	10分钟
观察对象姓名、年龄、性别	幼儿1	亮亮	
	幼儿2		
	幼儿3		
活动场地	幼儿园大班美工区活动中，小朋友们在老师的带领下制作手工作品，亮亮独自给自己的模特做衣服，尝试着把模特的衣服做得更满意。		
观察实录	1. 美工区活动中，亮亮正在给模特做衣裳，他用手不停地抚弄着模特身上的两件衣服，让它们贴身一些，可是衣服总是翘起来，他用两只手使劲握了握衣服，模特的肩膀从衣服中露了出来。 2. 老师对一位小朋友说："哇，你的腰带太好看了。"亮亮转头看了看。老师说："扎带也可以用！"他立即举手说："老师，我用，我要。" 3. 亮亮从老师手里接过扎带，在模特脖子上围了一下，接着坐到椅子上，要把扎带系到衣服上，扎带很硬，张开了。他站起来，一只手捏着扎带和衣裳，另一只手捏住扎带带孔的一边，要把扎带一头穿进带孔的那头，没穿进去，扎带和衣服都张开了。 4. 亮亮放下模特，拿起扎带，左手握住带孔的头，右手往扎带的孔里塞，穿进去了，扎带形成了一个圆圈。他左手捏住扎带的接头，右手扶着模特和衣服，要用扎带把衣服套住，左手没捏住，扎带又张开了。 5. 亮亮用两只手掌夹着模特和衣服，左右手指互相配合，直接把扎带围在衣服上，把扎带的一头穿进了孔里。他一只手扶着模特和衣服，另一只手缠绕扎带，边绕边用力拽紧，他听到邻桌的小女孩赞美自己的作品漂亮，抬头看了看，接着低头继续缠绕扎带，还是没有扎住衣服，他把扎带拿下来，放到了桌子上，双手又拢了拢模特的衣服，离开了。 6. 亮亮到材料区取了一块染布，坐到自己座位上，拎起染布看了看，把染布对折，拿起剪刀，抬头看了看模特，在染布上剪了一下，隔了一段，又剪了一下，接着把染布和剪刀调整了一下方向，中间的一块小布被剪了下来，大染布上出现了一个洞。 7. 亮亮把带洞的布从上到下套在模特身上，一只手握着模特，另一只手把露出来的部分都塞进了染布的洞里，挠挠头离开了。 8. 亮亮来到一位小女孩的桌前，看了看女孩的作品，围着材料盒转了半圈，挠着头对老师说："我要套皮筋。"老师说："套皮筋在另一个房间里。" 9. 亮亮绕过老师，跑到材料区，找到了装皮筋的盒子，跑回自己的座位，拿出一根皮筋套到模特身上，这时候老师说："需要套皮筋的，到对面柜子里取。"他连忙说："我这儿有。" 10. 亮亮用手反复调整皮筋儿，皮筋儿把衣服套住了。他又拿了一根皮筋，套在模特的脖子上，绕了一圈，把皮筋套紧，接着拿起剪刀，剪了一条彩纸，围在模特脖子上。		
现象分析	1. 健康领域 　　亮亮情绪稳定，虽然在操作过程中遇到了多次扎不住的情况，但他始终没有表现出不良情绪。		

(续表)

	亮亮小肌肉发育良好,手指的精细动作灵活、准确,能够使用剪刀迅速剪出需要的图案,图案边线平滑、整齐。 　　2. 语言领域 　　亮亮在集体活动中有良好的倾听能力,能够边操作边倾听老师和同伴的讲话,并捕捉到自己需要的信息,及时回复老师的话语,也能够清楚表达自己的要求。 　　3. 社会领域 　　亮亮有较强的活动自主性,自己的事情自己做,遇到困难能够坚持到底,不轻易求助别人。同时,亮亮也有较好的行为规范,在活动中始终遵守美工区活动规则,不干扰别人的活动,认真完成自己的工作。 　　4. 科学领域 　　亮亮有一定的探究能力,能够通过观察、比较、分析,寻找解决问题的办法,注意力稳定,愿意学习,能够开动脑筋解决问题。 　　5. 艺术领域 　　亮亮对制作模特衣服的美工活动表现出比较稳定的活动兴趣,能感受到其他小朋友作品中的美,也有比较强的表现美、创造美的愿望,希望通过不断尝试,制作出更美丽的衣裳。 　　6. 亮亮缺少使用扎带的经验,在使用时,遇到了许多困难 　　亮亮在人际交往的主动性上有些薄弱,缺少与同伴的主动沟通与互助,也不太不愿用语言寻求帮助和表达对别人的赞美。
教育措施	1. 丰富幼儿的生活经验 　　使用扎带经验缺乏,使他在运用扎带的过程中遇到了困难,最终不得不放弃对扎带的使用,所以教师应注意关注幼儿遇到的问题,在活动中,尝试用图纸或示范说明等方法,让幼儿认识物体的特点和操作要领,从而丰富幼儿的生活经验。 　　2. 提供丰富的活动材料 　　教师要为幼儿投放更加丰富的活动材料,为幼儿提供更多的选择机会,方便幼儿对活动作品进行充分的装饰,丰富幼儿游戏活动的情节,促进幼儿想象力、创造力进一步发展。 　　3. 提升幼儿活动的兴趣 　　教师应鼓励幼儿展示自己的活动作品,通过幼儿之间相互分享活动中取得的经验、出现的问题、进一步改进建议等,帮助幼儿进一步提升对美工活动的兴趣。 　　4. 创设合作游戏的情境 　　教师要为幼儿创设合作游戏的机会,如通过观察别人的活动、体察别人的需要、制定分工合作计划等,引导幼儿积极与同伴通过分工合作,共同完成作品的制作,让幼儿体验合作的重要性,学会帮助和寻求帮助,促进幼儿同伴交往和社会性发展。

思考与实践

1. 保教实习期间,请结合幼儿典型心理问题,观察1～2名幼儿并分析原因,提出教育建议。

2. 请任选一个幼儿领域能力发展水平的基本情况,分析当前幼儿发展评价应注意的事项及存在的问题。

第九章 保教实习评价

现实问题

经过多次保教实习,实习生已能够较好地运用幼儿发展、学前教育学、幼儿园课程等专业理论于教育实践中,分析和解决教育实际问题的能力不断提升。然而评价和反思是教育活动过程的重要环节,实习生通过何种形式对保教实习中所获的经验加以自我反思和总结?学校如何科学有效地对实习生的保教实习进行考核与评价?……这些问题都是制约保教实习质量的关键。

第一节 保教实习评价概述

一、保教实习评价的含义与意义

(一)保教实习评价的含义

保教实习评价就是以保教实习为评价对象所进行的一种价值判断活动,是依据保教实习的目标、内容与规范标准,对保教实习进行系统考核与评价,判断其与保教实习目标间的距离,并不断完善的过程,主要包括对学校保教实习组织与管理工作的评价、对指导教师的评价和对实习生的评价。实习生评价是指对实习生在保教实习过程的各方面表现和完成保教实习任务的情况进行检查、衡量与评定。

(二)保教实习评价的意义

保教实习评价是保教实习工作的最后一个环节,也是保教实习中不可或缺的重要组成部分。开展保教实习评价是加强保教实习科学化管理的重要手段,对保证保教实习的正确方向、提高保教实习质量有着积极的推进作用。

从监督和管理的角度来说,保教实习评价一方面是要对以往取得的成绩和成功经验的肯定,另一方面也要通过评价发现和了解实习中存在的问题与不足,进一步分析研究产生问题的原因,提出改进意见和措施,不断完善。

从鉴定、择优、激励的角度来说,每个实习生都有实现自身价值的心理需求,都有渴望获得较高价值评定的愿望。指导教师通过对实习生保教实习过程的全面考核与评价,准确掌握实习生水平,进一步因材施教。公正与积极的评价能激发学生的竞争意识、工作热情与成就感,促进学生认真对待实习中成绩与问题,最终高质量地完成各项保教实习任务。

二、保教实习评价的考核标准

保教实习评价的考核标准是根据一定的标准,对保教实习中个人表现和完成任务的优劣进行检查、衡量和评价。

（一）行为规范考核

1. 为人师表,文明礼貌,言行端庄,举止文雅,作风严谨。
2. 穿着大方得体,服饰整洁,不留披肩发,不穿拖鞋,梳妆适度。
3. 遵守园方和校方的规章制度。

（二）实习态度考核

1. 认真、严谨地完成保教实习的各项任务。
2. 以虚心学习的态度,尊重和接受指导教师的建议。
3. 对实习工作负责,有从事幼教事业的光荣感和责任感。

（三）教育理念考核

1. 经常对幼儿微笑、点头、抚摸,与幼儿进行积极的接触,让幼儿感到安全、支持。
2. 善于发现幼儿的点滴进步,予以肯定、称赞、鼓励。
3. 尊重、关心、爱护每个幼儿。
4. 根据幼儿的不同特点做好保育、教育工作,做到保教结合。
5. 注意挖掘幼儿感兴趣或关注的事物作为教育内容,进行随机教育。
6. 做幼儿活动的支持者、合作者和引导者。

（四）保教实习能力考核

1. 根据幼儿园教育目标和班级幼儿的实际,有针对性地制订保教实习计划。
2. 做好幼儿园班级环境的清洁卫生工作和卫生消毒工作。
3. 做好幼儿日常生活的管理和护理工作,有意识地关心体弱幼儿。
4. 按保教要求,与幼儿一起共同创设安全、整洁、美观的教育环境。
5. 能按幼儿一日生活作息时间组织各类活动,并能注意发挥幼儿的主观能动性。
6. 能科学、有效地组织幼儿园的集体教学活动。
7. 为幼儿提供开展各类游戏的时间、场地、玩具和材料,并积极参与幼儿游戏。

8. 具有观察分析幼儿行为表现、发展水平的意识和能力,并尝试做出有针对性的随机教育和指导。

9. 能及时发现幼儿在日常活动中的异常与意外伤害事故,及时并妥善进行处理,自己解决不了的,及时向指导教师反映情况。

10. 积极地开展家长工作,向家长反馈幼儿在园情况,倾听家长意见。

11. 做好保教实习的总结与评价。

三、保教实习评价的方法

依据不同的评价标准,幼儿园保教实习评价有不同的分类方法。在幼儿园保教实习活动中,常见的评价方法主要有形成性评价与终结性评价、自我评价和他人评价、定量评价和定性评价三种。

(一) 形成性评价和终结性评价

1. 形成性评价

形成性评价也称为过程性评价,是指在幼儿园保教实习的过程中进行的即时性评价。形成性评价的主要目的是在实习过程中不断地获取信息,及时进行反馈,从而不断调整、修改保教实习的活动设计、方法,不断提高实习效果。形成性评价的主体是实习生,评价方法以实习生的自我评价为主。

形成性评价是一种动态的评价。评价的形式灵活机动,可以对学生实习中的任何环节进行及时评价,也可以对一日活动进行评价,或者把实习过程分成若干阶段进行评价。如每周进行的实习小结,每日随时考察一个环节或者活动组织是否达到设定的目标。预期的保教实习目标是形成性评价的评定标准,形成性评价可以随时帮助实习生把握实习过程中的得与失,为实习生设计下一阶段教育活动和组织教育教学活动提供依据。

形成性评价的特点是关注活动过程,强调在保教实习活动中认清现状、明确方向、发现问题,对于没有达到的目标进行及时有效的调整,即进行补偿性教育活动,使实习生及时调节自己的活动方式,达到实习目标要求。但是,由于形成性评价是随时进行的,从而使得形成性评价的结果缺乏一定的系统性。

2. 终结性评价

终结性评价是指在实习活动结束时,针对总体实习效果进行的评价。它是对实习生在保教实习期间个人表现、能力、知识运用等方面的总体评定,为确定实习效果提供依据。终结性评价关注的是保教实习活动达到的效果,在实习结束后对实习取得的成绩与实习计划进行比较、评价。终结性评价实施的主体是实习指导教师、园内指导教师、实习小组的其他学生和实习生自己。

终结性评价的实施是在保教实习结束后对实习生在保育工作、教育工作、班级组织管理工作等方面按标准进行评分,终结性评价简单易行,较为客观,可以为保教实习工

作的效果提供可靠的信息,能够在实习结束后对实习效果做出全面定量和定性分析,为以后的保教实习活动开展提供依据,是幼儿园保教实习评价的基本方式。但终结性评价要到实习结束后才进行,所以反馈信息比较慢,对于已经进行过的保教实习活动帮助不大,只能为以后的保教实习活动提供调整方向;终结性评价只能看到结果,无法对取得结果的方式进行检测,无法反映实习生的真实水平,也缺乏灵活性,会影响到实习成绩的真实性。

形成性评价和终结性评价都有自己的优点和不足,为了提高幼儿园保教实习活动的效果,最好把二者相结合。在保教实习期间,多运用形成性评价对实习生进行即时评价,将评价的结果运用到后面的保教实习活动中;在实习结束后,指导教师要组织实习生对整个保教实习活动进行总结和评价,完成终结性评价,做到取长补短,更全面、客观、有效地对整个保教实习活动加以总结,为以后的保教实习活动积累经验和材料。

(二)自我评价与他人评价

1. 自我评价

自我评价就是实习生对自己在保育、教育、班级组织与管理中的表现做出总结,也是自我反思的过程,是保教实习评价中很重要的组成部分。例如,一日活动结束后对当天活动的自我总结,教学活动结束后自我总结,也包括实习结束后所做的实习报告、实习总结等。自我评价在幼儿园保教实习中对实习生的,这种评价简便易行,有助于实习生行为的改善和自信心的提高;自我评价的不足是受个人主观因素影响较大,容易出现评价过高或过低的现象。

为防止自我评价偏差对保教实习的影响,实习生要注意对自己心理的主动调控,坚持科学的态度。具体而言:首先,要正确对待他人对自己的评价,既不盲目接受,也不完全排斥,虚心接纳合理的意见;其次,参照他人评价时,应注意把握别人的水平与保教实习目标之间的差距,不盲目攀比;再者,自我评价应采取全面、科学、发展的态度,把他人评价和自我评价统一起来,进行全面、综合的比较分析,多观察,多学习,提高自己对客观事物和自我的认识水平,力求自我评价的客观、公正、科学。

2. 他人评价

他人评价是指在保教实习活动中,实习指导教师、园内指导教师、实习小组的学生以及相关人员对实习生的评价。

在他人评价中,实习指导教师具有一定的权威性。实习指导教师在指导实习的过程中,全面地观察、了解、指导实习生开展保教实习活动,在评价过程中客观、公正地对实习生的保教活动做出评价,并以此为依据指导实习生发扬优点,改正缺点,圆满完成实习任务。在实习结束时,实习指导教师要对每一名实习生做出终结性评价,评出实习成绩。因此,实习指导教师的评价是否客观、科学、公正,对每一名实习生的成长与进步以及整个保教实习工作都至关重要。所以,实习指导教师评价学生时,应注意以下几个方面:

(1) 明确评价内容和标准

指导教师准确把握保教实习评价标准，对不同学生评价时标准应一致，评价要客观、具体，才能帮助实习生抓住关键问题。

(2) 选择和设计评价方法

指导教师要善于观察和分析实习生的各种表现，综合运用多种评价方法，适时对实习生做出评价和指导，科学有效地指导实习生解决实习中遇到的各种问题，取得进步与成长。

(3) 收集分析实习生资料

指导教师应及时整理分析实习生保教实习活动的第一手资料，作为实习结束后终结性评价的依据。

(4) 指明实习生的改进计划

指导教师作为保教实习的主要参与者，要及时向实习生反馈改进要点，指导实习生制定改进计划，注意沟通交流的态度、方法，做好保教实习活动的支持者和引导者。

(三) 定量评价与定性评价

1. 定量评价

定量评价是用"等级"或"分数"评价学生保教实习情况的方法。定量评价是目前在保教实习评价中运用的较多、较普遍的评价形式。

定量评价是通过数据来反映实习生的实习情况，比较简单，容易进行，评价的结果便于进行数据处理，有利于提高评价的准确性，也便于区分等级。但是，保教实习活动具有复杂性，有些内容无法量化，仅靠定量评价是不合理的、不全面的。

2. 定性评价

定性评价是通过自然观察，在实习活动中全面充分地评价实习生各种表现的方法。一般采用评语的形式呈现出来，相对定量评价更具人性化，对实习活动指导更具方向性。实习生的优点可以及时得到肯定及强化，错误或不足也能及时得以纠正，有利于后继实践和学习。定性评价的局限性是易受指导教师主观因素影响，科学性和客观性较难把握。

因此，在保教实习评价方法中，定量评价和定性评价要相互结合，取长补短，力求更加全面、客观、科学地促进保教实习活动的顺利开展。

四、保教实习评价的方式

按照评价主体的不同，实习生的保教实习评价分为自我评价和他人评价。他人评价包括实习同伴的相互评价和组织（园方、校方）评价。

(一) 实习生的自我评价

保教实习中的自我评价是指实习生根据幼儿园和学校的一定评价标准，对自己在保教实习中的表现做出适当的价值判断，不断调整和改进自己的教育策略和行为，提高

自己的实践能力。作为保教实习的"当事人",实习生的一些内在信息是别人无从知晓的,他(她)既是评价者,同时也是被评价者;可以随时随地地进行评价;评价次数也不受限制;评价可以侧重某个环节,也可以对整个教育活动做出综合评价。自我评价比较注重评价过程,而不是评价结果,因而通过自我评价更能真实、全面地反映教育教学过程的实际情况。

实习生自我评价可利用诊断性评价、形成性评价和终结性评价对整个实习过程进行评价。实习生在实习前对自己各项实习准备进行评价,查清自己存在的问题和不足,及时查漏补缺,合理地根据学校保教实习计划制定自己的计划,充分做好实习前的思想、专业理论和技能的准备,对增强保教实习成功的自信心是大有裨益的。

实习中的形成性自我评价主要是指实习生对自己所组织的各种教育教学活动的反思,可分析实习动态过程和效果,是一种自我反省和内化的过程。这种评价周期短、见效快,实习生可以根据实际需要随时进行,及时获取信息,不断总结经验教训,适时调整,是自我提高的好方法。

终结性自我评价是实习生在保教实习任务结束后,从自身的教育态度与观念、保教能力、师幼互动等方面,所进行的全面的自我总结。

实习生完成自我评价所形成的各类书面总结、图片、教学案例及视频等材料都可以放入保教实习总结中,在肯定成绩的基础上也应指出自己的不足之处,针对存在的问题,提出今后努力的方向。这些内容可为同伴或指导教师及园方、校方的进一步评价提供参考。

(二)实习生间的相互评价

由于实习生这一群体的特殊性,他们大部分时间与同伴在实习幼儿园一起学习和生活,因此,实习生之间的相互评价,有利于实习生更全面地了解自己。同一个实习幼儿园的学生可以组成一个大的实习组,也可以按小、中、大班分成小的实习组。

从管理的角度,实习组的相互评定增加了评定的透明度和精确度,能更全面、客观地反映实习生的真实表现;从实习生个人成长的角度,可以起到相互学习和激励的作用。

组内评定实习成绩,使每个实习生都参与到实习成绩评定的活动中,组长要及时与指导教师取得联系,邀请他们共同研讨、会诊。实习生既是评价者又是被评价者,可根据学校制定的评价标准,采取客观公正、实事求是的态度,避免主观随意性,不能凭主观臆断或掺杂个人情感,妄加评定,体现了评定的民主性、公正性。

组内的相互评价不仅可以对教育活动进行观摩与评价,也有利于实习生对该实习阶段的实践经历和体验进行及时总结和反思;还可以对实习生一日生活各环节的组织以及家园联系工作等方面进行评价,不仅要评价能力,也要评价态度;不仅要看怎么说(自我评价),还要看怎么做(实际表现)。这种终结性的互相评价,可为指导老师最后评定实习生终结成绩积累素材。

（三）组织评价

组织评价主要由园方(各实习幼儿园)和校方(实习生所在学校)组织实施。包括实习过程的评价、实习成果的评价以及实习鉴定和评优。

幼儿园指导教师可从实习生的实习态度、信息技术使用、语言表达、活动组织、应变能力、家长工作等方面，进行客观的全面评价。学校指导教师根据自己观察和指导时，了解到的实习生保教实习情况和实习作业完成情况，结合实习组内互评成绩和幼儿园指导教师评定成绩，给定一个终结性考核成绩，同时签署保教实习鉴定内容，包括政治思想、道德品质、实习态度、实习质量等。这种评价不是单纯地为了进行检验、鉴定和总结，而是通过全面考查实习生在保教实习过程中各方面的素质形成和发展的状况，及时进行分析与指导，并通过持续不断的反思来激发实习生发展的内在动力，促进实习生专业成长，改进学校教学管理工作。

1. 保教实习成绩鉴定

（1）实习幼儿园评价

主要由幼儿园实习工作小组(包括保育员、班级教师、园长等)完成，包含对每个实习生的评价。主要由幼儿园指导教师根据实习生的工作态度、教育教学能力、专业技能熟练程度、教育观摩活动的表现等方面做出客观公正的评价，评定相应等级(成绩)，由实习园园长签字盖章予以核实。

（2）实习生所在学校评价

对实习生所在学校来说，实习生实习结束回校并不意味着实习工作的结束。学校实习工作领导小组需要组织召开班级实习座谈会，由学校指导教师对保教实习工作做出书面总结。实习生个人最终的实习成绩要结合实习幼儿园的评价、实习组的交流评议、个人总结评比的结果，按优秀、良好、中等、合格、不合格五级记分评定。

> **资料链接**
>
> **各等次保教实习成绩评定的参考意见**
>
> 优：达到实习计划中规定的全部要求，对实习充满热情，投入全部精力。实习过程中能创造性地运用所学理论对某些问题加以分析、解决，表现出一个优秀幼儿园教师的潜质。总体成绩在90分以上。
>
> 良：达到实习计划中规定的全部要求，实习态度端正，工作积极主动。实习过程中能较好地运用所学的理论联系实际工作，实习总评分在80至89分。
>
> 中：达到实习计划中规定的主要要求，实习态度端正，有一定的实践操作能力。实习中无违法乱纪行为，实习总评分在70至79分。
>
> 合格：达到实习计划中规定的基本要求，能够完成实习手册的填写，内容基本正确，但不够完整系统，实习中无违法乱纪行为，实习总评分在60至69分。

> 不合格:有下列情形之一者,保教实习成绩不合格:一是无故缺勤(旷课)者;二是违反实习单位规章制度或因不服从分配等受到实习幼儿园批评者;三是实习手册填写马虎或内容明显有误等;实习总评分在60分以下。

2. 保教实习成绩评优

在实习生的组织评价中,评比优秀实习生是保教实习评价的重要工作,目的是为了鼓励实习生在保教实习期间奋发进取,有目的、有标准、更好地完成实习任务,促进实习生专业能力和综合素质的全面提高。

优秀实习生评比的计划和条件一般在实习开始的时候就宣布了,实习结束的时候进行。评比条件事先宣布的目的就是要求实习生按标准做好实习工作,在结束阶段评比时,对照评比要求,衡量与推荐优秀实习生。学校结合个人自荐、实习小组推荐、实习幼儿园推荐和实习鉴定成绩,综合各班级人数的实际,按比例(一般占班级实习人数的20%)评选优秀实习生并进行公示。

> **资料链接**
>
> 优秀实习生推荐条件
>
> 1. 仪表举止得当,符合幼儿园教师身份,能成为幼儿的榜样。
> 2. 尊重指导教师,团结同学,虚心求教,遵守《实习生守则》及实习幼儿园各项规章制度。
> 3. 实习目的明确,态度认真,具有良好的师德师风,热爱幼教事业,具有坚定的专业思想。
> 4. 能较好地运用教育理论指导实践,深入钻研幼儿园一日活动的各个环节,熟悉教学内容,幼儿教育的基本方法与技能突出。在教师的指导下,组织幼儿园教育教学活动,教学效果良好,受到实习园好评。
> 5. 保质保量完成各项实习作业,专题性总结有新意,综合性总结有特色。
> 6. 保教实习成绩优秀。

最后学校还要召开实习总结大会进行总结与表彰,总结内容要反映学生保教实习的基本情况、经验教训和对今后保教实习的改进意见。除此以外,保教实习评价还可举行保教实习成果展,包括保教实习的图片和实物(活动设计方案、听评课记录、教学录像、观察报告、实习心得、实习总结报告等),给实习生提供相互学习和交流的机会。

第二节　保教实习中主要文本的撰写

保教实习的内容虽然有章可循,但是保教实习中遇到的困惑和收获,正因为是在实习实践中亲身经历的,具有明显的"即时、即事""真实、珍贵"的特点。对实习生来说,不管是保教实习过程中的经验积累与思考,还是保教实习后的教学反思与启示,都是提升实习生专业成长的有效途径。那么,保教实习中,适合实习生进行成果反馈与研究的文本,应该如何表达呢？这里主要介绍几种常见文本的撰写形式。

一、教学反思

美国著名学者波斯纳曾经提出教师成长的公式为：教师成长＝经验＋反思；由此可见,教学反思对教师成长具有极为重要的作用。教学反思是教师教学认知活动的一个重要组成部分,是指教师为了成功地实现教育目标,对已经发生或正在发生的教学活动的意义、内容、过程与方法,以及支持这些教学活动的理念与假设,进行积极、持续、周密、深入、自我调节性的思考过程。

表 9-1　教学反思的要点

文本类型	具体内容
教学反思	教学活动的目标是否全面、有层次性、可操作性、科学性等； 教学活动的内容是否符合新理念,活动内容是否符合幼儿兴趣与生活化等特点,活动容量是否适中、活动的重难点是否突出等； 教学活动的过程的设计是否有层次感,每一个环节是否服务于教学目标,教学过程中的提问是否有质量,教学活动的细节是否处理得当等； 教学活动的教学法运用是否恰当、适时等； 教学活动的环境和氛围是否轻松,师幼互动效果如何等； 反思教学活动效果。

总而言之,教学反思的内容撰写可从"思得、思效、思失、思改、思机智、思创新"等方面入手,一有所得,及时写下,有话则长,无话则短,以写促思,以思促教。

二、教育教学案例

教育教学案例是对发生在幼儿园教育过程中的包含一个或多个疑难问题的一种记录,是对蕴含教育哲理事件发生过程的详细描述性叙述和理性思考的一种叙事性报告。这类研究文本,可以供实习生从案例的解决方法中得到启示与思考,以期日后在工作实践中较好地处理类似事件。

常见的案例内容有游戏活动案例、区域活动案例、教育案例、教研活动案例等。

表9-2 教育教学案例的要点

文本类型	基本要素
教育教学案例	引言:大致地简要介绍案例概况; 清晰的案例背景:时间、地点、人物、事件发生的起因等; 鲜明的案例主题:反映的具体观点和问题; 典型生动的案例事件:记录事件的发生过程,重点记录关键性的细节,人物间的矛盾冲突,解决问题的方法等;深入浅出附有启发性的案例分析和启示;对案例事件的思考、议论与及时效果分析、教学启示等;值得评析与研究的后续问题;从案例中,引发出多种不同解决问题的策略探讨;或者是案例背后一个或若干个值得思考和讨论的典型问题等。

总而言之,教育教学案例撰写需要特别强调案例的真实性、典型性、客观性和完整性。

三、教育叙事

教育叙事是教师以自己的教育故事建构为手段,通过描述、讲故事的形式,记录自身真实的教育教学过程,呈现特定情境下教师教育行为和幼儿行为表现,在此基础上的内心体验、意义分析及反思,形成自己的教育经验和感悟。

教育叙事的撰写要素与教育教学案例有相似之处,但是其更突出的是教师对于自身或者同伴典型教育事件的叙事化的教育反思。它的描述方式一般采用叙议结合,采用"以小见大"的写法,以第一人称的方式,如"我当时想……""我估计……""现在想起来……"等,整理、分析、反思自己在某个具体事件上的教育理念等。这种文本方式,故事直接来自自己的教育经历和自我体验、反思,更符合工作实际,因此也是实习生容易把握的文本撰写方式。

四、个案研究报告

个案研究报告是根据一定的目的,采用各种方法,收集有效、完整的资料,对一个人、一件事情或一个组织单位,进行分析研究,探索造成某种特殊状况的原因,提出有针对性的教育举措,为促其良好发展而进行一种缜密而深入的研究文本形式。

表9-3 个案研究报告的要点

文本类型	研究程序	撰写结构
个案研究报告	确立个案:有价值的个案对象; 采用合适的记录方式收集个案资料:可利用现代多媒体手段,采用日记法、轶事记录法的方法,多方面、多角度地收集材料; 分析整理资料:探索原因; 做出结论:形成一定的观点及理论,同时有恰当的教育措施等。 撰写研究报告。	第一部分主要介绍研究目的和研究方法等; 第二部分是对个案研究对象基本情况的分析,包括特点及典型、特殊表现等,必须建立在对个案对象的细致而全面的调查基础之上; 第三部分是分析与研究,探索行为的产生原因; 第四部分是采取具体教育措施以及记录和描述被试的反应; 第五部分是对该阶段个案研究的小结与建议。

针对实习生来说,更多的个案研究来自对幼儿的观察与思考。

五、教育调查报告

教育调查报告是分析特定目的,对教育现象中客观事物或问题进行深入细致的调查研究之后,将所获成果呈现出来的书面报告。这种文本对实习生虽有难度,也可从实习中常见问题入手,尝试撰写,如"幼儿园体育活动开展现状的调查研究"。

表9-4 教育调查报告的要点

文本类型	研究程序	撰写结构
教育调查报告	明确调查目的,编制调查计划; 收集资料,初步分析; 做好准备,实地调查; 资料汇总,分析研究; 撰写调查报告。	一般来讲,调查报告由标题、前言、主体、结语四大部分组成。 教育调查报告撰写要注意以下问题:一是对调查现状的分析,二是在分析的基础之上可采取策略的设想。

六、保教实习总结

(一)含义与意义

保教实习总结是将保教实习工作实践中的片段和零碎材料集中起来,使之条理化、系统化,并上升为对事物规律性认识的文本。

保教实习总结是根据幼儿园教育实践的具体事实、经验与不足等,向学校汇报自己实习情况的一种途径。通过理论联系实际,能够有效地增强实习生对实习工作的认识,提高其专业水平,以便将来更好地实践幼儿园教育活动,对自己既有指导作用,又有纪念意义。

(二)类型

实习总结一般有两种,一种是专题性的,对观察到的某个具体教育教学问题与现象,尝试过的某一活动过程、某一领域的活动等进行深入思考,探索某些教育规律。这种专题性的实习总结带有学术研究的性质,可做具体深入的阐述,它更能显示一个人在学前教育领域独立完成研究课题的能力和真知灼见,无疑是评价实习生实习结果的一个重要参考。

另一种是综合性实习总结。综合性实习总结是实习生在幼儿园系统介入幼儿园教师工作实际的全面反映,是一个全面而又丰富多彩的尝试体验过程。总结内容可包括思想态度方面、教育能力、组织管理能力、作业完成情况等。但综合性实习总结必须侧重于概要性地介绍实习中做了什么工作,怎么做的,主要成绩是什么,存在哪些问题和不足。

(三)保教实习总结的撰写

保教实习总结是经验型的文本形式。实习生可进行收集、归纳、深入探讨的内容很多,实习过程中因兴趣点不同,对活动内容、活动形式、教育手段、教育现象等体会也各有不同。因此,保教实习总结并不需要规范的书写结构。实习生要能够将保教实习中收集到的各种材料,如教育教学计划、活动教案、听课笔记、教学反思、活动照片等,进行系统、规律概括,使感性认识升华为理性认识,做到内容真实、具体;分析透彻、明了,体会见解深刻,即"去粗取精、去伪存真、由表及里、由此及彼",最终形成书面报告。

图 9-1 保教实习总结样式

思考与实践

1. 教育笔记

实习生选择一篇记录实习典型事例及经验教训的教育笔记上交。教育笔记内容不限,形式是日记式的,要求真实、有个性。

2. 实习生在保教实习结束后应写出实习总结,分析评价和全面总结自己在实习中取得的经验、教训和体会。

参考文献

[1] 耿彦君,张振平.幼师生见实习指导[M].石家庄:河北美术出版社,2005.

[2] 唐志华,汝茵佳.幼儿园保教实习指导[M].上海:复旦大学出版社,2008.

[3] 步社民.给幼教实习生的101条建议[M].南京:南京师范大学出版社,2010.

[4] 步社民.幼儿园教育实习指导[M].北京:高等教育出版社,2010.

[5] 李志宇,原燕,赵爱云.幼儿园教师实践操作手册[M].南京:南京师范大学出版社,2012.

[6] 李立新.幼儿园保教实习[M].北京:高等教育出版社,2015.

[7] 王长倩,唐华军.幼儿园保教实习指导[M].上海:复旦大学出版社,2018.

[8] 南京市实验幼儿园.幼儿园综合课程[M].南京:南京师范大学出版社,2000.

[9] 陈光春.幼儿园课程论.[M].北京:教育科学出版社,2014.

[10] 张琳.幼儿园教育活动设计与实践(第二版)[M].北京:高等教育出版社,2010.

[11] 李季湄,冯晓霞.3—6岁儿童学习与发展指南解读[M].北京:人民教育出版社,2013.

[12] 周兢,陈杰琦.学前儿童语言学习与发展核心经验[M].南京:南京师范大学出版社,2014.

[13] 黄瑾,田方.学前儿童数学学习与发展核心经验[M].南京:南京师范大学出版社,2015.

[14] 柳倩,周念丽,张晔.学前儿童健康学习与发展核心经验[M].南京:南京师范大学出版社,2016.

[15] 谭楣.幼儿园五大领域核心经验[M].北京:中国轻工业出版社,2017.

[16] 张明红.学前儿童社会学习与发展核心经验[M].南京:南京师范大学出版社,2018.

[17] 唐淑,虞永平.幼儿园班级管理[M].南京:南京师范大学出版社,2004.

[18] 王晖晖,李晶.幼儿园管理[M].北京:北京理工大学出版社,2010.

[19] 王清风.学前教育学[M].南京:南京大学出版社,2019.

[20] 刘曲.幼儿游戏[M].上海:复旦大学出版社,2019.